羽毛球课程教学设计案例大全

朱建国 著

人民体育出版社

图书在版编目（CIP）数据

羽毛球课程教学设计案例大全 / 朱建国著. -- 北京：人民体育出版社，2021（2024.6重印）
ISBN 978-7-5009-5948-9

Ⅰ.①羽… Ⅱ.①朱… Ⅲ.①羽毛球运动—体育教学—教学设计—案例 Ⅳ.①G847.2

中国版本图书馆CIP数据核字(2020)第272789号

*

人民体育出版社出版发行
北京中献拓方科技发展有限公司印刷
新 华 书 店 经 销

*

787×1092　16开本　16.5印张　500千字
2021年12月第1版　2024年6月第3次印刷

*

ISBN 978-7-5009-5948-9
定价：72.00元

社址：北京市东城区体育馆路8号（天坛公园东门）
电话：67151482（发行部）　　邮编：100061
传真：67151483　　　　　　　邮购：67118491
网址：www.psphpress.com
（购买本社图书，如遇有缺损页可与邮购部联系）

目　录

大一上学期羽毛球专修课课程进度及教案…………………………………（ 1 ）

大一下学期羽毛球专修课课程进度及教案…………………………………（ 90 ）

大二上学期羽毛球专修课课程进度及教案…………………………………（148）

大二下学期羽毛球专修课课程进度及教案…………………………………（183）

大三上学期羽毛球专修课课程进度及教案…………………………………（229）

大一上学期羽毛球专修课课程进度及教案

周次	课次	任务	课次	任务	课次	任务
一	1	1. 羽毛球运动的起源与发展。 2. 羽毛球运动的著名赛事。 3. 羽毛球的场地和器材。	2	1. 学习握拍法：正手握拍法、反手握拍法。 2. 基本步法学习：基本站位、跨步上网、垫步上网、侧身并步后退、交叉步后退。	3	1. 综合步法练习。 2. 复习正手握拍法、反手握拍法。 3. 学习正手发高远球技术。
二	4	1. 复习正手发高远球技术。 2. 学习正手击高远球技术。	5	1. 复习正手发高远球技术。 2. 复习正手击高远球技术。 3. 学习反手发网前球技术。	6	1. 复习正手发高远球技术。 2. 复习正手击高远球技术。 3. 复习反手发网前球技术。
三	7	1. 复习正手击高远球技术。 2. 复习反手发网前球技术。 3. 学习反手击高远球技术。	8	1. 复习正手击高远球技术。 2. 复习反手击高远球技术。 3. 学习正手发网前球技术。	9	1. 复习正手击高远球技术。 2. 复习反手击高远球技术。 3. 复习正手发网前球技术。 4. 学习正手中场扣杀球技术。
四	10	1. 复习正手击高远球技术。 2. 复习反手击高远球技术。 3. 复习正手发网前球技术。 4. 复习正手中场扣杀球技术。	11	1. 国内有代表性的优秀男女运动员。 2. 国外有代表性的优秀男女运动员。	12	身体素质训练。
五	13	1. 复习正手击高远球技术。 2. 复习正手中场扣杀球技术。 3. 学习正、反手挑高球技术。	14	1. 复习正手击高远球技术。 2. 复习正手中场扣杀球技术。 3. 复习正、反手挑高球技术。 4. 学习正、反手放网前球技术。	15	1. 单球练习：后场高远球。 2. 多球练习：边线接杀练习。
六	16	1. 复习正手击高远球技术。 2. 复习正、反手挑高球技术。 3. 复习正、反手放网前球技术。 4. 学习正手后场吊球技术。	17	1. 复习正、反手挑高球技术。 2. 复习正、反手放网前球技术。 3. 学习反手后场吊球技术。	18	1. 单打具有代表性的战术。 2. 双打具有代表性的战术。

（续表）

周次	课次	任务	课次	任务	课次	任务
七	19	身体素质训练。	20	1. 复习正、反手挑高球技术。 2. 复习正、反手放网前球技术。 3. 复习反手后场吊球技术。 4. 学习正、反手平抽球技术。	21	1. 复习正、反手挑高球技术。 2. 复习正、反手放网前球技术。 3. 复习正、反手平抽球技术。 4. 学习网前球技术：搓球。
八	22	1. 复习正、反手挑高球技术。 2. 复习正、反手放网前球技术。 3. 复习网前球技术：搓球。 4. 学习网前球技术：勾球。	23	1. 羽毛球专项体能的要求。 2. 羽毛球专项体能的训练方法。	24	身体素质训练。
九	25	1. 复习正、反手挑高球技术。 2. 复习正、反手放网前球技术。 3. 复习网前球技术：勾球。 4. 学习网前球技术：推球。	26	1. 复习正、反手挑高球技术。 2. 复习正、反手放网前球技术。 3. 复习网前球技术：推球。 4. 学习网前球技术：扑球。	27	1. 复习正手击高远球技术。 2. 复习正、反手挑高球技术。 3. 复习正、反手放网前球技术。 4. 复习网前球技术：扑球。
十	28	1. 复习反手发网前球技术。 2. 复习网前球技术：搓球、勾球、推球、扑球。 3. 复习正、反手放网前球技术。 4. 复习正、反手挑高球技术。	29	1. 复习正手击高远球技术。 2. 复习正手中场扣杀球技术。 3. 复习正手后场吊球技术。 4. 复习反手后场吊球技术。	30	观摩省优秀运动队训练。
十一	31	比赛并组织学生进行羽毛球单打的裁判实习。	32	比赛并组织学生进行羽毛球双打的裁判实习。	33	学习羽毛球单打战术并组织教学比赛。
十二	34	学习羽毛球双打战术并组织教学比赛。	35	对考试内容进行综合复习。	36	对考试内容进行综合复习。
十三	37	考核课：正手发高远球、反手发网前球、正手击高远球、正手中场扣杀球。				

第一次课

教学内容：1. 羽毛球运动的起源与发展。2. 羽毛球运动的著名赛事。3. 羽毛球的场地和器材。

教学内容与组织教法

一、羽毛球运动的起源与发展

1. 起源于日本：羽毛球最早出现于14—15世纪的日本，球拍是木制的。球用樱桃核插上羽毛制成。由于球托是樱桃核，太重，球飞行速度太快，使得球的羽毛极易损坏，加之球的造价太高，所以时兴了一阵子就慢慢消失了。

2. 出现在印度：18世纪时，印度的普那出现了一种与早年日本的羽毛球极相似的游戏，球用直径约6厘米的圆形影纸板中间插羽毛制成（类似我国的毽子），板是木制的，玩法是两人相对站着，手执木板来回拍击球。

3. 诞生在英国：现代羽毛球运动诞生在英国，1800年左右由网球派生而来。1870年，出现了用羽毛、软木做的球和穿弦的球拍。1873年，英国公爵鲍弗特在格拉斯哥郡伯明顿镇的庄园里进行了一次羽毛球游戏表演。从此，羽毛球运动便逐渐开展起来，"伯明顿"即成了羽毛球的名字，英文写法"Badminton"。那时的活动场地是葫芦形，两头宽中间窄，直至1901年才改为长方形。

4. 1875年，世界上第一部羽毛球比赛规则出现于印度的普那。

5. 1893年，世界上最早的羽毛球协会——英国羽毛球协会成立，并于1899年举办了首界全英羽毛球锦标赛。

6. 1934年，国际羽毛球联合会成立，总部设在伦敦。

二、羽毛球著名赛事

国际羽毛球著名赛事：

1. "汤姆斯"杯世界羽毛球男子团体赛，1948年第一届，每隔3年一次。
2. "尤伯"杯世界羽毛球女子团体赛，1956年第一届，每隔3年一次。
3. "苏迪曼"杯世界羽毛球男女混合团体赛，1989年第一届，每逢单数年举行。
4. 世界羽毛球锦标赛单项比赛，每逢单数年与苏迪曼杯赛同时、同地举行。1977年第一届。
5. 世界杯单项比赛，1981年首届，每年一次。
6. 世界羽毛球大奖总决赛单项比赛，每年一次。
7. 世界青少年羽毛球锦标赛，每年一次。
8. 奥林匹克运动会羽毛球比赛，1992年进入第25届奥运会，1996年增设混双比赛，每4年一次。

我国羽毛球主要赛事：

1. 全国羽毛球锦标赛，每年一次。
2. 全国青年羽毛球锦标赛，每年一次。
3. 全国少年羽毛球锦标赛，每年一次。
4. 全国羽毛球双打比赛，每年一次。
5. 全运会、城运会等羽毛球比赛，每4年一次。

三、羽毛球场地和器材

1. 球场上空高度9~12米，距底线53~99厘米，宽为46厘米的区域为测球速区。

2. 线宽4厘米，网柱高155厘米，网中央高152.4厘米。

3. 网宽610厘米，网长76厘米。（网柱不许有支撑物进入场地内）

4. 单打长1340厘米，宽518厘米。双打长1340厘米，宽610厘米。

5. 发球线距网垂影线198厘米，单边距双边42厘米，单打底线距双打发球控制线72厘米。

球：16根毛，长62～70毫米，球毛口直径58～68毫米，球托直径25～28毫米，球重4.74～5.50克；球速75米/秒，270公里/小时，网球最快246公里/小时。

拍：拍长不超68厘米，拍宽不超23厘米；拍面长不超28厘米，宽不超22厘米；球拍的硬度即拍杆的硬度，拍面的形状为椭圆形和方圆形。

拉线：线的材料、穿线的方法、拉线的磅数（初学，业余，专业）。

球鞋：薄底、低帮、耐磨的合成面料。

排名：各站比赛积分制（积分高不一定比赛成绩好）。

5个单项比赛，男子、女子、男女混合团体。

团体：3场制报2～4人2单1双，可兼打，三场两胜制；5场制报4～9人3单2双，可兼项。顺序为单单双双单或单双单双单。

混合团体顺序为：男单，女单，男双，女双，混双。

作业：自行整理本节理论课的内容。

第二次课

教学内容：1. 学习握拍法：正手握拍法、反手握拍法。2. 基本步法学习：基本站位、跨步上网、垫步上网、侧身并步后退、交叉步后退。

教学目标：1. 认知目标：通过探究学习、实践操作、趣味练习等，学生能够正确认识和理解技术运用的合理性和规范性，提高认知水平。2. 技能目标：初步理解羽毛球握拍及羽毛球的基本步法。3. 身心发展目标：提高自主学习能力，培养创新思维能力，提高身体协调性、灵敏性以及团结协作精神。

教学内容与组织教法

准备部分　时间分配：准备部分15～20分钟（导入情绪调动），运动负荷小、小强度，预估心率80～100次/分钟。

一、课堂常规

1. 体育委员整队集合，清点人数。
2. 师生问好，考勤。
3. 宣布本课教学内容和学习目标。
4. 检查服装并布置见习生任务。

队形：
☺☺☺☺☺☺☺☺
☺☺☺☺☺☺☺☺
▲

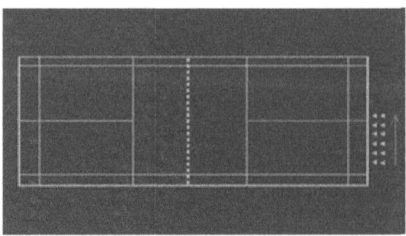

二、准备活动

围绕场地慢跑2圈。

（一）站立三角肌拉伸

功能：拉伸手臂三角肌。**要点**：正常站立，双脚与肩同宽，右手伸直向胸部靠拢，左手按住右肘，使右臂靠在胸部位置，头向右看，每次10～15秒。

（二）脚后跟抵臀——手臂上伸

功能：拉伸大腿股四头肌等肌群。**要点**：右腿微屈，左手抓左脚踝，脚后跟抵臀，左脚踝向上伸展，右臂上举，左手拉伸左腿股四头肌，每次10～15秒。

（三）后交叉弓步

功能：拉伸阔筋膜张肌、臀大肌、髂胫束等肌群。**要点**：正常站立，右腿置于左腿后方，交叉站立，深蹲，至左腿外侧有较强的牵拉感，每次10～15秒。

（四）弓步抬手转体

功能：拉伸臀大肌、腹内外斜肌，增加胸椎活动度。**要点**：左腿迈弓步与地面平行，躯干向左旋转，眼睛看向右方，每次10～15秒。

（五）扫地前行

功能：拉伸腘绳肌。**要点**：双脚与肩同宽，左脚迈出一个脚掌的距离，左脚脚尖翘起，左腿伸直，双手沿身体两侧滑动到底后缓慢起身，每次10～15秒。

（六）燕式平衡

功能：拉伸腘绳肌。**要点**：直立单腿站立，背部挺直，腹部收紧，双臂侧平举，俯身并向后抬高左腿与地面平行，控制身体平衡，每次10～15秒。

要求：

1. 学生快、静、齐；服从指挥，速度不宜过快，动作规范到位，认真、协调、积极。
2. 教师口令洪亮有力、精神饱满，创设师生互动情景。

基本部分 基本部分60~75分钟（进入状态体验），运动负荷小、小强度，预估心率80~100次/分钟。

一、学习握拍法（练习时间：10~15分钟）

（一）教学目的

1. 通过教师示范及讲解，使学生能够初步掌握羽毛球的正反手握拍。
2. 通过教师的教学，使学生对于羽毛球有一个基本的了解。

（二）练习方法

1. 原地两人一组练习握拍，教师巡回指导，纠正错误。
2. 原地两人一组听教师口令练习正反手握拍的相互转换。

正手：如图A、图B所示；反手：如图C、图D所示。

图A

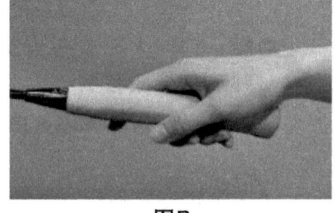
图B

图C

图D

（三）重点

1. 正手握拍法：虎口对着拍柄窄面的小棱边，拇指和食指贴在拍柄的两个宽面上，食指和中指稍分开，中指、无名指和小指并拢握住拍柄，掌心不要紧贴，拍柄端与近腕部的小鱼际肌平，拍面基本与地面垂直。

2. 反手握拍法（两种）：

在正手握拍的基础上，把球拍稍微外旋，拇指上提，食指收拢，拇指压住拍框的宽面，食指、中指、无名指和小指并拢。

在正手握拍的基础上，把球拍稍微外旋，拇指上提，食指收拢，拇指压住拍框的内侧小棱边，食指、中指、无名指和小指并拢。

（四）难点

1. 握拍手的虎口没有对着拍柄窄面内侧的小棱边。
2. 握拍时手指握得太紧，像是握拳头。
3. 掌心与拍柄之间完全没有空隙。
4. 食指伸直按在拍柄上。
5. 握得太紧，以致手腕僵硬，不利于发力。
6. 握的位置太靠上，柄端露出太长，影响杀球动作。
7. 用同一种握拍方法去处理各种球，不利于提高击球的灵活性和出球的威胁性。

（五）要求

1. 握拍力度要适宜，手指肌肉放松，球拍和手心之间有间隙。
2. 虎口要对准拍柄内侧的小棱边。

3. 教师口令洪亮清晰，精神饱满。

二、基本步法学习（50~60分钟，负荷适中、中等强度，预估心率120~140次/分钟）

（一）教学目的

1. 通过教师示范讲解及练习，使学生能够初步掌握羽毛球的基本步法。包括基本站位、跨步上网、垫步上网、侧身并步后退、交叉步后退等基本步法。

2. 要求学生上课时精神饱满、注意力集中并善于发现自己存在的问题，积极请教教师，努力改正自己存在的问题。

（二）练习方法

基本站位（两种）：

1. 两脚自然开立，距离与肩同宽，与持拍手同侧的脚前移半步，两脚后跟自然提起，以前脚掌触地，两膝弯曲，身体重心微降。持拍手稍屈肘展腕，拍头上仰于胸前（图A）。

2. 接发球动作站位：两脚开立成斜步站位姿势，右手持拍自然举放在胸前；左手自然置于体前，保持身体平衡（图B）。

图A　　　　图B

跨步上网（两种）：

1. 二步跨步上网步法：左脚先向来球方向跨出一步，左脚落地的同时，紧接着右脚向前跨出一大步到位击球。图C为右侧两步跨步上网步法，图D为左侧两步跨步上网步法。击球后右脚蹬地迅速回位至球场中心位置。

2. 三步跨步上网步法：右脚先向来球方向跨出一小步，接着左脚向前跨出一步，右脚再跨出一大步到位击球。图E为右侧三步跨步上网步法，图F为左侧三步跨步上网步法。击球后右脚蹬地迅速回位至球场中心位置。

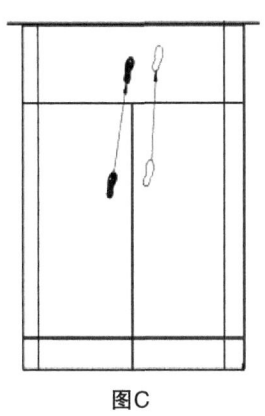
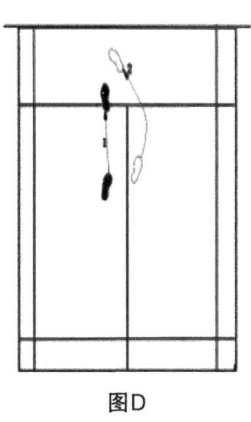
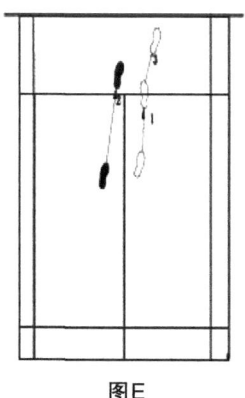
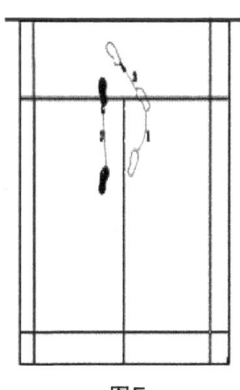

图C　　　　　　图D　　　　　　图E　　　　　　图F

垫步上网：

判断准对方来球后，右脚先迈出一小步，左脚立即向右脚垫一小步，左脚着地后，脚内侧用力蹬地，右脚再向网前跨一大步成弓箭步，重心下沉，落在右脚上。

1. 侧身并步后退（图H）：右脚向右后侧身退一步，并带动髋部右后转，接着左脚用并步靠近右脚，右脚再向后转至到位，左脚跟进一小步，成为左脚在前右脚在后、侧身对网的击球准备动作。

2. 交叉步后退（图I）：右脚向右后侧身退一步，并带动髋部右后转，接着左脚从右脚后交叉退一步，成为左脚在前右脚在后、侧身对网的击球准备动作。

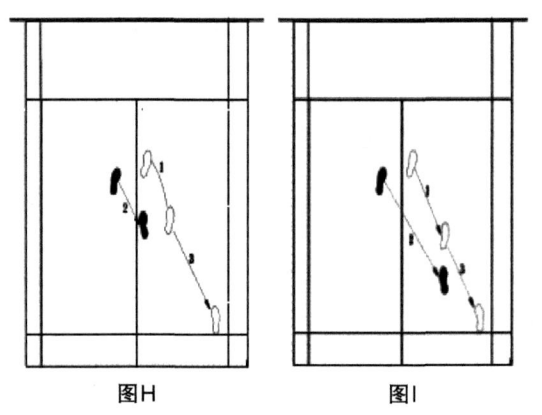

图H　　　　图I

集体练习：

听口令练习，分组练习动作10～15次。

学生听口令练习，听到口令后，变为羽毛球的基本站位姿势。听到口令后，做跨步上网步法、垫步上网步法、侧身并步后退步法、交叉步后退步法。

（三）重点

1. 无论是做上网步法还是后退步法，第一步的起动步永远都是最重要的，一定要把起动完成到位。
2. 在完成一个步法之后，都要回到场地中间做准备动作。
3. 每完成一个步法，都要把球拍放在胸前做准备动作，切记不要把拍头垂到地上。

（四）难点

1. 在练习上网步法的时候，最后一步的脚尖方向与膝盖及来球的方向要一致，切记膝盖内扣，脚尖不外展。
2. 在正手区和反手区进行转换的时候，握拍的转换也很重要，要在起动的一瞬间完成握拍的转换。

（五）要求

认真听讲；有组织地进行练习；同学互帮互助；教师巡回指导，纠正错误。

课后作业：

1. 复习正反手握拍，不少于10分钟。
2. 正反手颠球，不少于500个。
3. 复习基本步法，每种步法四组，一组30个。

结束部分　结束部分3～5分钟（情绪稳定与调整），运动负荷小、小强度，预估心率为80～100次/分钟。

一、放松练习

（一）站立胸部拉伸

功能：牵拉胸小肌。**要点**：双脚与肩同宽，左手伸直向胸部靠拢，右手按住左肘，使左臂靠在胸部位置，头向左边看，每次10~15秒。

（二）坐姿梨状肌拉伸

功能：梨状肌拉伸。**要点**：呈坐姿，将左脚置于右膝的外侧，将右肘抵于左膝外侧，右肘推动左膝向右，头部和躯干向左后方旋转，每次10~15秒。

（三）俯卧小腿拉伸

功能：牵拉小腿肌群。**要点**：双手撑直于地面，左脚在右侧小腿上，保持右腿伸直，右脚脚后跟缓慢着地，保持一定时间后左右脚交换，每次10~15秒。

（四）坐姿背部拉伸

功能：牵拉背部肌群。**要点**：呈坐姿，双腿分开，俯身向前趴，双手放于身体前方，双手逐渐前伸，直至背伸肌群有中度的牵拉感，保持姿势10~15秒。

二、课堂常规

1. 体育委员整队集合，清点人数。
2. 点评本节课的成功与不足。
3. 师生交流学习体会。
4. 师生再见。
5. 回收器材。

场地器材：羽毛球场4片、自备羽毛球拍与羽毛球。

教学反思与评价：
1. 评价课的教学设计的实施效果。
2. 对课的教学设计进行及时的修改、补充、完善。
3. 写出教学感想、心得、体会。

队形：
☺☺☺☺☺☺☺☺
　☺☺☺☺☺☺☺☺
　　　▲

第三次课

教学内容：1.综合步法练习。2.复习正反手握拍法。3.学习正手发高远球技术。

教学目标：1.认知目标：通过探究学习、实践操作、趣味练习等，学生能够正确认识和理解技术运用的合理性和规范性，提高认知水平。2.技能目标：在上节课的基础之上进一步理解羽毛球的握拍方法及初步了解羽毛球正发高远球的技术动作。3.身心发展目标：提高自主学习能力，培养创新思维能力，提高身体协调性、灵敏性及团结协作精神。

教学内容与组织教法

准备部分　同第二次课。

时间分配：准备部分15～20分钟（导入情绪调动），运动负荷小、小强度，预估心率80～100次/分钟。

基本部分　60～75分钟（进入状态体验），运动负荷小、小强度，预估心率80～100次/分钟。

一、综合步法练习（练习时间：30～35分钟）

（一）教学目的

1. 通过制定的练习方法，使学生在上节课学习的基础之上慢慢熟悉前场上网和后场几种后退的步法。
2. 重点在几种步法的启动及完成之后的准备姿势上，一定不能让学生养成不好的习惯。

（二）练习方法

1. 集体练习，学生集合站好，留下一定的空隙之后，听教师的口令进行练习。

学生听口令练习，听到口令后，站立姿势变为羽毛球的基本站位姿势。听到口令后，做跨步上网步法、垫步上网步法、侧身并步后退步法、交叉步后退步法。

2. 学生自主练习，学生两两一组，一个喊口令，一个进行相应的步法练习，每个步法三组，每组20个。

（三）重点

1. 前期的步法练习中，重点要放在动作的规范性和连贯性上，学生无论在进行上网步法还是后退步法的练习，都应该注意起动时的迅速反应及完成动作之后的快速回动。
2. 不同步法的握拍方式也不相同，一定要迅速地完成相应握拍方式的转换。

（四）难点

1. 在上网步法练习时，学生的重心容易前倾，将过多的重量放在前脚掌上，导致重心不稳，击球质量下降。
2. 在进行后场步法练习的时候，学生的左脚往往不能主动发力，导致移动速度变慢，架拍动作不稳。

（五）要求

认真听讲；有组织地进行练习；同学互帮互助；教师巡回指导，纠正错误。

二、复习正反手握拍法（练习时间：5～10分钟）

（一）教学目的

通过制定的练习方法及教师的讲解、示范还有纠正，使学生能够正确自如地掌握正确的正反手握拍法。

（二）练习方法

1. 分组练习10～15次。
2. 分组练习正反手握拍方法的相互转换。

（三）重点

1. 正手握拍的时候，注意握拍的力度，肌肉太紧张会导致发力不够顺畅。
2. 反手握拍的时候注意大拇指的位置，在后四指之上，同时整体的握拍位置靠近拍柄上端。

（四）难点

1. 正反手握拍转换时的速度与准确性，在对打的过程中显得尤为重要。
2. 在刚开始学习羽毛球的时候，正反手握拍的转换是尤其需要注意的，一定不能让学生养成捏球拍的错误动作。

（五）要求

1. 握拍力度要适宜，手指肌肉放松，球拍和手心之间有间隙。
2. 虎口要对准拍柄内侧的小棱边。

三、学习正手发高远球技术（练习时间：25～30分钟）

（一）教学目的

通过制定的练习方法及教师的讲解、示范、纠正，使学生能够初步正确地完成正手发高远球的技术动作。

（二）练习方法

1. 发球准备及站位要领：站在靠中线距离前发球线1米之内，有时也可站在靠近前发球线处，发球后再退至中心位置。左脚在前，脚尖朝向球网；右脚在后，脚尖朝向右斜前方。两脚间距离约与肩同宽，重心在两脚之间，自然放松站立，身体稍侧向球网。右手正手握拍，自然屈肘举于身体右侧；左手以拇指、食指和中指轻持球，举在胸前，两眼注视对手的站位、姿势、表情，如图A所示。
2. 发球引拍动作要领：身体稍向左转，形成左肩向球网，身体重心转移至右脚；右臂向右后上方摆起，完成引拍动作，如图B所示。

图A

图B

3. 发球挥拍击球动作要领：完成引拍动作之后，紧接着身体重心随着上体由侧面转向正面而前移至左脚，右脚跟提起（图C），上体微微前倾，右前臂向侧下方挥动至上体由侧面转向正面时，左手开始放球。此时，腕部动作尽量伸展，做最后击球动作，右前臂完成向侧下方挥动后，紧接着往上方挥动（图D）。此时前臂内旋，使腕部动作由伸展至微屈；击球瞬间，手指紧握球拍，完成闪腕动作，球拍击到球时拍面成正拍面击球，完成挥拍击球动作。

图C

图D

4. 组织方法：
（1）组织学生进行原地徒手挥拍练习。
（2）组织学生站在网的两侧进行挥拍练习。
（3）两人一组轮流进行发高远球练习。

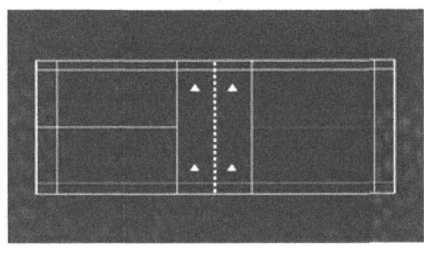
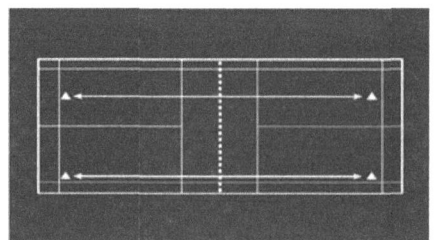

（三）重点

1. 高远球首先要发得高，标准是接发球者在接球的时候，球是垂直下落的。
2. 其次要发得远，标准是垂直下落的落点在底线处。

（四）难点

1. 握拍不能太紧，不然在击球的瞬间不能够产生爆发力。
2. 站位不能够出错，否则在引拍的时候身体没有办法转体，身体重心也无法转移，手臂引拍方向错误，造成无法形成良好的发力机制。
3. 击球点容易产生偏移，造成击球瞬间的拍面出现偏移，击球瞬间无法产生较大的爆发力。
4. 随挥没有做完整，导致发力动作不顺畅，击球质量较差，达不到标准。

（五）要求

1. 发球时脚不能移动、离地，否则发球违例。
2. 击出的球要高、远，落点准确，动作连贯，充分用力。
3. 教师巡回指导，纠正错误。

课后作业：

1. 正反手颠球，不少于300个。
2. 双摇，不少于300个。
3. 正手发高远球挥拍练习，四组，每组30个。

结束部分　同第二次课。运动负荷小、小强度，预估心率80～100次/分钟。

第四次课

教学内容：1. 复习正手发高远球技术。2. 学习正手击高远球技术。

教学目标：1. 认知目标：通过探究学习、实践操作、趣味练习等，学生能够正确认识和理解技术运用的合理性和规范性，提高认知水平。2. 技能目标：进一步掌握正手发高远球的技术动作并在此基础之上学习正手击打高远球的技术动作。3. 身心发展目标：提高自主学习能力，培养创新思维能力，提高身体协调性、灵敏性及团结协作精神。

教学内容与组织教法

准备部分　同第二次课。

时间分配：准备部分15～20分钟（导入情绪调动），运动负荷小、小强度，预估心率80～100次/分钟。

基本部分　60～75分钟（进入状态体验），运动负荷适中、中等强度，预估心率120～140次/分钟。

一、复习正手发高远球技术（练习时间：15～20分钟）

（一）教学目的

1. 通过制定的练习方法，进一步加深学生对于正手发高远球技术环节中的各种技术细节的理解情况。
2. 进一步加深学生对于击球时的拍面掌握情况，尽量避免切球的情况出现。
3. 进一步提高学生引拍动作的掌握情况，尽量避免错误的引拍角度。

（二）练习方法

同上次课学习正手发高远球练习方法。

（三）重点

1. 站位的时候一定要注意，两脚平行站立，身体正面对网，两眼盯球。
2. 挥拍击球之后切记不要很快地进行制动作，一定要把动作做完整，充分利用动作的惯性。

（四）难点

1. 在球拍触及球头的一瞬间，手腕一定要锁紧，不能让拍面有向左或者向右的其他的力，否则，就不能达到正手发高远球的击球标准。
2. 在进行发球动作之前，左右手之间的协同配合很大程度上决定了发球的质量。

（五）要求

同上次课学习正手发高远球要求。

二、学习正手击高远球技术（练习时间：45～55分钟）

（一）教学目的

1. 通过制定的练习方法，使学生初步了解正手击高远球的技术动作构成。
2. 通过一定的练习，使学生能够初步了解羽毛球中的击球点、球速、弧度、高度等技术用语。

（二）练习方法

1. 教师讲解示范正手击高远球的技术动作。
2. 集体练习：组织学生分别做准备动作、引拍动作、击球动作、随前动作。做完整挥拍练习。面对墙做引拍后的击球动作，体会前臂内旋、手指屈指发力。
3. 分组练习：两列纵队击打吊线球：用一根细绳将球拴住后悬挂在适合击球者的位置上，重复练习击打高远球动作，15个一组轮换。

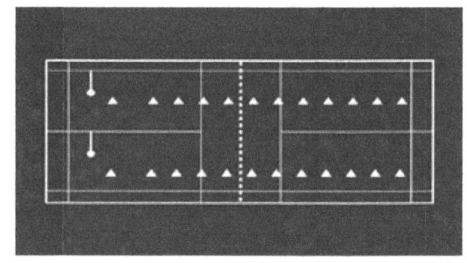

准备动作要领：左脚在前，右脚在后，侧身使左肩对网，两脚间距与肩同宽，重心在后脚，右手握拍屈臂举拍于右侧，左手自然上举，眼睛向上注视来球，使拍面对着球网（图A）。

引拍动作要领：球拍上提并后引，使躯干成微微的反弓形。同时，身体向左转动或面向球网。此时，右肘上提，使拍框在身后下摆，形成引拍的最长距离（图B）。

图A

图B

挥拍击球动作要领：挥拍击球动作从后脚后蹬开始，紧接着转体、收腹，肘部向前摆动，并以肘为轴，以肩为支撑点，前臂旋内加速向前上方挥动。在击球的一瞬间，主要依靠前臂、手腕和中指的协调用力，取得最佳速度。此时，手腕在内收的状态下迅速屈腕，并握紧拍柄，运用拇指和食指的顶、压动作，产生最大的爆发力（图C）。击球点在右肩上方，持拍手臂在几乎伸直的情况下，以正拍面击中球托底部，将球击出。左手协调地降至体侧，协助转体动作。

随前动作要领：击球后，右手顺势向左下方减速摆臂，最后回收至体前（图D）。身体重心迅速左转至体前，右脚向前回动一小步，为下一步回中心做好准备。

图C　　　　　　　　　　　　　图D

（三）重点

1. 准备动作：右手握拍屈臂举拍于右侧，左手自然上举，眼睛向上注视来球，使拍面对着球网。
2. 挥拍动作：主要依靠前臂、手腕和中指的协调用力，取得最佳速度；击球点在右肩上方，持拍手臂在几乎伸直的情况下以正拍面击中球托底部，将球击出。

（四）难点

1. 准备姿势易犯的错误：握拍太紧，手臂伸得太直，两脚平站，身体正面对网，以致无法产生侧身转体的连贯发力动作。
2. 引拍动作易犯错误：身体太直，拍框无法在身后下摆，而是立即上举，肘部未屈，伸得太直，无法形成挥拍动作的最长距离，也无法产生更大的爆发力。
3. 挥拍击球易犯的错误：由于前两个环节的错误，必然造成挥拍击球时只能以肩为轴，靠"推"的动作击球，无法产生而且不会利用肩、肘、腕及腰、髋、膝相继发力产生的"鞭打"爆发力。
4. 随前动作易犯的错误：击球后，球拍不是顺惯性向左下方挥动并回收至体前，而是向右下后方挥动，影响身体重心的回动，步法上也无法回动。

（五）要求

1. 击球点要高，控制好拍面角度，充分运用身体各部分的力量。
2. 以肩为轴，大臂带动前臂最后闪动手腕挥拍，体会刹那"爆发力"。
3. 教师巡回指导，纠正错误。

课后作业：

1. 正反手颠球，不少于300个。
2. 正手高远球挥拍，不少于300个。
3. 双摇，不少于300个。

结束部分　同第二次课。运动负荷小、小强度，预估心率80～100次/分钟。

第五次课

教学内容：1.复习正手发高远球技术。2.复习正手击高远球技术。3.学习反手发网前球技术。

教学目标：1.认知目标：通过探究学习、实践操作、趣味练习等，学生能够正确认识和理解技术运用的合理性和规范性，提高认知水平。2.技能目标：在此前的基础之上进一步巩固正手发高远球的技术、复习上节课的正手击打高远球的技术动作、初步了解反手发高远球的技术动作。3.身心发展目标：提高自主学习能力，培养创新思维能力，提高身体协调性、灵敏性及团结协作精神。

教学内容与组织教法

准备部分 同第二次课。

时间分配：准备部分15～20分钟（导入情绪调动），运动负荷小、小强度，预估心率80～100次/分钟。

基本部分 60～75分钟（进入状态体验），运动负荷适中、中等强度，预估心率120～140次/分钟。

一、复习正手发高远球技术（练习时间：10～15分钟）

（一）教学目的

1.通过制定的练习方法，进一步巩固学生正手发高远球的技术。
2.通过制定的练习方法，进一步改正学生的技术动作，尽量消除学生错误的击球动作。

（二）练习方法

组织学生进行原地徒手挥拍练习，组织学生站在网的两侧进行挥拍练习，两人一组轮流进行发高远球练习。

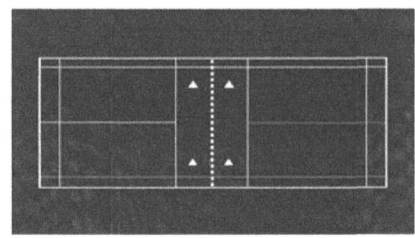 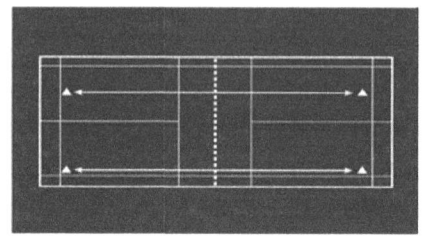

（三）重点

1.学生在击球一瞬间的手腕必须缩进，不然就会造成拍面不稳，击球出现切拍面的情况，导致出球质量下降。
2.学生在引拍的时候手臂打开的方向和程度都直接决定了出球的质量。

（四）难点

1.学生在抛球击球的瞬间，左右手的配合情况决定了击球的质量。
2.学生对自己拍面的掌握决定了出球的方向还有高度等要素。

（五）要求

1.发球时脚不能移动、离地，否则发球违例。

2. 击出的球要高、远，落点准确，动作连贯，充分用力。
3. 教师巡回指导，纠正错误。

二、复习正手击高远球技术（练习时间：15～20分钟）

（一）教学目的

1. 通过制定的练习方法，使学生进一步巩固正手击高远球的技术动作。
2. 通过制定的练习方法，尽量消除学生错误的击球动作。
3. 通过制定的练习方法，使学生对高远球的理解进一步加深，包括击球点、出手速度及出手高度。

（二）练习方法

1. 做完整挥拍练习。
2. 两列纵队击打吊线球：用一根细绳将球拴住后悬挂在适合于击球者的位置上，重复练习击打高远球动作，15个一组轮换。
3. 两人一组半片场地，一人发球一人击高远球，15个一组轮换，完成3～4组。

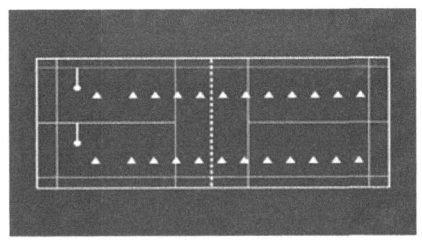 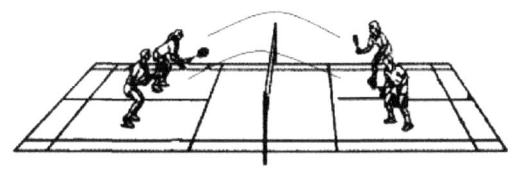

（三）重点

同上次课正手击高远球技术重点。

（四）难点

同上次课正手击高远球技术难点。

（五）要求

1. 击球点要高，控制好拍面角度，充分运用身体各部分的力量。
2. 教师巡回指导，纠正错误。

三、学习反手发网前球技术（练习时间：15～20分钟）

（一）教学目的

1. 通过制定的练习方法，使学生能够初步掌握反手发网前球的技术动作。
2. 通过制定的练习方法，使学生初步理解反手发网前球的技战术作用。

（二）练习方法

集体挥拍练习；两人一组，互发网前球。

反手发网前球：

发球站位：站在靠中线，距前发球线较近的位置上。

发球准备姿势：面向球网，右脚在前，左脚踮起脚后跟，身体微微前倾。右手反手握拍，左手拇指和食指捏住羽毛，球托向下，斜放在拍面前（图A）。

挥拍击球动作：挥拍击球时，球拍稍微向后摆（图B），并不停顿地接着向前挥动。前臂向斜上方推送，同时带动手腕由屈到微伸而向前摆动，并用大拇指向前顶，轻轻地"切"击球托的侧后部。

随前动作：击球后，前臂上摆至一定高度即停止（图C、图D）。

图A

图B

图C

图D

（三）重点

1. 反手发网前球的过网高度不能够过高，要创造对方主动起球的战术进攻机会。
2. 反手发网前球的时间、力度、角度都直接决定了后续技战术展开的顺利与否。

（四）难点

1. 学生站位太靠后，会增加发球的难度。
2. 学生容易出现"过腰""过手"的违例动作。

（五）要求

1. 站位不能太靠后，不易把球发好。
2. 不能有"过腰""过手"的违例动作。
3. 教师巡回指导，纠正错误。

课后作业：
1. 正反手颠球，不少于300个。
2. 正手高远球挥拍，不少于300个。
3. 反手发网前球，四组，每组30个。

结束部分 同第二次课。运动负荷小、小强度，预估心率80~100次/分钟。

第六次课

教学内容： 1. 复习正手发高远球技术。2. 复习正手击高远球技术。3. 复习反手发网前球技术。

教学目标： 1. 认知目标：通过探究学习、实践操作、趣味练习等，学生能够正确认识和理解技术运用的合理性和规范性，提高认知水平。2. 技能目标：要求正手发高远球及正手击高远球的掌握情况有所提高，进一步了解并能够初步掌握反手发网前球的技术动作。3. 身心发展目标：提高自主学习能力，培养创新思维能力，提高身体协调性、灵敏性及团结协作精神。

教学内容与组织教法

准备部分 同第二次课。

时间分配：准备部分15~20分钟（导入情绪调动），运动负荷小、小强度，预估心率80~100次/分钟。

基本部分 60~75分钟（进入状态体验），运动负荷适中、中等强度，预估心率为120~140次/分钟。

一、复习正手发高远球技术（练习时间：10~15分钟）

（一）教学目的

1. 通过制定的练习方法，使学生进一步巩固正手发高远球的技术动作。
2. 通过制定的练习方法，进一步解决学生在学习练习技术动作中出现的问题及错误的击球动作。

（二）练习方法

同第三次课学习正手发高远球练习方法。

（三）重点

1. 正手发高远球是羽毛球技战术环节中最基本的一环，一定要让学生掌握基本的发球技术。
2. 正手发高远球是熟悉球性及掌握基本击球感的基本技术动作，一定要让学生掌握并且熟悉这一基本技术动作。

（四）难点

1. 学生在初次接触到羽毛球这一项运动的时候，对于自己和球拍之间的感觉并不是很清晰，这就会导致下意识的拍面不正及击不到球的情况。
2. 学生在初次学习的时候，对于手腕集中发力的理解会存在误区，这就会导致学生在击球的时候手腕过度紧张，反而会导致学生有力用不出来的情况。

（五）要求

同第三次课正手发高远球要求。

二、复习正手击高远球技术（练习时间：30～35分钟）

（一）教学目的

1. 通过制定的练习方法，使学生进一步巩固正手击高远球技术。
2. 通过制定的练习方法，进一步解决学生在学习技术动作中出现的问题，包括击球点偏低、挥拍动作不够连贯、手指手腕在击球的一瞬间太松，导致发力不集中，达不到击球的标准。

（二）练习方法

1. 做完整挥拍练习。
2. 两列纵队击打吊线球：用一根细绳将球拴住后悬挂在适合于击球者的位置上，重复练习击打高远球动作，15个一组轮换。
3. 两人一组半片场地，一人发球一人击高远球，15个一组轮换，完成3～4组。

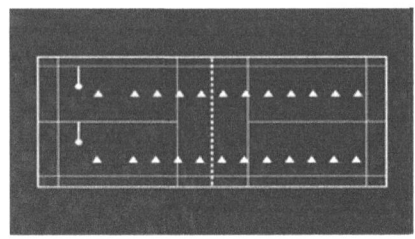
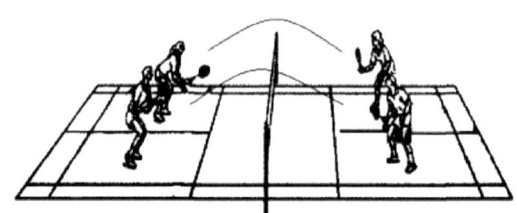

（三）重点

1. 通过一段时间的学习，学生通过正手击高远球的练习，应该进一步提高自身在球场上击球的感觉，包括击球高度、击球速度、击球弧度及整体移动上的空间感。
2. 通过一段时间的学习，学生在自身回球的时间、回球的角度及回球的速度上应该有一定的提升。

（四）难点

同第四次课正手击高远球技术难点。

（五）要求

同第四次课正手击高远球技术要求。

三、复习反手发网前球技术（练习时间：10～15分钟）

（一）教学目的

通过制定的练习方法，使学生进一步巩固反手发网前球的技术动作。

（二）练习方法

集体挥拍练习；两人一组，互发网前球。

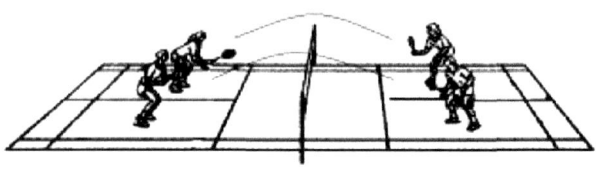

（三）重点

1. 和正手发高远球一样，反手发网前球也是后续发起技战术的基本环节，发球质量的好坏直接决定了后续战术的打法。

2. 发球过网的高度和远度直接决定了自己下一拍连贯上的情况，即第三拍自己是主动还是被动，与自己的发球有很大的联系。

难点、要求、课后作业同第五次课学习反手发网前球技术相应内容。

结束部分　同第二次课。运动负荷小、小强度，预估心率80～100次/分钟。

第七次课

教学内容：1. 复习正手击高远球技术。2. 复习反手发网前球技术。3. 学习反手击高远球技术。

教学目标：1. 认知目标：通过探究学习、实践操作、趣味练习等，学生能够正确认识和理解技术运用的合理性和规范性，提高认知水平。2. 技能目标：进一步巩固正手击高远球及反手发网前球的技术，并在此基础之上初步了解反手击高远球的技术动作。3. 身心发展目标：提高自主学习能力，培养创新思维能力，提高身体协调性、灵敏性及团结协作精神。

教学内容与组织教法

准备部分　同第二次课。

时间分配：准备部分15～20分钟（导入情绪调动），运动负荷小、小强度，预估心率80～100次/分钟。

基本部分　60～75分钟（进入状态体验），运动负荷适中、中等强度，预估心率120～140次/分钟。

一、复习正手击高远球技术（练习时间：15～20分钟）

（一）教学目的

1. 通过制定的练习方法，使学生进一步巩固正手高远球的技术动作。

2. 通过制定的练习方法，进一步解决学生在练习过程中出现的错误，使学生的球速、回球高度及回球的意识、步法进一步得到提高。

（二）练习方法

1. 原地直线高远球：两人一组分别站在底线对击高远球。

2. 一点打两点：A分别以直线和斜线击高远球到B的左右后场区，B每次击完后回到中心位置，A基本不动，相互交换。

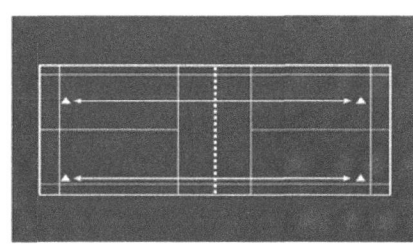 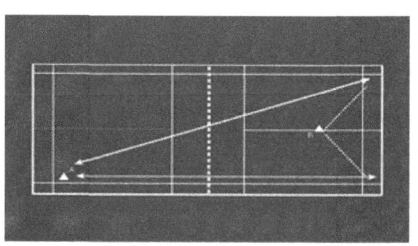

（三）重点

1. 学生在进行半场高远球互相对打练习的时候，一定要注意击球的高度及回球的远度，不能轻易回球出界。

2. 学生在回球之后的回动及准备动作是重中之重，决定了下一拍回球的连贯及质量。

（四）难点

1. 在进行正手高远球对拉的时候，学生的准备是否充分，学生的转身"鞭打"是否充分及拍面的控制都直接决定了学生回球的质量。

2. 在进行斜线高远球对拉的时候，学生的转体尤为重要，过早或过晚的转体都会导致回球出现偏差、发力不充分、回球不到位等问题。

（五）要求

1. 击球点要高，控制好拍面角度，充分运用身体各部分的力量。
2. 教师巡回指导，纠正错误。

二、复习反手发网前球技术（练习时间：10~15分钟）

（一）教学目的

通过制定的练习方法，使学生进一步巩固反手发网前球的技术动作。

（二）练习方法

集体挥拍练习；两人一组，互发网前球。

（三）重点

1. 发球时的拍面切记不能切击球托，否则就会造成球过网的时候过高，导致自己在一开始就陷入被动的局面。

2. 发球时手腕不能够过于紧张，否则就会造成发力不顺畅，发球质量下降。

（四）难点

1. 学生在准备发球的时候，选取站位很重要，太前或者太后都会造成发球质量的下降。

2. 学生在初学的时候，掌握不好拍面的高度，容易出现违例的现象。

（五）要求

同第五次课学习反手发网前球要求。

三、学习反手击高远球技术（练习时间：35~40分钟）

（一）教学目的

1. 通过制定的练习方法，使学生初步了解反手击高远球的技术动作。

2.通过教师的讲解，使学生初步理解反手击高远球在对抗中的作用及使用的意义。

（二）练习方法

1.反手击高远球挥拍练习：击球点选准在右肩上方，肘关节先行带动前臂加速挥拍击球，拇指顶压。

2.原地定点定位击球：两人一组，练习者原地定点定位站立，由同伴发或击高球给练习者，练习者用完整的击球动作做挥拍击球。

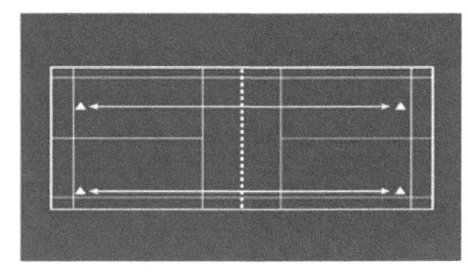

准备动作与引拍动作要领：当对方击来反侧球，我方采用反手回击高远球时，应迅速将身体转向左后方，右脚向左脚并一步，然后左脚向后迈一步，紧接着右脚向左前跨一大步即到位（图A、图B）。此时，身体背对球网，身体重心在右脚上，步法移动到位时，球在右肩上方。步法移动中要立即由正手握拍转换成反手握拍，上臂平举屈肘，使前臂平放于胸前，球拍放至左胸前，拍面朝上，完成引拍动作。

图A

图B

挥拍击球动作要领：上臂迅速向上摆，前臂快速向右斜上方摆，手腕迅速回环伸展，拇指顶压拍柄，产生爆发力，以正拍面击球托后下部，身体重心从右脚转至左脚，并迅速转体回动（图C、图D）。

图C

图D

随前动作要领：击球后，身体随重心的转移回动成正面对网。前臂内旋，使球拍恢复至正常位置，恢复正手握拍（图E、图F）。

图E

图F

（三）重点

要让学生了解反手击高远球是一种"过渡"技术，在对抗中切记不要过多地使用反手技术。

（四）难点

1. 步法移动不到位，击球点控制不好，握拍太紧，而且未能及时改变握拍，引拍动作无法形成挥拍的最长距离，从而限制了击球时的爆发力。
2. 握拍太紧及引拍动作不正确，无法产生鞭打力量。
3. 击球时全身用力不协调，击球点太低，并且未能击中球拍的"甜区"。
4. 击球后转体回动太慢，造成回中心的速度太慢。

（五）要求

1. 步法要到位，控制好击球点，握拍不能太紧，要及时改变握法。
2. 击球时全身用力要协调，击球点不能太低，注意不是以反拍正拍面击球，而是带切拍击球。

课后作业：

1. 正反手颠球，不少于300个。
2. 反手高远球挥拍，不少于300个。

结束部分　同第二次课。运动负荷小、小强度，预估心率80～100次/分钟。

第八次课

教学内容：1.复习正手击高远球技术。2.复习反手击高远球技术。3.学习正手发网前球技术。

教学目标：1.认知目标：通过探究学习、实践操作、趣味练习等，学生能够正确认识和理解技术运用的合理性和规范性，提高认知水平。2.技能目标：能够熟练掌握正手击高远球的技术动作，进一步掌握反手击高远球的技术动作，初步理解正手发网前球的技术动作。3.身心发展目标：提高自主学习能力，培养创新思维能力，提高身体协调性、灵敏性及团结协作精神。

教学内容与组织教法

准备部分　同第二次课。

时间分配：准备部分15~20分钟（导入情绪调动），运动负荷小、小强度，预估心率80~100次/分钟。

基本部分　60~75分钟（进入状态体验），运动负荷适中、中等强度，预估心率120~140次/分钟。

一、复习正手击高远球技术（练习时间：15~20分钟）

（一）教学目的

1.通过制定的练习方法，进一步巩固学生的正手击高远球技术动作。

2.通过制定的练习方法，进一步提高学生击球的稳定性及在场地上的连贯性。

3.通过一段时间的练习，对学生出球的质量提出更高的要求，包含出手的速度及球的落点。

（二）练习方法

1.原地直线高远球：两人一组分别站在底线对击高远球。

2.一点打两点：A分别以直线和斜线击高远球到B的左右后场区，B每次击完后回到中心位置，A基本不动，相互交换。

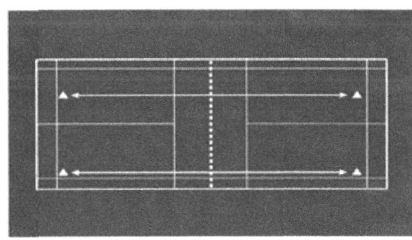 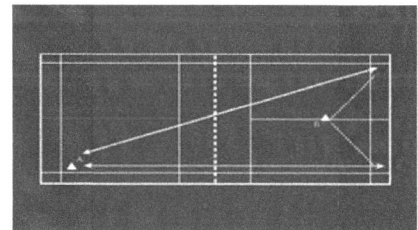

（三）重点

1.学生在进行半场对拉高远球的时候，一定要把步法做好，包括击球之后的重心回动、下一拍之前的准备及转身时的启动步法。

2.学生在进行击打斜线高远球的时候要注意挥拍完成之后再把重心向场地中心回动。

（四）难点

同第四次课正手击高远球技术难点。

（五）要求

1. 击球点要高，控制好拍面角度，充分运用身体各部分的力量。
2. 教师巡回指导，纠正错误。

二、复习反手击高远球技术（练习时间：15~20分钟）

（一）教学目的

1. 通过制定的练习方法，使学生进一步地掌握反手击高远球的技术动作。
2. 通过制定的练习方法，使学生更好地完成顺畅的发力。
3. 通过一段时间的练习，使学生更好地掌握反手击球时的拍面。

（二）练习方法

同第七次课学习反手击高远球技术练习方法。

（三）重点

1. 学生准备时的站姿及侧身第一步的起动速度。
2. 击球瞬间挥拍动作的连贯性。

（四）难点

1. 学生在挥拍时容易直接将手臂伸直挥出去，没有能够形成完整的动力链，"鞭打"效应不能完全发挥出来，会导致回球质量达不到标准。
2. 学生在挥拍之前的转体动作容易出现"扭"的动作，这样就会造成挥拍击球时拍面是横着扫过去的，而不是正拍面击球。

（五）要求

1. 步法要到位，控制好击球点，握拍不能太紧，要及时改变握法。
2. 击球时全身用力要协调，击球点不能太低，注意不是以反拍正拍面击球，而是带切拍击球。
3. 教师巡回指导，纠正错误。

三、学习正手发网前球技术（练习时间：30~35分钟）

（一）教学目的

1. 通过制定的练习方法，使学生了解正手发网前球的技术动作流程。
2. 通过制定的练习方法，使学生对正手发网前球的技战术意义有一定的了解。

（二）练习方法

正手发网前球挥拍练习；四人一个场地，互发网前球。

正手发网前球动作要领和正手发高远球基本类似（图A、图B），因为是发网前球，球飞行距离最短，故在击球的瞬间不必用大的爆发力，而是有控制地发力即可，球拍接触球时可从右向左斜面切削击球（图C），控制好球飞行过网的弧度

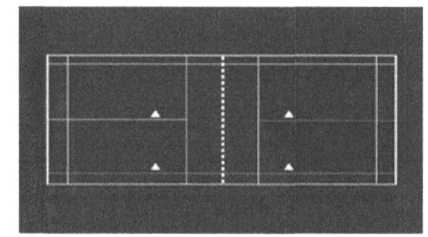

及落点，随前动作不必向左肩上方挥动，可以在击到球后再做制动（图D），在胸前回收即可。

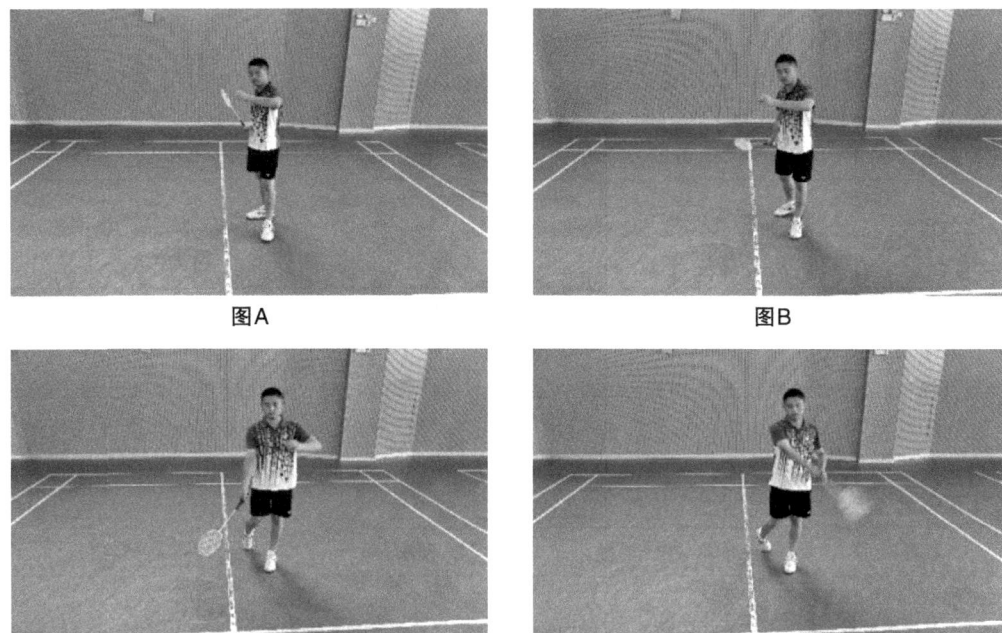

图A　　　　　　　　　　　　　图B

图C　　　　　　　　　　　　　图D

（三）重点

1. 发网前球要求在技术上达到球飞行过网后即下落，落点在前发球线内。

2. 在进行抢攻战术的时候，球过网之后还有一定的速度向前冲，但不继续向上飞行，而是先向前而后向下，落点离前发球线远一点，并直冲接发球者。

（四）难点

1. 握拍太紧，以致不能控制发力及缓冲，难以把球发得擦网而过。

2. 站位错误，除了与发高远球类似外，站位太往后也不利于发好网前球。

3. 挥拍击球是不是从右向左斜面切削击球，而是像发高远球一样击中球托，向上挥拍击球，这样击球不易控制飞行弧度，球过网后往往还向上飞行。

4. 击球点超过腰部的违例动作，即拍框上缘部分超过腕部的过手违例动作，均属于必须纠正的错误。

（五）要求

1. 握拍不能太紧，控制好发力及缓冲，把球发得擦网而过。

2. 站位不能太后，不利于发好网前球。

3. 挥拍击球时不是从右向左斜面切削击球，而是像发高远球一样击中球托，向上挥拍击球，这样击球不易控制飞行弧度，球过网后往往还向上飞行。

4. 击球点超过腰部的违例动作及拍框上缘部分超过腕部的过手违例动作，均属于必须纠正之范围。

5. 教师巡回指导，纠正错误。

课后作业：

1. 正反手颠球，不少于300个。
2. 反手高远球挥拍，不少于300个。
3. 正手高远球挥拍，不少于300个。
4. 双摇，不少于300个。

结束部分 同第二次课。运动负荷小、小强度，预估心率80~100次/分钟。

第九次课

教学内容： 1. 复习正手击高远球技术。2. 复习反手击高远球技术。3. 复习正手发网前球技术。4. 学习正手中场扣杀球技术。

教学目标： 1. 认知目标：通过探究学习、实践操作、趣味练习等，学生能够正确认识和理解技术运用的合理性和规范性，提高认知水平。2. 技能目标：进一步掌握正手、反手击高远球及正手发网前球的技术动作，初步了解中场杀球的技术动作。3. 身心发展目标：提高自主学习能力，培养创新思维能力，提高身体协调性、灵敏性及团结协作精神。

教学内容与组织教法

准备部分 同第二次课。

时间分配：准备部分15~20分钟（导入情绪调动），运动负荷小、小强度，预估心率80~100次/分钟。

基本部分 60~75分钟（进入状态体验），运动负荷适中、中等强度，预估心率120~140次/分钟。

一、复习正手击高远球技术（练习时间：15~20分钟）

（一）教学目的

1. 通过制定的练习方法，进一步巩固学生的正手击高远球技术动作。
2. 进一步纠正学生错误的击球动作，一定要让学生在击球的瞬间固定手腕，不能够出现晃动的情况。

（二）练习方法

同第八次课复习正手击高远球技术练习方法。

（三）重点

1. 学生在进行后场对拉高远球的时候，一定要注意回球的速度及回球的落点。要求靠近边线和底线。
2. 学生在进行底线两边高远球练习的时候，一定要注意脚下的移动步法，要保持弹性，在进行每一个移动及击球的时候，都要注意起动及侧身架拍的准备动作。

（四）难点

1. 每完成一个挥拍之后的回动需要及时迅速地完成，否则回动慢了会影响下一个击球动作的完成，造成回球难度加大。
2. 学生在进行步法移动的时候，需要注意脚尖打开的方向及左右脚同时协调的发力。

（五）要求

1. 击球点要高，控制好拍面角度，充分运用身体各部分的力量。

2. 教师巡回指导，纠正错误。

二、复习反手击高远球技术（练习时间：15~20分钟）

（一）教学目的

1. 通过制定的练习方法，进一步巩固学生的反手击高远球技术动作。
2. 通过制定的练习方法，进一步改正学生在新授课中出现的问题，提高学生反手击高远球的稳定性。

（二）练习方法

同第七次课学习反手击高远球练习方法。

（三）重点

1. 必须一再强调反手高远球只是过渡的技术，在真正的对抗中，不能过分依赖反手技术。
2. 学生在击打反手高远球的时候，一定要注意步法移动及时并且到位，否则就会导致回球失误及不到位的情况出现。

（四）难点

1. 在进行反手击高远球的动作的时候，一定要注意步法的到位情况。
2. 在进行反手击高远球的时候，一定要注意引拍及握拍的转换，否则就会出现击球失误甚至受伤的情况。

（五）要求

同第八次课复习反手击高远球技术要求。

三、复习正手发网前球技术（练习时间：5~10分钟）

（一）教学目的

1. 通过制定的练习方法，进一步巩固学生正手发网前球技术动作。
2. 通过制定的练习方法，进一步提高学生发球的质量及学生对于球感的掌握情况。

（二）练习方法

同第八次课学习正手发网前球技术练习方法。

（三）重点

1. 进一步提高学生对于正手发网前球战术意义的理解。
2. 进一步提高学生发球时的动作一致性，来提高学生在对抗中的变化。

（四）难点

1. 学生的挥拍轨迹容易出现问题，包括挥拍向上及侧击球托，导致发球过网时球头过高及发球出界等问题。
2. 学生对于拍头的掌握情况不足，容易出现"过手""过腰"等问题。

（五）要求

同第八次课学习正手发网前球技术要求。

四、学习正手中场扣杀球技术（练习时间：25分钟）

（一）教学目的

通过制定的练习方法，使学生对正手杀球有一个初步的印象。包括杀球的作用、杀球的击球点。

（二）练习方法

1. 中场扣杀球技术挥拍练习。
2. 分组练习：两人半片场地，一人发高远球，一人站在后场杀球，20次一组。

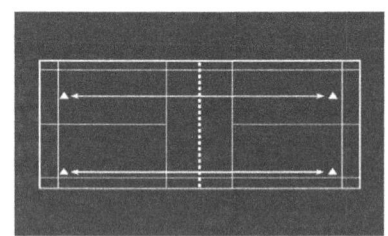

正手杀球：

准备、引拍动作：向右方侧身，后退一步并迅速跳起。起跳后，身体后仰，拉长腹肌及胸大肌，球拍自然往后下方摆动，加大挥拍的距离（图A、图B）。

挥拍击球动作：右上臂带动前臂急速往上前方挥拍，手腕从后伸经前臂的内旋至屈收，并突然握紧球拍闪腕以爆发力击球（图C）。此时，拍面与水平面所形成的夹角稍小于90°。

随前动作要领：随着惯性回收球拍于胸前，落地时应右脚在后、左脚在前，并迅速回动（图D）。

图A

图B

图C

图D

（三）重点

1. 杀球是把对方击来的中后场高球，用较大的力量和较快的速度，以向下的弧度回击到对方的中后场区。
2. 杀球是重要的主动进攻与得分的手段。
3. 从力量大小来区分，杀球可以分为重杀、轻杀；从落点来区分，可以分为长杀和短杀（点杀、半杀）。

（四）难点

1. 杀球的技术动作与正手击高远球基本相同，但击球瞬间拍面与水平面之间的夹角应当小于90°。
2. 杀球时的拍面应当从后向前挥动，不能出现切击球头的情况。
3. 挥拍动作不能过大，挥动大臂去杀球的话，杀球下网的概率是很大的。

（五）要求

1. 注意转肩发力和鞭打动作的连贯性。
2. 与正手击高远球基本相同，不同的是击球瞬间球拍与水平面的夹角，高远球应大于90°，杀球应小于90°。
3. 教师巡回指导，纠正错误。

课后作业：

1. 正反手颠球，不少于300个。
2. 正手高远球挥拍，不少于300个。
3. 反手高远球挥拍，不少于300个。
4. 杀球挥拍，不少于100个。

结束部分　同第二次课。运动负荷小、小强度，预估心率80～100次/分钟。

第十次课

教学内容：1. 复习正手击高远球技术。2. 复习反手击高远球技术。3. 复习正手发网前球技术。4. 复习正手中场扣杀球技术。

教学目标：1. 认知目标：通过探究学习、实践操作、趣味练习等，学生能够正确认识和理解技术运用的合理性和规范性，提高认知水平。2. 技能目标：进一步掌握正手、反手击高远球及正手发网前球的技术动作，并且对回球的落点有一定要求，进一步巩固中场杀球的技术动作。3. 身心发展目标：提高自主学习能力，培养创新思维能力，提高身体协调性、灵敏性及团结协作精神。

教学内容与组织教法

准备部分　同第二次课。

时间分配：准备部分15～20分钟（导入情绪调动），运动负荷小、小强度，预估心率80～100次/分钟。

基本部分　60～75分钟（进入状态体验），运动负荷适中、中等强度，预估心率120～140次/分钟。

一、复习正手击高远球技术（练习时间：15～20分钟）

（一）教学目的

1. 通过制定的练习方法，进一步巩固学生的正手击高远球技术动作。

2. 通过一段时间的练习，将对学生的正手高远球提出更高的要求，包括击球的速度、落点及动作的连贯性。

（二）练习方法

同第九次课复习正手击高远球技术练习方法。

重点、难点、要求同第九次课复习正手击高远球技术对应内容。

二、复习反手击高远球技术（练习时间：15~20分钟）

教学目的：

1. 通过制定的练习方法，进一步巩固学生的反手击高远球技术动作。

2. 通过制定的练习方法，进一步提高学生在进行反手击高远球时的成功率及回球的质量，包括回球的角度、落点及回球的速度。

练习方法、重点、难点、要求同第九次课复习反手击高远球技术对应内容。

三、复习正手发网前球技术（练习时间：5~10分钟）

教学目的： 通过制定的练习方法，进一步巩固学生正手发网前球技术动作。

练习方法、重点、难点、要求同第九次课复习正手发网前球技术对应内容。

四、复习正手中场扣杀球技术（练习时间：25分钟）

教学目的：

1. 通过制定的练习方法，使学生能够进一步了解正手杀球的技战术意义。

2. 通过制定的练习方法，使学生能够初步掌握正手杀球发力的动力链及挥拍轨迹。

练习方法、重点、难点、要求、课后作业同第九次课学习正手中场扣杀球技术对应内容。

结束部分　同第二次课。运动负荷小、小强度，预估心率80~100次/分钟。

第十一次课

教学内容： 1. 国内有代表性的优秀男女运动员。2. 国外有代表性的优秀男女运动员。

教学内容与组织教法

一、国内有代表性的优秀男队员

（一）赵剑华

老"四大天王"之一，出道时因接连挑落当世球王林水镜、弗罗斯特而名动天下，被誉为最有才华和最清楚羽毛球运动真谛的人，曾获1次世锦赛、1次世界杯、2次亚运会、2次全英赛、1次年终总决赛、2次汤姆斯杯冠军。

（二）杨阳

我国一代羽毛球天王，老"四大天王"之首，天才型羽毛球选手，是集齐世锦赛、世界杯、全英赛、汤姆斯杯锦标的历史第一人，人称"王中王"。1988年，杨阳还曾获得汉城奥运会男子单打冠军，遗憾的是当年羽毛球只是表演项目，未列入正式比赛，杨阳也因此憾失史上奥运男单第一人称号。

（三）谌龙

2012年首次参加奥运会就获得铜牌的成绩，2014年世锦赛夺冠，收获个人第一个世界冠军，并于同年登上世界第一的位置。于2015年世锦赛成功卫冕世锦赛冠军，并在一年后的奥运会上击败了李宗伟，收获了自己的第一枚奥运会金牌。谌龙身材高大，打法稳健，以防守反击为主，是目前我国男子单打的中流砥柱。

（四）林丹

中国羽毛球男单运动员，2008年北京奥运会冠军、2012年伦敦奥运会冠军。羽毛球史上第一位集奥运会、世锦赛、世界杯、苏迪曼杯、汤姆斯杯、亚运会、亚锦赛、全英赛、全运会及多次世界羽联超级系列赛冠军于一身的双圈全满贯。被誉为中国羽球一哥，世界羽毛球"四大天王"之一。2008年北京奥运会羽毛球男单冠军。2009年实现世锦赛三连冠。2010年广州亚运会羽毛球男单冠军，实现全满贯。2012年伦敦奥运会成功卫冕，成为首位在奥运会羽毛球男单项目中实现卫冕的运动员。2013年8月，第五次获得羽毛球世锦赛男单冠军（2006、2007、2009、2011、2013），连续三年在世界大赛决赛中战胜李宗伟。2014年仁川亚运会男单冠军，成功卫冕并实现了双圈全满贯。2016年3月，第六次获全英赛男单冠军。2018年5月27日，凭借汤姆斯杯获得第20个世界冠军。

二、国内有代表性的女子运动员

（一）李玲蔚（中国奥委会副主席）

她在运动生涯中共获得三十八枚重大国际比赛金牌，其中世界冠军十三枚，成为中国获世界冠军最多的女运动员。世界羽毛球史上第一个集世界锦标赛、世界杯赛、全英锦标赛和世界系列大奖赛总决赛金牌于一身的女子单打羽毛球运动员。被世界羽坛誉为"羽坛皇后""一代羽毛球女王"。

（二）王适娴

2009年6月，在马来西亚公开赛上，王适娴夺得个人首个国际公开赛冠军。2010年11月，王适娴夺得广州亚运会羽毛球比赛的女单冠军，成为亚运会历史上最年轻的女单冠军。2011年5月，王适娴跟随中国羽毛球队获得尤伯杯冠军，成为中国羽毛球队内新的世界冠军。2014年5月，王适娴再次跟随中国羽毛球队获得尤伯杯冠军。

（三）张宁

2003年，张宁在英国伯明翰世锦赛中2∶0战胜队友龚睿那，获得个人第一个世界冠军。2004年，雅典奥运会上，张宁2∶1击败张海丽获得奥运会女单冠军。2008年8月，在北京奥运会羽毛球女子单打决赛中，张宁以2∶1的比分战胜谢杏芳获得冠军，成为首个卫冕的奥运会羽毛球单打冠军。

三、国外有代表性的男子运动员

（一）摩丹·弗罗斯特

丹麦羽毛球名将，他也是世界羽坛著名的运动员，当年与中国的赵剑华、杨阳及印尼的苏吉亚托一起并称羽坛"四大天王"。弗罗斯特曾保持200多场比赛不败的纪录，仅1984年一年，就获得8次国际大赛的桂冠，其中包括全英羽毛球锦标赛和世界羽毛球系列大奖赛总决赛的男子单打冠军。然而令他遗憾终生的是，他曾三次打入世界羽毛球锦标赛男子单打的决赛和两次打入世界杯羽毛球赛决赛，却一次也未能如愿，分别败在苏吉亚托、韩健和杨阳的手下。

（二）皮特·盖德

丹麦男子羽毛球单打名将，最高世界排名为第1名，职业生涯战绩为470胜128负，曾经连续62周名列世界第一，他是世界上最优秀的单打选手之一，却没有获得过任何一个奥运会、世锦赛甚至汤姆斯杯的冠军。2008年，彼得·盖德以31岁的年龄参加北京奥运会，在8强赛被中国头号选手林丹淘汰，再次止步8强，这次是他最后一次参加奥运会。2012年11月1日，彼得·盖德正式在世界羽毛球协会注册退役，结束了19年的羽毛球生涯。

（三）陶菲克

1999年，陶菲克赢得亚洲青年锦标赛冠军，同年陶菲克在全英羽毛球公开赛决赛中显示了不俗的才能，获得亚军。2004年雅典奥运会，陶菲克2∶0战胜孙升模获得金牌。2005年世锦赛，陶菲克2∶0战胜林丹，成为世界羽坛男单运动员中第一位集奥运会、亚运会、世锦赛、汤姆斯杯冠军于一身的大满贯球员。2009年1月30日，陶菲克正式宣布退出印尼国家队，以印尼选手的身份自费参加国际赛事。2013年6月，在印尼超级赛之后，陶菲克正式退役，告别世界羽坛。

（四）李宗伟

原马来西亚羽毛球男子单打运动员，被誉为马来西亚羽球一哥，世界羽毛球界"四大天王"之一。2008、2012、2016年奥运会羽毛球男单亚军。2004年，李宗伟首获马来西亚公开赛男单冠军。2005年，李宗伟逐渐取代黄综翰，成为马来西亚男单头号选手。2006年1月，李宗伟首次登上羽毛球世界排名第一的位置。2008年初，李宗伟首次获得世界羽联超级系列赛总决赛男单冠军。8月，获得北京奥运会羽毛球男单亚军，成为马来西亚奥运会上第二位获得银牌的选手。2010年成为史上首个在世界羽联总决赛实现三连冠的球员。2012年8月，在伦敦奥运会男单决赛再次负于中国选手林丹，获得亚军。2014年，李宗伟陷入药检风波，并被禁赛8个月。2015年11月，首次获得中国羽毛球公开赛男单冠军。2016年8月20日在里约奥运会羽毛球男单决赛中失利，第三次获得奥运会亚军。2018年3月16日，全英羽毛球公开赛1/4决赛，上演第40次"林李大战"，最终李宗伟负于林丹。同年4月获得英联邦运动会羽毛球男单冠军。同年9月22日，马来西亚羽毛球协会确认李宗伟被诊断出"早期鼻癌"。2019年6月13日，李宗伟宣布退役。同年6月15日，马来西亚奥委会正式任命李宗伟为2020年东京奥运会马来西亚代表团团长。

四、国外有代表性的女子运动员

（一）王莲香

1992年，王莲香在西班牙巴塞罗那夏季奥运会上夺得羽毛球金牌，这是印尼第一枚奥运会金牌。1996年亚特兰大奥运会女单铜牌；1993年世锦赛女单金牌，1991、1995年世锦赛女单铜牌；1994、1996年尤伯杯冠军，1998年尤伯杯亚军；1989年苏迪曼杯冠军，1991、1993、1995年三届苏迪曼杯银牌；1989、1993、1994、1996、1997年羽毛球世界杯女单冠军；1990年和1994年亚运会女单都收获银牌，1990和1994年亚运会女团比赛中收获铜牌。王莲香集奥运会女单金牌、世锦赛女单金牌、世界杯女单金牌、尤伯杯金牌和苏迪曼杯金牌于一身，是羽毛球大满贯得主，她也是印尼羽坛唯一的女子大满贯得主。

（二）马琳

2014年4月，马琳获得欧锦赛女单冠军，首次获得世界大赛冠军。2014年8月31日，2014年羽毛球世锦赛在丹麦的哥本哈根结束女子单打决赛，马琳夺得世锦赛女单冠军。2015年雅加达羽毛球世锦赛女单决赛中,马琳以2∶0战胜赛会2号种子印度选手内维尔,成功卫冕世锦赛女单冠军。2016年8月19日,里约奥运会羽毛球女子单打决赛,马琳逆转战胜印度的辛杜赢得女单金牌,成为史上第二个赢得奥运会单打冠军的非亚洲球员,完成大满贯壮举。卡罗丽娜·马琳以2∶1的总比分战胜了印度选手普萨拉·文卡塔·辛德胡,首次夺得奥运会羽毛球女单金牌。这是西班牙奥运会历史上获得的第一枚羽毛球项目的金牌。

课后作业:
写一篇自己最喜欢的球星的感想。

第十二次课

教学内容: 身体素质训练。
教学目标: 1. 认知目标:通过探究学习、实践操作、趣味练习等,学生能够正确认识和理解技术运用的合理性和规范性,提高认知水平。2. 技能目标:提高自身的身体素质以提升羽毛球的竞技水平。3. 身心发展目标:提高自主学习能力,培养创新思维能力,提高身体协调性、灵敏性及团结协作精神。

教学内容与组织教法

准备部分 同第二次课。
时间分配:准备部分15~20分钟(导入情绪调动),运动负荷小、小强度,预估心率80~100次/分钟。

基本部分 60~75分钟(进入状态体验),运动负荷适中、中等强度,预估心率120~140次/分钟。

一、力量训练(练习时间:60~75分钟)

(一)上肢基础力量训练

1. 上肢6项哑铃操练习。哑铃头上推举,哑铃胸前推举,哑铃体侧平举,哑铃体前平举,哑铃扩胸,哑铃体侧提收。
2. 上肢静力性练习。运用重量小的哑铃,做静止力量练习,目的是发展各大肌肉群的绝对力量;哑铃体侧静力平举、哑铃体前静力平举、手腕静力对抗、肩臂静力支撑;静力性练习时间可视个人具体情况采用30秒、1分钟或数分钟等。
3. 上肢15~20公斤杠铃练习。利用杠铃发展上下肢动作协调能力和爆发力量。体前抓举、前臂体前屈伸、前后分腿跳挺举。
4. 卧推举练习、仰卧撑练习、俯卧撑练习。垫上或凳上卧推举练习、背负重物仰卧撑练习、背负重物俯卧撑练习。
5. 杠上练习。单杠引体向上、双杠直臂静力支撑、双杠屈臂撑。

(二)腕力及下肢力量

1. 跳跃练习。初学者发展下肢力量,一般采用各种姿势的跳跃练习方法。如果要增加负荷,则采用沙衣或沙袋。
(1)蹲走:全蹲,用前脚掌向前或向后行走。尽量保持一定的速度,手臂前后摆动,协调用力。
(2)全蹲向上跳:站立,向下全蹲,再全力向上跳起,落地后再次下蹲,再次跳起,持续练习20次左右为一组,短暂休息后再练习3~5组。
(3)收腹跳:站立,向上跳起,在空中屈膝收腹,使大腿尽量贴近胸口,双脚落地后再跳起。20次一组,3~5组。

（4）纵跳摸高：设一定高度的目标（以练习者全力跳起能触到为宜），站立，全力持续地跳起触摸目标物。

（5）单腿蹬跳高凳或台阶：借助一定高度的凳子或台阶，站立，先以一只脚踩住凳子或台阶做蹬起动作，再换另一只脚。

（6）双脚跳跃障碍物：设置有一定难度的障碍物，并使之固定、放稳。按要求做跳跃练习，发展腿部力量和锻炼身体协调及灵敏性。

2. 下肢杠铃负重练习。利用杠铃发展下肢肌肉的绝对力量和爆发力。负一定重量的杠铃，围绕一些专项动作进行练习，发展下肢肌肉力量和爆发力。下肢的负重因人而异，一般为10~15公斤，不宜太重。练习时要保持一定的速度和频率，每组20次左右，持续3~5组。

3. 力量练习游戏。运用游戏的形式进行力量练习，以增加趣味性。

（1）推"车子"：俯卧撑地，两腿当作车子的扶把由同伴抬起，练习者以两手支撑身体向前爬行。

（2）爬走：俯卧，除手脚着地外，身体的其余部分不许触地，向前快速爬行。

（3）大象走：模仿大象四肢着地的动作，先以同侧手脚同时迈第一步，再换异侧手脚同时迈第二步，以此方法进行练习，练习时要抬头、挺胸、直腰。

4. 发展局部肌肉练习。设计一些针对性较强的动作，以发展局部小肌肉群的力量。

（1）发展股二头肌力量：直立或俯卧，双手扶持一固定物，脚踝负重。单膝后屈或呈90°，反复练习一定次数，再换另一条腿，持续练习。

（2）发展股四头肌力量：坐在凳子上，脚背负重，双腿或单腿由弯曲到单腿伸直，反复持续练习到一定次数。

（3）发展大腿内、外侧和腰部肌肉的力量：直立，两手叉腰，脚背绑上沙袋，大腿带动小腿向前或向后快速摆腿练习。

（三）腰腹肌力量训练

1. 负沙袋做踢腿练习，以发展腰肌力量。

（1）左右腿正踢：侧立，一手扶同侧的支撑物，一腿全力向上踢起。左右脚交替进行，双腿均应绷直。踢腿时要用快速爆发力。

（2）左右腿侧踢：直立，手扶面前的支撑物，一腿全力向侧踢起，左右交替进行。

（3）左右腿前后踢：直立，手扶面前的支撑物，一腿全力向前或向后上方踢起，左右交替进行。

（4）腰部前俯后仰：侧对肋木，两腿与肩同宽，靠肋木站立，非持拍手扶住肋木，做前俯后仰练习。后仰时，持拍手尽量去摸足跟。前俯时，持拍手由后仰动作配合击球动作向前上方用力挥动，带动腰部以类似后场击球做大弧度收腹动作，加强腰背部的韧性。

2. 要求：力量训练时卧推举动作要规范，教师及时进行规范纠正，避免伤病的产生。

结束部分 同第二次课。运动负荷小、小强度，预估心率80~100次/分钟。

第十三次课

教学内容：1. 复习正手击高远球技术。2. 复习正手中场扣杀球技术。3. 学习正、反手挑高球技术。

教学目标：1. 认知目标：通过探究学习、实践操作、趣味练习等，学生能够正确认识和理解技术运用的合理性和规范性，提高认知水平。2. 技能目标：能够熟练掌握正手击高远球的技术动作，并且对回球的落点及回球的球速有一定的要求。在此前学习杀球的基础之上进一步加强动作掌握情况。初步学习正反手挑球的技术动作。3. 身心发展目标：提高自主学习能力，培养创新思维能力，提高身体协调性、灵敏性及团结协作精神。

教学内容与组织教法
准备部分 同第二次课。 时间分配：准备部分15~20分钟（导入情绪调动），运动负荷小、小强度，预估心率80~100次/分钟。

基本部分 60~75分钟（进入状态体验），运动负荷适中、中等强度，预估心率120~140次/分钟。

一、复习正手击高远球技术（练习时间：10~15分钟）

（一）教学目的

1. 通过制定的练习方法，进一步巩固学生的正手击高远球技术动作。
2. 通过制定的练习方法，进一步提升学生击球时的稳定性及从准备到最终完成挥拍击球时的连贯性与动作的协调性。
3. 对学生的回球质量提出更高的要求并使学生向更高的标准不断靠近。

（二）练习方法

同第八次课复习正手击高远球技术练习方法。

（三）重点

1. 控制学生击球时的挥拍动作幅度，要求用尽可能小而且快速的动作行程去完成整个高远球的击球动作。
2. 要求学生在两边后场击球时步法移动迅速，并且要求一个点的学生也要把准备和回中按照要求去完成。

（四）难点

1. 学生在移动到击球点下方的过程中容易出现脚步移动不及时而在身体一侧挥拍的坏习惯，这样会导致击球时发力不集中，无法很好地使用身体的力量去完成高远球的击球动作。
2. 学生在移动的过程中容易出现左右脚先后发力的情况，这样会导致后场步法移动减慢，不能够及时移动到位，进而导致从下往上的动力传递出现中断，使回球的质量下降。

二、复习正手中场扣杀球技术（练习时间：20~25分钟）

（一）教学目的

1. 通过制定的练习方法，进一步巩固学生正手杀球的技术动作。
2. 通过制定的练习方法，尽量使学生初步掌握顺畅的正手杀球的动力链，能够达到较为稳定和有一定质量的下压"杀球"。

（二）练习方法

同第九次课学习正手中场扣杀球练习方法。

（三）重点

1. 通过一段时间的练习，要让学生慢慢能够找准击球点及把握好身体的姿态，调整好脚步以完成较为顺畅及标准的击球动作，能够打出质量较高的杀球。

2. 通过一段时间的练习，学生能够在短暂的时间内迅速地完成杀球的准备及最后的击球动作。

（四）难点

1. 学生在找击球点的时候往往容易出现击球点太过靠后的情况。这会导致学生的引拍动作不能完全打开就要出手的仓促情况。这最终会导致击球时的力量不够集中，打出来的"杀球"也就会软绵绵的，缺乏威胁。

2. 学生在移动到击球点下方的过程中会出现脚步移动较慢，这会导致错过击球的时间，以至于无法完成有效的进攻。

（五）要求

同第九次课学习正手中场扣杀球技术要求。

三、学习正、反手挑高球技术（练习时间：30～35分钟）

（一）教学目的

1. 通过制定的练习方法，使学生初步掌握正反手挑球的技术动作。
2. 通过制定的练习方法，使学生初步理解正反手挑球的战术意义及一个标准的正反手挑球应该达到的效果。

（二）练习方法

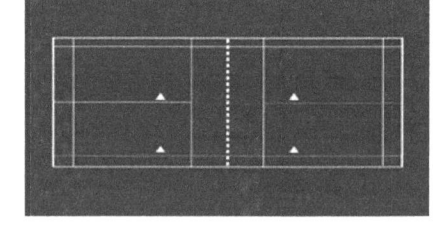

1. 正、反手挑高球技术挥拍练习。
2. 两人一组，相互发网前和挑高球练习。

正手挑高球：

准备、引拍动作要领：右脚向右侧跨出一步，根据来球的位置决定跨步大小，到位击球。随步法移动的同时，右上臂稍向右后摆，前臂稍带外旋，手腕后伸到最大限度，形成挥拍的最长距离（图A、图B）。

击球动作要领：右前臂向前略有外旋地快速挥动，手腕在击球的瞬间由后伸至快速屈收，拍面向上方挥动（图C）。

随前动作要领：击球后，前臂挥至体前上方，然后回动至准备姿势（图D）。

图A　　　　　　　　　　　　　　　图B

图C　　　　　　　　　　　　　图D

反手挑高球：

准备、引拍动作要领：右脚向左侧跨出一步到位，上体稍向左后侧转，球拍引至左后侧，前臂稍有内旋，拍面朝上（图E、图F）。

击球动作要领：在前臂向前挥动的同时，手腕由外展至内收伸腕，手指突然紧握拍柄，以产生的爆发力击球托的后底侧部，使球向上飞行（图G）。

随前动作要领：击球后，球拍随身体的回转回动至胸前（图H）。

图E　　　　　　　　　　　　　图F

图G　　　　　　　　　　　　　图H

（三）重点

1. 要让学生明白挑球的技战术意义在于把球打过对方的头顶，以至于对手不能够发动质量很高的进攻，进而减轻自己防守的压力。

2. 要让学生明白一旦自己主动起高球就已经承认自己是被动的情况了，就一定要迅速地回动做好防守的准备。

（四）难点

1. 学生在移动过程中容易出现蹬跨步太小及最后一步脚尖没有朝来球方向打开，从而导致移动不及时及重心不稳，直接使最后挥拍击球时力量不集中。
2. 学生容易出现握拍太紧的情况，这直接导致了最后击球的瞬间无法良好形成有效的击球动作，从而降低回球的质量。

（五）要求

1. 要根据球离网的远近适当调整拍面角度和用力方向。
2. 要有向前上方挑球的爆发力。
3. 教师巡回指导，纠正错误。

课后作业：
1. 正反手颠球，不少于300个。
2. 正手高远球挥拍，不少于300个。
3. 正反手挑球挥拍练习，不少于300个。

结束部分　同第二次课。运动负荷小、小强度，预估心率80～100次/分钟。

第十四次课

教学内容： 1. 复习正手击高远球技术。2. 复习正手中场扣杀球技术。3. 复习正、反手挑高球技术。4. 学习正、反手放网前球技术。

教学目标： 1. 认知目标：通过探究学习、实践操作、趣味练习等，学生能够正确认识和理解技术运用的合理性和规范性，提高认知水平。2. 技能目标：能够熟练掌握正手击高远球、正手杀球的技术动作，并对回球的落点及回球的球速有一定的要求，进一步巩固正反手挑球的技术动作并初步学习正反手放网的技术动作。3. 身心发展目标：提高自主学习能力，培养创新思维能力，提高身体协调性、灵敏性及团结协作精神。

教学内容与组织教法

准备部分　同第二次课。

时间分配：准备部分15～20分钟（导入情绪调动），运动负荷小、小强度，预估心率80～100次/分钟。

基本部分　60～75分钟（进入状态体验），运动负荷适中、中等强度，预估心率120～140次/分钟。

一、复习正手击高远球技术（练习时间：10～15分钟）

（一）教学目的

1. 通过制定的练习方法，进一步巩固学生的正手击高远球技术动作。
2. 通过制定的练习方法，使学生能够达到教师提出的更高的技术要求。

（二）练习方法

同第八次课复习正手击高远球技术练习方法。

（三）重点

1. 进一步和学生强调步法移动的重要性，并对学生的步法移动提出更高的要求。

2. 进一步向学生说明羽毛球运动中步法的重要性，羽毛球项目的本质特征即脚不到，手不到。

（四）难点

1. 学生的脚步移动不够快，经常是左脚拖在右脚的后面，双脚没有同时发力。
2. 学生因为核心力量的缺乏导致移动过程中架拍出现晃动，导致最后击球的瞬间没有形成稳定且高效的挥拍机制。

（五）要求

1. 击球点要高，控制好拍面角度，充分运用身体各部分的力量。
2. 教师巡回指导，纠正错误。

二、复习正手中场扣杀球技术（练习时间：15~20分钟）

（一）教学目的

1. 通过制定的练习方法，进一步巩固学生的正手中场扣杀球技术动作。
2. 通过一段时间的练习，慢慢提高学生击球的稳定性及出球的质量，提高学生主动进攻的能力。

（二）练习方法

同第十三次课复习正手中场扣杀球技术练习方法。

（三）重点

1. 步法的移动是练习中的重中之重，步法不到位，即使有再大的力量也无法顺畅地完成高效且有质量的下压杀球。
2. 移动过程中的架拍也是练习中的重点，迅速且稳定的架拍有助于学生完成高质量的下压杀球。

（四）难点

1. 学生核心力量的欠缺直接导致学生在移动过程中及最后击球时力量不能够很好地集中，直接影响的就是无法完成高质量的下压杀球。
2. 学生在移动过程中双脚的协调发力及最后一步起跳时的重心前移完成的效果直接影响了最后击球时的发力。

（五）要求

同第九次课学习正手中场扣杀球技术要求。

三、复习正、反手挑高球技术（练习时间：10~15分钟）

（一）教学目的

1. 通过制定的练习方法，进一步巩固学生的正反手挑球技术动作。
2. 通过制定的练习方法，进一步巩固学生起球之后回中的战术意识。

（二）练习方法

同第十三次课学习正、反手挑高球技术练习方法。

（三）重点

1. 一定要让学生建立起球即被动的战术意识，才能在后续的学习中建立正确的战术意识。
2. 一定要让学生的移动步法按照要求来进行练习。

（四）难点

1. 学生在移动过程中的步法不够及时，蹬跨步不够大，导致到位的速度及最后击球时重心的调整出现问题，从而影响出球的质量及下一拍的连贯出现脱节的现象。
2. 学生在挥拍之前的引拍往往出现握拍太紧及握拍不对，导致最后击球时出现侧拍面击球的状况。

（五）要求

同第十三次课学习正、反手挑高球技术要求。

四、学习正、反手放网前球技术（练习时间：25分钟）

（一）教学目的

1. 通过制定的练习方法，使学生能够初步掌握正反手放网前球技术。
2. 通过制定的练习方法，使学生能够对正反手放网前球的技战术意义有初步的了解。

（二）练习方法

1. 正、反手放网前球技术挥拍练习。
2. 分组练习：分成2组，A和B发网前球，C和D放网前球，轮流进行。

正手放网前球：

准备动作要领：右脚在前，左脚在后，两脚间距比肩略宽，右手握拍自然地举在胸前，身体微微前倾，收腹（图A）。

挥拍击球动作要领：击球点在腰际以下，击球的瞬间，不是用搓、切的动作，而是轻轻向上提，直击球托后底部，使球过网后垂直下落（图B）。

图A

图B

反手放网前球：

准备动作要领：与正手放网前球准备动作相同（图C）。

挥拍击球动作要领：击球点在腰际以下，击球的瞬间，不是用搓、切的动作，而是轻轻向上提，直击球托后底部，使球过网后垂直下落（图D）。

图C

图D

（三）重点

1. 新授课上一定要让学生了解到正反手放网的技战术意义。
2. 要让学生了解到手指手腕击球的重要性。

（四）难点

1. 手指握拍太紧，手臂伸得太直，两脚平站，身体过于直立，影响启动的速度和手指手腕的灵活发力。
2. 启动太慢，不能准确到位，前臂未伸向前上方，导致击球点太低。

（五）要求

1. 手指握拍放松，手臂不能伸得太直。
2. 启动要快，准确到位，击球点要高。
3. 击球后，球拍要收至胸前，而不是垂向下，步法回动要快。
4. 教师巡回指导，纠正错误。

课后作业：

1. 正反手颠球，不少于300个。
2. 正手高远球挥拍，不少于300个。
3. 正反手挑球挥拍练习，不少于300个。
4. 正反手放网练习，不少于300个。

结束部分　同第二次课。运动负荷小、小强度，预估心率为80～100次/分钟。

场地器材：羽毛球场4片、自备羽毛球拍与羽毛球。

教学反思与评价：同第二次课。

第十五次课

教学内容：1. 单球练习：后场高远球。2. 多球练习：边线接杀练习。

教学目标：1. 认知目标：通过探究学习、实践操作、趣味练习等，学生能够正确认识和理解技术运用的合理性和规范性，提高认知水平。2. 技能目标：在熟练掌握正手击高远球技术动作的基础上加强半场对练的训练。初步学习边线接杀的技术动作。3. 身心发展目标：提高自主学习能力，培养创新思维能力，提高身体协调性、灵敏性及团结协作精神。

教学任务与组织教法

准备部分 同第二次课。

时间分配：准备部分15～20分钟（导入情绪调动），运动负荷小、小强度，预估心率80～100次/分钟。

基本部分 60～75分钟（进入状态体验），运动负荷适中、中等强度，预估心率120～140次/分钟。

一、单球练习：后场高远球（练习时间：30～35分钟）

（一）教学目的

1. 通过制定的练习方法，使学生的高远球技术得到提升，包括球速、落点、出手动作一致性，同时能够基本掌握直线、斜线高远球拍面的变化。

2. 通过本节课的学习过程，使学生的出球意识、移动意识等得到提升，提高自身的运动智能，努力提升自身的综合能力水平。

3. 要求学生学习态度端正、精神饱满、注意力集中及善于发现自身存在的问题，积极地自主查漏补缺。要求教师授课认真严肃，及时纠正学生练习过程中出现的问题。

（二）练习方法

1. 原地直线高远球：两人一组分别站在底线对击高远球。

2. 一点打两点：A分别以直线和斜线击高远球到B的左右后场区，B每次击完后回到中心位置，A基本不动，相互交换。

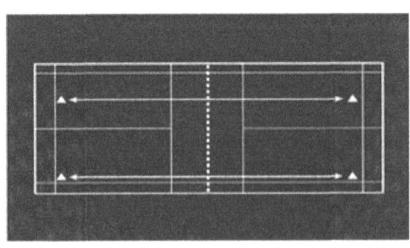 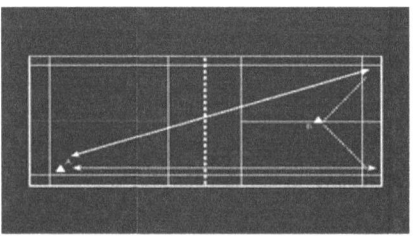

（三）重点

1. 学生的移动步法依然是教师教学过程中需要着重注意的部分。

2. 学生在进行半场直线高远球及后场两边移动高远球练习的时候，在击球之前的准备及击球之后的及时回动也是教学中需要投入精力的重点部分。

（四）难点

1. 学生在移动过程中左右脚的协调用力是接下来教学中需要解决的难点。
2. 学生核心力量较差导致的架拍不稳及转体较慢，以及起动步法较慢是一大难点。

（五）要求

击球点要高，控制好拍面角度，充分运用身体各部分的力量。

二、多球练习：边线接杀练习（练习时间：30～40分钟）

（一）教学目的

1. 通过制定的练习方法，使学生能够基本掌握边线接杀球的技术动作。
2. 通过本节课的学习过程，使学生的出球意识、移动意识等得到提升，提高自身的运动智能，努力提升自身的综合能力水平。
3. 要求学生学习态度端正、精神饱满、注意力集中及善于发现自身存在的问题，积极地自主查漏补缺。要求教师授课认真严肃，及时纠正学生练习过程中出现的问题。
4. 通过新授课上教师的讲解，让学生初步理解接杀球的技战术意义及合格的标准。

（二）练习方法

1. 教师示范：在中场放一高凳，发球者站在高凳上，用力将球扣杀到左、右中场边线附近。练习者由中心位置准备，判断起动后向左或向右移动采用接杀球技术，多球练习，24个球为一组。
2. 分组练习：学生两人一组，按照教师示范要求互相练习。

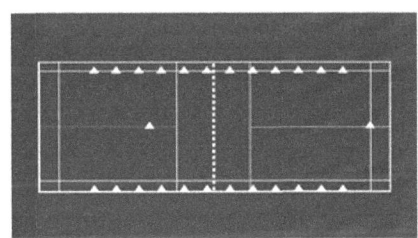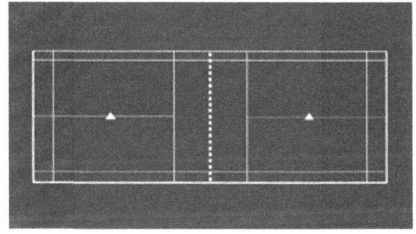

接杀放直线小球：将对方击来的杀球，回击网前小球至对方区域为接杀放直线小球。同其他接杀球技术配合使用，可调动对方前后奔跑，有效地限制其连续进攻。接杀放直线小球在单打竞赛中较为常用。

反手接杀放直线小球：击球点必须控制在身体左侧平行面以前的位置。将持拍手完全放松，手指控制球拍面，由展腕至手腕微微发力，以一定的斜拍面仰角向前推送切击球托的底部，使球呈直线飞行，贴网落入对方前场区域。

（三）重点

1. 通过新授课的学习，使学生建立起关于接杀挡网正确的战术作用和意义。
2. 通过本节课的学习，使学生能够初步运用两边接杀球的移动步法及掌握好接杀时的拍面和击球点的距离与高度。

（四）难点

1. 学生在初次学习两边接杀球时容易出现重心过高，脚不动，只是伸手去够球的情况。

2. 学生在初次练习两边接杀球的时候容易出现拍面不对及手腕和手臂过于紧张，导致挡网过高或者过远的情况。

（五）要求

1. 注意力集中，接完球回到中心位置准备。

2. 步法到位，保证质量。

3. 控制好拍面和用力。

课后作业：

1. 高远球挥拍，不少于300次。

2. 正反手颠球，不少于1000个。

3. 两边接杀步法，练习4组，每组15个来回。

结束部分　同第二次课。运动负荷小、小强度，预估心率80~100次/分钟。

第十六次课

教学内容：1. 复习正手击高远球技术。2. 复习正、反手挑高球技术。3. 复习正、反手放网前球技术。4. 学习正手后场吊球技术。

教学目标：1. 认知目标：通过探究学习、实践操作、趣味练习等，学生能够正确认识和理解技术运用的合理性和规范性，提高认知水平。2. 技能目标：加强半场高远球对练的熟练度，进一步巩固正反手挑球以及放网的掌握情况。初步学习正手后场吊球的技术动作。3. 身心发展目标：提高自主学习能力，培养创新思维能力，提高身体协调性、灵敏性及团结协作精神。

教学内容与组织教法

准备部分　同第二次课。

时间分配：准备部分15~20分钟（导入情绪调动），运动负荷小、小强度，预估心率80~100次/分钟。

基本部分　60~75分钟（进入状态体验），运动负荷适中、中等强度，预估心率120~140次/分钟。

一、复习正手击高远球技术（练习时间：10~15分钟）

（一）教学目的

1. 通过制定的练习方法，进一步巩固学生的正手击高远球技术动作。

2. 通过一段时间的练习，对学生的高远球回球质量提出更高的要求，并尽量使学生达到制定好的练习目的。

（二）练习方法

同第八次课复习正手击高远球技术练习方法。

（三）重点

1. 学生在进行两边后场高远球练习以及半场直线高远球练习的时候，击球之前的准备、起动及击球之后的回动都是这一阶段学生在练习过程中需要注意的重点。

2.学生在进行后场两边移动的过程中，两脚的协调用力蹬跨步也是该阶段学生练习时需要注意的重点。

（四）难点

学生在进行后场两边移动的时候由于核心力量欠缺导致的架拍晃动及转体较慢依然是教学中需要注意的地方，要在课后给学生适当地安排核心力量练习，以提高学生在进行后场高远球练习时出球的稳定性和回球的质量。

（五）要求

1.击球点要高，控制好拍面角度，充分运用身体各部分的力量。
2.教师巡回指导，纠正错误。

二、复习正、反手挑高球技术（练习时间：10~15分钟）

（一）教学目的

1.通过制定的练习方法，进一步巩固学生的正反手挑球技术动作。
2.通过制定的练习方法，进一步提高学生在移动过程中的步法，包括步法移动的速度及起动的速度与蹬跨步的步幅。

（二）练习方法

同第十三次课学习正、反手挑高球技术练习方法。

（三）重点

1.教师在学生的练习过程中需要通过不同的练习方法及专门的解决办法来解决练习过程中出现的问题。
2.需要着重注意学生移动步法中出现的错误及最后引拍击球时出现的拍面问题。

（四）难点

学生击球前最后一个蹬跨步太小，导致最后引拍动作打开不完全，在击球的一瞬间无法形成最大的爆发力，进而导致学生正反手挑球回球质量下降。

（五）要求

同第十三次课学习正、反手挑高球技术要求。

三、复习正、反手放网前球技术（练习时间：10~15分钟）

（一）教学目的

1.通过制定的练习方法，进一步巩固学生的正、反手放网前技术动作。
2.通过制定的练习方法，进一步提高学生回球的质量和稳定性。

（二）练习方法

同第十四次课学习正、反手放网前球技术练习方法。

（三）重点

1. 需要解决学生在移动过程中步法太小、移动到位不及时，导致击球点太低、过网质量不高的问题。
2. 需要解决学生在击球瞬间手指和手臂过于紧张，导致回球过网太高的情况。

（四）难点

1. 学生的下肢力量及核心力量欠缺导致学生移动步法偏慢，使最终到位偏慢与击球点过低，最终回球质量差，训练效果达不到标准。
2. 教师在课后作业的安排上要注意专项力量的练习，来帮助学生完成更高质量的回球和更稳定的回球。

（五）要求

同第十四次课学习正、反手放网前球技术要求。

四、学习正手后场吊球技术（练习时间：30分钟）

（一）教学目的

1. 通过制定的练习方法，使学生能够初步掌握正手后场吊球的技术动作。
2. 通过制定的练习方法，使学生初步了解正手后场吊球在羽毛球技战术中的意义。
3. 通过教师的讲解示范，使学生初步了解吊球的击球标准。

（二）练习方法

1. 正手后场吊球技术挥拍练习。
2. 分组练习：两人半片场地，一人发高远球，一人站在后场吊球，20次一组轮换。

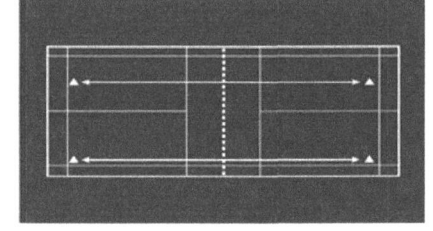

准备、引拍、击球、随前动作要领：与击高远球的动作要领基本一致，只是在击球的一瞬间改变拍面的运行角度，如快吊对角网前，使拍面向对角线的方向减速挥动，并切击球托的右侧后下部，使球向对角网前直线快速飞行；如快吊直线，使拍面由右上方向左上方（弧形）减速挥动，并轻轻切击球托的正面后下部，使球向网前直线快速飞行（图A~图D）。

图A

图B

图C

图D

（三）重点

1. 在练习的过程中，要让学生养成迅速起动及把击球点放在身体右前上方的习惯。
2. 在学生刚开始学习吊球的时候，一定要让学生找到切击球头的感觉，不是"打"而是"切击"球托。
3. 在学生练习的时候，要让学生规范动作，一定是转身之后在身体的前方击球，而不是在身体的侧面或者在身体的后面捞球击打。

（四）难点

1. 学生在初次学习吊球的时候，会受之前学习正手高远球的影响，在击球的一瞬间手腕手指过于紧张，导致击球的时候发力过多以致球过网的时候过高、过远达不到吊球调动对手的战术作用。
2. 学生的手腕过于紧张，会导致学生在进行吊球练习的时候没有切击球托的动作，而过多地正面击打球托，打出来的吊球过网没有减速和下坠的效果。

（五）要求

1. 快吊对角时须切击球托右侧后下部，而不是正击。
2. 手腕动作若下压不明显也是错误的。
3. 快吊直线时须切击球托正面后下部，而不是正击。
4. 教师巡回指导，纠正错误。

课后作业：

1. 正、反手颠球，不少于300个。
2. 高远球挥拍练习，不少于300个。
3. 正、反手挑球及正、反手放网前球挥拍练习，不少于300个。
4. 正手杀球挥拍练习，不少于100个。

结束部分 同第二次课。运动负荷小、小强度，预估心率80～100次/分钟。

第十七次课

教学内容：1. 复习正、反手挑高球技术。2. 复习正、反手放网前球技术。3. 学习反手后场吊球技术。

教学目标：1. 认知目标：通过探究学习、实践操作、趣味练习等，学生能够正确认识和理解技术运用的合理性和规范性，提高认知水平。2. 技能目标：进一步掌握正反手挑球及放网的技术动作，并对回球的落点有进一步的要求。初步掌握反手后场吊球的技术动作。3.身心发展目标：提高自主学习能力，培养创新思维能力，提高身体协调性、灵敏性及团结协作精神。

教学内容与组织教法

准备部分 同第二次课。

时间分配：准备部分15～20分钟（导入情绪调动），运动负荷小、小强度，预估心率80～100次/分钟。

基本部分 60～75分钟（进入状态体验），运动负荷适中、中等强度，预估心率120～140次/分钟。

一、复习正、反手挑高球技术（练习时间：15～20分钟）

（一）教学目的

1. 通过制定的练习方法，进一步巩固正反手挑高球的技术动作。

2. 通过一段时间的练习，进一步提高对于学生出球质量的要求，并不断督促学生积极练习，慢慢达到制定的教学要求。

（二）练习方法

同第十三次课学习正、反手挑高球技术练习方法。

（三）重点

1. 学生在击球之前的起动步法是这一阶段练习的重点，步法移动不到位就会导致击球点过于靠前或者过低，进而影响击球质量。

2. 学生在击球之前的引拍动作也是这一阶段练习的重点，适当放松但是不松散的引拍可以更好地帮助学生完成高质量的回球。

（四）难点

1. 学生引拍的时候会因为着急完成击球动作导致手臂和手腕过于紧张，在最后击球的一瞬间无法在较短的时间内发出较为集中的爆发力，从而导致学生的回球质量偏低。

2. 学生偏弱的核心力量导致在移动过程中及最后引拍的时候无法形成稳定的击球结构，进而影响击球时的动力传递，直接的结果就是无法完成质量高、达到标准的回球。

（五）要求

同第十三次课学习正、反手挑高球技术要求。

二、复习正、反手放网前球技术（练习时间：15～20分钟）

（一）教学目的

1. 通过制定的练习方法，进一步巩固正、反手放网前球的技术动作。

2. 通过制定的练习方法，在之前学习的基础上进一步完善学生的击球动作，提高学生回球的质量，从而达到制定的标准。

（二）练习方法

同第十四次课学习正、反手放网前球技术练习方法。

（三）重点

1. 学生在进行一段时间的练习之后上网移动的步法有了一定的进步，但是在最后一步蹬跨步的时候还是会出现抢点太低的情况，导致击球点过低，球在过网的时候过高。
2. 学生在进行两边正反手放网综合练习的时候由于回动不及时，两边连贯上会出现一定的问题。

（四）难点

学生在进行练习的时候，最后击球的一瞬间容易出现身体前冲的力量太大，最后一步撑不住的情况，这往往会导致击球的力量太大，球过网太高太冲，达不到正反手放网应该起到的战术作用。

（五）要求

同第十四次课学习正、反手放网前球技术要求。

三、学习反手后场吊球技术（练习时间：30~35分钟）

（一）教学目的

1. 通过制定的练习方法，使学生初步掌握反手后场吊球的技术动作。
2. 通过教师的讲解，使学生能够正确理解反手后场吊球的技战术意义及作用。

（二）练习方法

1. 反手后场吊球技术挥拍练习。
2. 分组练习：两人半片场地，一人发高远球，一人站在后场吊球，20次一组轮换。

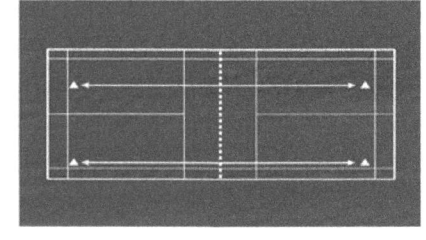

准备动作与引拍动作要领：当对方击来反侧球，我方采用反手回击吊球时，应迅速将身体转向左后方，右脚向左脚并一步，然后左脚向后迈一步，紧接着右脚向左前跨一大步即到位。此时，身体背对球网，身体重心在右脚上，步法移动到位时，球在右肩上方。步法移动中要立即由正手握拍转换成反手握拍，上臂平举屈肘，使前臂平放于胸前，球拍放至左胸前，拍面朝上，完成引拍动作（图A）。

挥拍击球动作要领：前臂快速由左肩下往右上稍有外旋地挥动，手腕内收闪动，并切击球托的右下部，在击球的瞬间拍面与水平面所形成的夹角应稍大于90°，并有前推的动作，以免吊球落网（图B~图D）。

图A

图B

图C　　　　　　　　　　　　　　　　图D

（三）重点

1. 要让学生意识到动作一致性的重要性，反手高远球和反手吊球在准备及引拍的时候应该是完全一致的，较高的动作一致性在技战术上有更大的作用，让对方无法预判到自己的回球路线，从而更好地完成自己的球路组织来达成更高的进攻效率。

2. 在教学过程中一定要让学生注意击球时用手指手腕来发力，手臂过大的动作都会导致吊球过网的时候太远或者太高，导致自己的球路组织失去效果，或者直接使自己在对抗中落入下风。

（四）难点

1. 反手吊球与正手吊球一样，在技战术中的意义都是通过落点来调动对手的位置，从而进一步组织自己的进攻，来达到最终取得胜利的目的。

2. 学生在一开始学习反手吊球的时候容易出现击球点靠身体太近，以及太想发力，引拍过于紧张的情况，这都会导致在最后击球的一瞬间没有办法很好地集中自己的力量，完成高质量的回球。

（五）要求

1. 步法移动要到位，击球点控制好，握拍要松，要能及时改变握法。
2. 击球后转体回动要快，回中心的速度要快。
3. 注意对角时切击的力量更小，若慢吊时过网路线过高，容易被对方上网扑杀。
4. 教师巡回指导，纠正错误。

课后作业：

1. 正、反手颠球，不少于300个。
2. 正、反手挑球挥拍，不少于300个。
3. 正、反手放网前球挥拍，不少于300个。
4. 反手后场吊球挥拍，不少于100个。

结束部分　同第二次课。运动负荷小、小强度，预估心率80~100次/分钟。

第十八次课

教学内容： 1.单打具有代表性的战术。2.双打具有代表性的战术。

教学内容与组织教法

一、什么是战术

战术是指运动员在比赛中为表现出高超的竞技水平战胜对手而采取的计谋和行动。战术与技术、体能、心理素质之间是相互联系、互相依存、互相制约的辩证关系。技术、体能是战术的基础，心理素质是战术的保证。比赛中良好的技术、体能、心理素质总是在具体的战术配合、战术行动中体现出来。先进的战术可以积极地促进技术、体能、心理素质的提高。

二、单打的战术

（一）单打进攻战术

发球抢攻战术：发球抢攻是比赛的重要得分手段，发球可根据对手的站位、回击球的习惯球路、反击能力、打法特点、精神和心理状态等情况，运用不同的发球方法，以取得前几拍的主动权。通过这一战术的运用，打乱对方的整个战略部署，让对方措手不及。特别是在关键时刻，运用发球抢攻战术能够取得不同的效果，如相持时可以用它来打破僵持的局面，力争主动；领先时可以用它来乘胜追击，一鼓作气战胜对手；落后时可以用它来作为最后的拼搏，力挽狂澜，反败为胜。

接发球抢攻战术：接发球抢攻战术是接发球战术中最具威胁力的一种战术。但是，前提是对方发球的质量欠佳。如发高球时落点不到位；发前场区球过网时过高；发平射球时速度不快，角度不佳；发平高球时节奏、落点、弧度不佳等。离开了这一前提条件而盲目地进行抢攻，效果就差，成功率就低。除此以外，还要有积极的、大胆的抢攻意识。要获得抢攻战术的成功（得分），还得根据自己的技术特点和身体条件，同时结合对方的技术特点、身体条件和心理素质。

单个技术的进攻战术：通过单个技术的重复使用，逼迫对手出现回球质量较差的情况，以利于自身的进攻。要想运用好单个技术的进攻战术，良好的基本技术是核心，同时还要根据对手不同的技术特点酌情使用。比如，对付回动上网快、控制底线能力差，以及侧身后退步法差的对手时，我们可以使用重复平高球拉对手同一个后场区，然后逼迫对手回球不到位，出现半场高球的时候，我方再进行进攻。

（二）单打防守战术

防守战术的原则是"积极防守""守中反攻"，而不是"消极防守"。因此要达到"积极防守""守中反攻"的目的，就要在自己处于防守被动的情况下，通过调整战术来化解对方的攻势、夺回失去的主动权。这就必须具备较好的防守能力（包法手法、步法），如较好地回击后场高远球的能力、起动反应快、步法到位、有较好的反挡底线的能力、勾对角球的能力、挡及反抽的能力等，才能运用"守中反攻"和"积极防守"的战术。

打两底线高远球的防守战术：打两底线平高球属于进攻战术，而打两底线高远球属于防守战术。平高球与高远球分别作为进攻与防守时使用的技术，在使用上一定不能混淆。防守时只能使用高远球，如用平高球去进行防守战术，不仅不能达到很好的防守目的，反而又增加了防守的难度，反之，不能用高远球作为进攻战术来使用。

勾对角网前结合挡直线网前或半场球的防守战术：在防守中采用勾对角网前球战术是很有效果的，如再结合挡直线就使防守战术更灵活多变。当然，这需要能准确判断对方进攻的落点，反应到位，并具有灵活多变的手法，才能打出挡直线结合勾对角的球，达到"守中反攻"的目的。

三、双打的战术

（一）双打进攻战术

攻人：这是双打中常用的一种战术，就是以人为攻击目标。对付两名技术水平高低不一的对手时，一般都采用这种战术。对付两名实力相当的队员也可采用这一战术。集中进攻对方一名队员，常能起到"集中优势兵力打歼灭战"的作用；在另一队员过来协助时，又会暴露出空当，可在其仓促接应、立足不稳时偷袭他。

守方左右站位时把球打在两人的中间：这种战术可以造成守方两人抢接一球或同时让球，彼此难于协调；限制对手在接杀球时挑大角度高球调动攻方；有利于攻方的封网，由于打对方中路，对方回球的角度也小，网前队员封网的难度就小了。

守方前后站位时把球下压或轻推在边线半场处：这种战术多半是在接发网前球和守中反攻抢网时运用。这种球守方前场队员拦截不到，后场队员又只能以下手击球放网或挑高球，后场两角便会露出很大空当，因而有机可乘，攻击他的空当或身体范围内。

攻后场：这种战术常用来对付后场扣杀能力较差的对手，把对方弱者调动到后场后也可以。此战术多采用平高球、平推球、挑底线，把对方一人紧逼在底线，使其在底线两角移动球，在其还击出半场高球或网前高球时即可大力扣杀，取得该球的胜利或主动。如在底线两角时对方同伴要后退支援，则可攻击网前空当或打后退者的追身球。

后攻前封：后场队员为积极大力扣杀创造机会，在对方接杀放网、挑高球或企图反击抽球时，前场队员以扑、搓、勾、推控制网前，或拦截吊、点封住前半场，使整个进攻连贯而又有节奏变化，使对方防不胜防。

（二）双打防守战术

调整站位：为了摆脱被动，伺机转入反攻，首先要调整好防守时的站位。如果是网前挑高球，那么击球者应该直线后退，切忌对角后退。直线后退路线短、站位快、对角后退路线长，也容易被对方打追身球。另一名队员应根据同伴移动后的情况补到空当位。双打防守时的站位调整，都是一名队员在跑动击球时，另一名队员根据同伴的移动情况填补空当。

防守球路：

1. 攻方杀球者和封网队员在半边场前后一条直线上，接杀球应打到另半边前场或后场。
2. 攻方杀球者和封网者在前后对角位上，接杀球可还到杀球者的网前或封网者的后场。
3. 攻方杀球者杀对角后，另一名队员想要退到后场去助攻时，接杀球时可以还击到网前中路或直线网前。
4. 把攻方杀来的直线球挑对角，杀来的对角球挑直线以调动杀球者。

课后作业：

1. 自行整理羽毛球战术的相关概念。
2. 自行记录不懂的战术概念，搜集资料，然后和老师讨论。
3. 就本节课所讲的战术，课后自行练习。

第十九次课

同第十二次课。

第二十次课

教学内容：1. 复习正、反手挑高球技术。2. 复习正、反手放网前球技术。3. 复习反手后场吊球技术。4. 学习正、反手平抽球技术。

教学目标：1. 认知目标：通过探究学习、实践操作、趣味练习等，学生能够正确认识和理解技术运用的合理性和规范性，提高认知水平。2. 技能目标：能够熟练掌握正反手挑球、放网的技术动作并对回球的落点有一定的要求。进一步巩固反手后场吊球的掌握情况、初步理解正反手平抽球的技术动作。3. 身心发展目标：提高自主学习能力，培养创新思维能力，提高身体协调性、灵敏性及团结协作精神。

教学内容与组织教法

准备部分 同第二次课。

时间分配：准备部分15～20分钟（导入情绪调动），运动负荷小、小强度，预估心率80～100次/分钟。

基本部分 60～75分钟（进入状态体验），运动负荷适中、中等强度，预估心率120～140次/分钟。

一、复习正、反手挑高球技术（练习时间：10～15分钟）

（一）教学目的

1. 通过制定的练习方法，进一步巩固学生的正反手挑球技术。
2. 通过一段时间的练习，要求学生能够在更贴近实战的练习环境下完成高质量的回球。

（二）练习方法

同第十三次课学习正、反手挑高球技术练习方法。

（三）重点

1. 要使学生在进行挥拍练习的时候能够自如迅速地完成正反手握拍的转换。
2. 要使学生在进行步法练习的时候完成更加迅速的起动及准备动作。
3. 要使学生在击球的一瞬间掌握好手指手腕的发力及身体和球之间的距离。

（四）难点

1. 一段时间的练习之后，学生在步法和身体的稳定性上有了一定的提高，但是在身体比较疲劳的状态下还是无法保证身体和引拍不出现多余的晃动。
2. 学生在疲劳状态下对于手指手腕力量的掌握仍然比较欠缺，羽毛球专项体能也是需要课后进行练习的重点部分。

（五）要求

同第十三次课学习正、反手挑高球技术要求。

二、复习正、反手放网前球技术（练习时间：10~15分钟）

（一）教学目的

1. 通过制定的练习方法，进一步巩固学生的正反手放网前技术。
2. 通过一定时间的练习，要求学生在更加贴近实战的情况下完成高质量和稳定的回球。

（二）练习方法

同第十四次课学习正、反手放网前球技术练习方法。

（三）重点

1. 和正、反手挑球的重点一样，在进行练习的时候，要使学生自如熟练得完成正、反手握拍的转换。
2. 要使学生在进行练习的时候，进一步加快自己上网启动的速度和最后击球时身体的稳定性。
3. 要使学生在最后击球的时候，熟练地运动手指手腕的力量来完成高质量的击球。

（四）难点

学生在疲劳状态下无法保持身体的稳定并且形成适当放松及稳固的击球结构。

（五）要求

同第十四次课学习正、反手放网前球技术要求。

三、复习反手后场吊球技术（练习时间：15~20分钟）

（一）教学目的

1. 通过制定的练习方法，进一步巩固反手后场吊球技术。
2. 通过制定的练习方法，使学生能够渐渐地掌握好击球的时机和击球点与自己身体之间的距离。

（二）练习方法

同第十七次课学习反手后场吊球技术练习方法。

（三）难点

1. 学生在进行反手吊球练习的时候，第一步转身的速度偏慢，导致最后击球时击球点过于靠后，进而回球质量较差甚至无法完成成功的击球动作。
2. 学生在练习的时候对于吊球击球拍面的掌握还有一定的欠缺，经常出现打不准球头的情况。

（四）难点

1. 对于初次学习反手吊球的学生来说，反手吊球的距离感及空间感有一定的难度。
2. 学生无法形成稳定有效的击球结构，导致在最后击球的一瞬间拍头会往上挥，导致回球过网过高，从而失去了反手吊球的技战术作用。

（五）要求

同第十七次课学习反手后场吊球技术要求。

四、学习正、反手平抽球技术（练习时间：25分钟）

（一）教学目的

1. 通过制定的练习方法，使学生初步掌握正、反手平抽球的技术动作。
2. 通过教师的讲解，使学生对于正、反手平抽挡的技战术意义有一定的理解。

（二）练习方法

1. 正、反手平抽球技术挥拍练习。
2. 分组练习：两人一组，一人扣球一人正手抽球，20次一组；换反手抽球练习，20次一组。

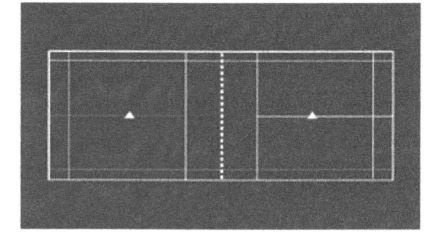

①平抽反击球是指运动员把对方击来的离身体较远的平球反击到对方后场去。平抽反击球有正手、反手平抽反击球两种。

②平抽反击球动作要领：站于球场中心附近，两脚左右开立，两膝微屈，面向球网，右手持拍于体前，判断来球，左（右）脚向左（右）侧跨步到位，引拍至左（右）侧后。

反手平抽球：小臂由内旋转为外旋，手腕由外展至稍内收闪动，手指突然握紧拍柄，多用拇指的反压力，向前稍上挥拍击球。

正手平抽球：小臂由外旋转为内旋，手腕由伸腕至伸直闪动，手指握紧拍柄，多用食指的力量向前发力挥拍击球。不论是正手还是反手平抽球，击球点都应争取在身体的侧前方，以利手臂发力。击球后，球拍随身体的回转收于胸前。

（三）重点

1. 无论是正手还是反手平抽球，击球都应该争取在身体的侧前方，这样有利于手臂的发力。向前的发力是比较顺的发力，更容易击打出高质量的回球。
2. 在准备的时候，一定要把重心放低，拍头一定要竖着准备。因为平抽球速度快，来回间隔时间短，拍头掉在地上的话，会大幅增加回球的时间，这会大幅增加回球的难度。

（四）难点

1. 学生在进行平抽球练习的时候，会因为太想发力而导致引拍动作过大，这会增加回球的时间，错过最佳的击球点，从而使回击的平抽球出现过网太高的情况，增加自己防守的难度。
2. 学生在进行平抽球练习的时候，手臂的支撑会出现晃动的情况，这就导致了学生在出球的时候挥拍机制不稳，从而增加回球的不稳定性。

（五）要求

1. 用小臂带动手腕、手腕带动手指。
2. 当接触球时，手腕往前压。
3. 教师巡回指导，纠正错误。

课后作业：

1. 正、反手颠球，不少于300个。
2. 正、反手挑球和正、反手放网前球挥拍，不少于300个。
3. 反手后场吊球挥拍，不少于100个。
4. 对墙平抽练习，不少于10分钟。

结束部分 同第二次课。运动负荷小、小强度，预估心率80~100次/分钟。

第二十一次课

教学内容：1. 复习正、反手挑高球技术。2. 复习正、反手放网前球技术。3. 复习正、反手平抽球技术。4. 学习网前球技术：搓球。

教学目标：1. 认知目标：通过探究学习、实践操作、趣味练习等，学生能够正确认识和理解技术运用的合理性和规范性，提高认知水平。2. 技能目标：能够熟练掌握正、反手挑球、放网、平抽球的技术动作，初步掌握搓球的技术动作。3. 身心发展目标：提高自主学习能力，培养创新思维能力，提高身体协调性、灵敏性及团结协作精神。

教学内容与组织教法

准备部分 同第二次课。

时间分配：准备部分15~20分钟（导入情绪调动），运动负荷小、小强度，预估心率80~100次/分钟。

基本部分 60~75分钟（进入状态体验），运动负荷适中、中等强度，预估心率120~140次/分钟。

一、复习正、反手挑高球技术（练习时间：10~15分钟）

（一）教学目的

1. 通过制定的练习方法，进一步巩固学生的正、反手挑球技术。
2. 通过一段时间的练习，要使学生能够达到更高的回球标准。

（二）练习方法

同第十三次课学习正、反手挑高球技术练习方法。

（三）重点

1. 要求学生在进行两边网前挑球练习的时候，步法移动必须到位，同时在最后一个蹬跨步完成的时候，挑球的引拍也必须到位。
2. 要求学生在最后一个蹬跨步的时候，脚尖的方向必须向外打开，腰要支撑住身体的重量。

（四）难点

学生在做蹬跨步时，容易在最后一步的时候脚尖朝内，这样会增加自己受伤的风险。

（五）要求

同第十三次课学习正、反手挑高球技术要求。

二、复习正、反手放网前球技术（练习时间：10~15分钟）

（一）教学目的

1. 通过制定的练习方法，进一步巩固学生的正反手放网前技术。
2. 通过一段时间的练习，要使学生能够达到更高的回球标准和更高的击球稳定性。

（二）练习方法

同第十四次课学习正、反手放网前球技术练习方法。

（三）重点

1. 要使学生在最后一个蹬跨步的时候引拍必须做好，以提高击球的稳定性和增加回球的质量。
2. 要使学生在引拍的时候拍面是处于打开的位置。
3. 引拍的时候手腕手指要放松但是要保持好拍面的稳定。

（四）难点

1. 学生在手腕手指放松的情况下不能够很好地找到手指手腕发力的感觉，常常会导致击球过轻，球不能够过网的情况出现。
2. 学生在击球的时候拍面容易向前送出太多，导致最后的回球离网太远或者是出现球拍碰到球网这样违例的情况。

（五）要求

同第十四次课学习正、反手放网前球技术要求。

三、复习正、反手平抽球技术（练习时间：10~15分钟）

（一）教学目的

1. 通过制定的练习方法，使学生能够进一步掌握正、反手平抽球的技术动作。
2. 通过一段时间的练习，使学生能够渐渐熟练地完成正、反手平抽挡的击球动作，并且能够进一步提高自己正、反手平抽挡地回球速度、质量和连贯性。

（二）练习方法

同第二十次课学习正、反手平抽球技术练习方法。

（三）重点

1. 要使学生在第一时间把拍子往来球的方向向前迎上去，同时自己的支撑脚要跟着出去，手臂要撑住，保持拍头的稳定性。
2. 要使学生的准备动作迅速且充分地做好，尤其是拍头在准备的时候千万不能够朝向地面。

（四）难点

学生在引拍的时候，拍头容易指向地面，以及引拍击球时，拍面会过度朝后打开，这会导致学生在最后击球的一瞬间拍头的行程过长，导致最后击球的力量不够集中，无法完成有效的回球。

（五）要求

同第二十次课学习正、反手平抽球技术要求。

四、学习网前球技术：搓球（练习时间：30分钟）

（一）教学目的

1. 通过制定的练习方法，使学生初步掌握搓球的技术动作。
2. 通过教师的讲解，使学生对于搓球在技战术中的作用及标准有一个基础的了解。

（二）练习方法

1. 搓球挥拍练习。
2. 两人一组，一人抛球一人做搓球练习，20个一组轮换。

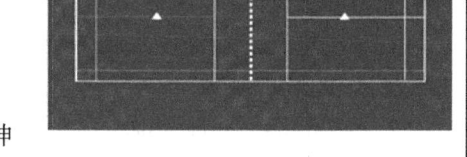

正手搓球：

准备动作要领：与正手放网前球类似。

挥拍击球动作要领：击球的瞬间，前臂外旋，手腕向后伸至稍向前内收闪动，握拍手的食指和拇指夹住拍柄，中指、无名指和小指紧握拍柄，使球拍在手腕和手指的用力下搓切来球的右下底部，使球旋转翻滚过网（图A、图B）。

反手搓球：

准备动作要领：与正手搓球准备动作类似。

挥拍击球动作要领：击球的瞬间，主要靠前臂的前伸并外旋，手腕由内收至外展，搓切球托的右侧后底部，拍面应有一定的斜度（图C、图D）。

（三）重点

1. 要使学生在引拍动作时做到和正、反手放网及挑球是完全一致的，以提高学生网前击球的隐蔽性和一致性，提高学生在对抗中的综合能力。
2. 要求学生在最后一步蹬跨步的时候把身体往上往前蹬，尽量抢到网前最高的击球点。

(四)难点

学生在一开始进行搓球练习的时候,对于手指手腕捻动球拍进行击球比较难找到感觉,更多情况会黏住球,而不是完成搓球的击球动作。

(五)要求

1. 手指握拍要松,手臂不能伸得太直。
2. 启动要快,准确到位,击球点要高。
3. 击球后,球拍要回收至胸前,不能垂向下,步法回动要快。
4. 教师巡回指导,纠正错误。

课后作业:

正、反手颠球,不少于300个;正、反手网前球挥拍,不少于300个;对墙平抽球练习,不少于10分钟;正手搓球练习,不少于10分钟。

结束部分 同第二次课。运动负荷小、小强度,预估心率为80~100次/分钟。

第二十二次课

教学内容: 1. 复习正、反手挑高球技术。2. 复习正、反手放网前球技术。3. 复习网前球技术:搓球。4. 学习网前球技术:勾球。

教学目标: 1. 认知目标:通过探究学习、实践操作、趣味练习等,学生能够正确认识和理解技术运用的合理性和规范性,提高认知水平。2. 技能目标:能够熟练掌握正反手挑球、放网的技术动作并进一步掌握搓球的技术动作。初步理解勾球的技术动作。3. 身心发展目标:提高自主学习能力,培养创新思维能力,提高身体协调性、灵敏性及团结协作精神。

教学内容与组织教法

准备部分 同第二次课。

时间分配:准备部分15~20分钟(导入情绪调动),运动负荷小、小强度,预估心率80~100次/分钟。

基本部分 60~75分钟(进入状态体验),运动负荷适中、中等强度,预估心率120~140次/分钟。

一、复习正、反手挑高球技术(练习时间:10~15分钟)

(一)教学目的

1. 通过制定的练习方法,进一步巩固学生的正、反手挑球技术。
2. 通过一段时间的练习,要使学生在对抗中将所学的正、反手挑球技术比较稳定且高质量地发挥出来。

(二)练习方法

同第十三次课学习正、反手挑高球技术练习方法。

(三)重点

1. 学生在进行一对一相互练习的过程中一定要高度集中注意力,将对练当成是真正的对抗。
2. 学生在进行练习的时候一定要时刻将重心放低,随时准备启动和上网完成挥拍击球的动作。

（四）难点

1. 一定要使学生在练习的过程中全身心的投入，不能有分心和偷懒的情况出现。

2. 一定要使学生在练习的时候时刻保持低重心准备的状态，同时要在击完球之后迅速完成下一个准备动作。

（五）要求

同第十三次课学习正、反手挑高球技术要求。

二、复习正、反手放网前球技术（练习时间：10~15分钟）

（一）教学目的

1. 通过制定的练习方法，进一步巩固学生的正反手放网前技术。
2. 通过一段时间的练习，进一步提高学生回球的质量及回球的稳定性。

（二）练习方法

同第十四次课学习正、反手放网前球技术练习方法。
重点、难点同第二十一次课复习正、反手放网前球技术对应内容。
要求同第十四次课学习正、反手放网前球技术要求。

三、复习网前球技术：搓球（练习时间：10~15分钟）

（一）教学目的

1. 通过制定的练习方法，使学生进一步掌握搓球的技术动作。
2. 进一步巩固学生正、反手搓球的技术动作，主要使学生找到球在球拍上滚动的感觉，让球滚动着击过球网。

（二）练习方法

同第二十一次课学习网前球技术搓球练习方法。

（三）重点

1. 学生在击球之前的球拍一定要打开，以一定的角度向前迎球击打，同时手指手腕保持一定程度的放松，切记不能用手臂去完成击球动作。
2. 学生的引拍动作一定要和挑球和放网保持高度一致，增加自己回球的隐蔽性，来提高自己在对抗中的威胁。

（四）难点

1. 一定要使学生的手指手腕保持一定程度的"放松"。
2. 一定要使学生在击球的一瞬间用手指手腕去发力，而不是用手臂带动球拍切击球头。

（五）要求

同第二十一次课学习网前球技术搓球要求。

四、学习网前球技术：勾球（练习时间：30分钟）

（一）教学目的

1. 通过制定的练习方法，使学生初步掌握勾球的技术动作。
2. 通过教师的讲解示范，使学生对于勾球的技战术作用及正确的击球动作有一个直观的了解。

（二）练习方法

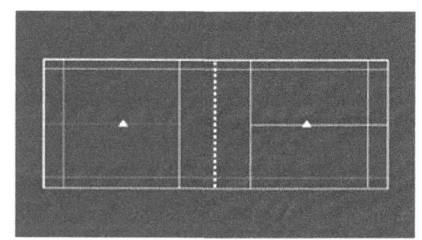

1. 勾球挥拍练习。
2. 两人一组，一人抛球一人做勾球练习，20个一组轮换。

反手主动勾球：

准备动作要领：与反手搓球基本相同（图A）。

挥拍击球动作要领：击球的瞬间，前臂稍有外旋，并向右收拉，手腕向前伸至内收闪腕，挥拍直击球托的左侧下部，使球朝对角线网前方飞行（图B~图D）。

图A

图B

图C

图D

（三）重点

1. 勾球的挥拍空间是在球头的侧面，因此在移动及引拍的时候，一定要及时到位，在球托的侧面完成击球动作。
2. 勾球的发力是小臂带动手指手腕，而不是直接用手臂进行拉动球拍进行挥拍击球的动作。

（四）难点

1. 学生会出现移动不及时、不到位的情况，出现从球头的下面向上翻动球拍进行击球的动作。
2. 学生在进行勾球击球的时候，手臂打开的角度不够，勾球击球的动作行程太短，导致回球的球速太慢。

（五）要求

1. 手指握拍要松，手臂不能伸得太直。
2. 起动要快，准确到位，击球点要高。
3. 击球后，球拍要回收至胸前，不能垂向下，步法回动要快。
4. 教师巡回指导，纠正错误。

课后作业：

正、反手颠球，不少于300个；正、反手挑球挥拍，不少于300个；正、反手对墙平抽球练习，不少于10分钟；练习勾球的技术动作，不少于10分钟。

结束部分 同第二次课。运动负荷小、小强度，预估心率80～100次/分钟。

第二十三次课

教学内容： 1. 羽毛球专项体能的要求。2. 羽毛球专项体能的训练方法。

教学内容与组织教法

羽毛球选手的体能包括基础身体素质和专项身体素质两个方面。基础身体素质是专项身体素质的基础，专项身体素质是提高运动成绩的基础。基础身体素质指完成运动时所需要的各种素质，通常包括力量、速度、耐力、灵敏和柔韧等方面。专项身体素质指依据羽毛球运动的方式及动作结构特点所需要的专门的力量、速度、耐力、灵敏和柔韧等素质，其中力量是基础，速度是核心。

体能是选手承担激烈训练与比赛的基础。羽毛球运动的快速、灵活、对抗激烈、变化多端等特点，决定了选手良好的身体素质是承担大负荷训练和激烈比赛的基础。

体能是提高运动技、战术水平的基础。体能是提高、发挥和保持竞技能力的先决条件。体能对防范运动损伤与延长运动寿命有积极作用和意义。

羽毛球运动项目的特点，决定了选手机体在训练和比赛中要承担极大的运动负荷。通常身体在负荷后出现疲劳，其薄弱部位就容易受到损伤，从而影响运动寿命。加强体能训练，提高体能水平，增强抗疲劳能力，就能减少和防范运动损伤的发生。

专项力量素质训练（以发展速度力量和耐力力量素质为主，以保证在长时间的比赛中能够完成各种技术动作）：

上肢力量：哑铃操练习、拉皮筋练习、网球拍挥拍练习、实心球投掷练习。

下肢练习：沙衣或沙袋负重下肢跳跃练习、跳绳练习、杠铃负重练习。

躯干专项力量练习：实心球练习、发展腰部肌肉练习。

专项速度素质练习（注重发展快速反应能力、快速起动变向移动以及快速完成各种击球技术动作的能力）：

专项视听反应速度：听或看信号后做步法或挥拍的练习。

专项动作速度训练：多球练习、快速跳绳练习、对墙抽球练习、快速挥臂练习、下肢快速步频练习、跨越障碍物练习。

专项移动速度训练：直线进退跑或者左右两侧跑、杀上网步法。

专项耐力素质训练（羽毛球运动中所需要的专项耐力不同于体能类长跑运动项目所需的那种长时间的持续耐力，而是一种快速运动状态下间隔时间长短不一的速度耐力。应以发展高强度、短间歇的速度耐力为主）：冲刺跑加移动步法、长时间综合跑跳、长时间的单双脚跳绳、多球速度耐力、单打持续全场攻防。

专项灵敏素质训练（羽毛球运动击球速度快，对身体灵敏性要求很高，特别是下肢步法。灵敏素质训练包括上肢、下肢和躯干部位）：

上肢灵敏性训练：手腕小臂灵敏性训练、手指灵敏性训练。

下肢灵敏性训练：小步跑、高抬腿跑、后蹬跑、后踢腿跑、垫步跑、左右侧身并步跑、前后交叉步侧向移动跑。

髋部灵敏性训练：快速转体、前后交叉跳转体、原地转髋跳、高抬腿交叉转髋、收腹跳。

专项柔韧素质训练（柔韧素质与速度素质密切相关，关节肌肉柔韧性能好，上下肢和躯干动作协调能力更强，完成运动技术动作更合理，运动速度更快）：

发展上肢关节柔韧性伸展训练：绕肩、持拍做肩部大绕环。

发展下肢各关节韧带伸展训练：后仰前屈、拉跟腱、踢腿、弓箭步跨步。

发展腰部伸展性训练：绕环、转腰。

课后作业：

1. 自行思考还有哪些专项训练方法或者内容。
2. 自行练习自身不足的专项素质，每天不少于30分钟。

第二十四次课

同第十二次课。

第二十五次课

教学内容：1.复习正、反手挑高球技术。2.复习正、反手放网前球技术。3.复习网前球技术：勾球。4.学习网前球技术：推球。

教学目标：1.认知目标：通过探究学习、实践操作、趣味练习等，学生能够正确认识和理解技术运用的合理性和规范性，提高认知水平。2.技能目标：能够熟练掌握正、反手挑球、放网的技术动作并对回球的落点及球速有一定的要求。进一步巩固勾球的技术动作并初步理解推球的技术动作。3.身心发展目标：提高自主学习能力，培养创新思维能力，提高身体协调性、灵敏性及团结协作精神。

教学内容与组织教法

准备部分 同第二次课。

时间分配：准备部分15~20分钟（导入情绪调动），运动负荷小、小强度，预估心率80~100次/分钟。

基本部分 60~75分钟（进入状态体验），运动负荷适中、中等强度，预估心率120~140次/分钟。

一、复习正、反手挑高球技术（练习时间：10~15分钟）

（一）教学目的

1. 通过制定的练习方法，进一步巩固学生的正、反手挑球技术。
2. 通过一段时间的练习，要使学生能够在实战中熟练运用正反手挑球技术并且保证一定的回球质量。

（二）练习方法

同第十三次课学习正、反手挑高球技术练习方法。

（三）重点

1. 要使学生在实战的过程中熟练运用正、反手挑高球的技术。

2. 要使学生渐渐改掉在刚开始学习技术时步法和击球动作中的错误。
3. 要进一步加强学生在场上移动的速度来抢到最高的击球点。

（四）难点

1. 在移动过程中容易出现启动不及时，无法抢到最高击球点的情况。
2. 在最后击球的一瞬间会出现脚下支撑不到位，引拍太过于紧张导致的击球过紧，回球下网或者出界的情况。

（五）要求

同第十三次课学习正、反手挑高球技术要求。

二、复习正、反手放网前球技术（练习时间：10～15分钟）

（一）教学目的

1. 通过制定的练习方法，进一步巩固学生的正、反手放网前技术。
2. 和正、反手挑球一样，要求学生在一段时间的练习之后，能够在实战中完成较高质量和较为稳定的回球。

（二）练习方法

同第十四次课学习正、反手放网前球技术练习方法。

（三）重点

1. 学生在场上的移动步法及准备速度需要进一步加强。
2. 学生在进行两边正、反手放网练习时需要注意转换握拍的速度。
3. 学生在进行练习的时候，完成一次击球后要迅速回到场地中间做准备动作，从而进行下一次击球。

（四）难点

学生在进行两边正、反手放网练习的时候，在完成一侧击球之后，往往会把拍头指向地面，这不利于快速完成下一次的击球动作。

（五）要求

同第十四次课学习正、反手放网前球技术要求。

三、复习网前球技术：勾球（练习时间：10～15分钟）

（一）教学目的

1. 通过制定的练习方法，使学生进一步掌握勾球的技术动作。
2. 通过本节课的练习，使学生能够初步完整得完成勾球的击球动作。

（二）练习方法

同第二十二次课学习网前球技术勾球练习方法。

（三）重点

1. 学生在进行勾球练习的时候，一定要将击球点放在身体的前方靠近外侧的位置，这样才有空间完成勾球的挥拍及挥拍的动作。

2. 学生在引拍的时候，一定是侧拍面在球的侧面准备完成击球动作，而不是在球的下面。

（四）难点

学生在进行练习的时候，拍面打开的位置会出现偏小的情况，这样会导致击球时技术动作的行程不够长，没有办法完成有速度和贴网的击球。

（五）要求

同第二十二次课学习网前球技术勾球的要求。

四、学习网前球技术：推球（练习时间：30分钟）

（一）教学目的

1. 通过制定的练习方法，使学生初步掌握推球的技术动作。
2. 通过教师的讲解使学生初步理解推球在实战中的意义及作用。

（二）练习方法

1. 推球挥拍练习。
2. 两人一组，一人抛球一人做推球练习，20个一组轮换。

正手推球：

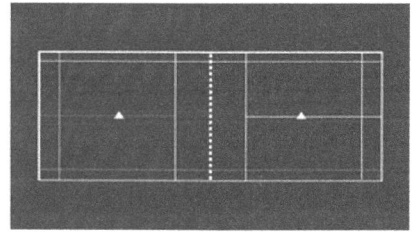

准备动作要领：右脚在前，左脚在后，两脚间距离比肩略宽，右手握拍自然地举在胸前，身体微微前倾并含胸收腹。

引拍动作要领：用后交叉步加蹬跨步至网前右区，前臂随步法移动伸向右前上方并外旋，手腕稍后伸，球拍随着往右下后摆，使拍面正对来球。

挥拍击球动作要领：（1）正手推直线球：击球瞬间，前臂内旋，带动手腕由后伸到屈腕闪动，并特别注意运用食指推压力量。球过网飞行弧度的高低取决于击球瞬间击球点的高低和拍面角度的大小。

（2）正手推对角线球：击球瞬间，前臂内旋，带动手腕由后伸到屈腕闪动，并运用食指的推压力量。击球点靠近肩侧前，采用由右至左的挥拍击球路线。

随前动作要领：击球后，球拍回收至胸前，右脚回蹬回位。

反手推球：

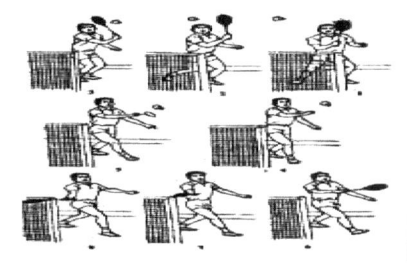

准备动作要领：与正手推球动作要领相同。

引拍动作要领：用前交叉步加蹬跨步至网前左区，前臂随步法移动伸向左前上方，并向左胸前收引。此时，肘关节微屈，手腕外展，手心朝下。

挥拍击球动作要领：（1）反手推直线球：击球瞬间，前臂稍外旋，手腕由外展到伸直闪腕，中指、无名指、小指突然紧握拍柄，拇指顶压拍柄。击球点在左侧前，推击球托的后部，使球沿较低抛物线飞向对方后底线。

（2）反手推对角线球：与反手推直线球基本相同，只不过击球点在反边近肩侧方，击球托的左侧后部，使球朝对角线方向飞行。

随前动作要领：击球后球拍回收至胸前，右脚回蹬回位。

（三）重点

1. 学生在初次练习推球的时候容易出现手臂下拉的情况，在最后击球的一瞬间手指手腕没有握紧，导致下网或者球速很慢的情况出现。

2. 要使学生在击球的一瞬间重心往前跟进来提高回球的球速。

（四）难点

1. 在进行推球练习的时候，拍面没有向前跟进，重心没有向前跟进，导致回球速度偏慢，达不到标准。

2. 在进行推球练习的时候，大臂和小臂支撑的稳定性是练习推球时的难点。

（五）要求

1. 手指握拍要松，手臂不能伸得太直。
2. 起动要快，准确到位，击球点要高。
3. 击球后，球拍要回收至胸前，不能垂向下，步法回动要快。
4. 教师巡回指导，纠正错误。

课后作业：
1. 正、反手颠球，不少于300个。
2. 正、反手放网前球练习，不少于300个。
3. 勾球以及推球练习，不少于300个。

结束部分　同第二次课。运动负荷小、小强度，预估心率80~100次/分钟。

第二十六次课

教学内容：1. 复习正、反手挑高球技术。2. 复习正、反手放网前球技术。3. 复习网前球技术：推球。4. 学习网前球技术：扑球。

教学目标：1. 认知目标：通过探究学习、实践操作、趣味练习等，学生能够正确认识和理解技术运用的合理性和规范性，提高认知水平。2. 技能目标：熟练掌握正、反手挑球以及放网的技术动作、进一步巩固推球的技术动作、初步学习扑球的技术动作。3. 身心发展目标：提高自主学习能力，培养创新思维能力，提高身体协调性、灵敏性及团结协作精神。

教学内容与组织教法

准备部分　同第二次课。

时间分配：准备部分15~20分钟（导入情绪调动），运动负荷小、小强度，预估心率80~100次/分钟。

基本部分　60~75分钟（进入状态体验），运动负荷适中、中等强度，预估心率120~140次/分钟。

一、复习正、反手挑高球技术（练习时间：10~15分钟）

（一）教学目的

1. 通过制定的练习方法，进一步巩固学生的正反手挑球技术。
2. 通过一段时间的练习，使学生能够掌握正、反手挑高球的技术，并且能够在稳定的基础上完成高质量的回球。

（二）练习方法

同第十三次课学习正、反手挑高球技术练习方法。

（三）重点

同第二十五次课复习正、反手挑高球技术重点。

（四）难点

同第二十五次课复习正、反手挑高球技术难点。

二、复习正、反手放网前球技术（练习时间：10~15分钟）

（一）教学目的

1. 通过制定的练习方法，进一步巩固学生的正反手放网前球技术。
2. 通过一段时间的练习，使学生能够在实际对抗中完成高质量且稳定的回球。

（二）练习方法

同第十四次课学习正、反手放网前球技术练习方法。
重点、难点同第二十五次课复习正、反手放网前球技术对应内容。

三、复习网前球技术：推球（练习时间：10~15分钟）

（一）教学目的

1. 通过制定的练习方法，使学生初步掌握推球的技术动作。
2. 通过一段时间的练习，使学生能够完成规范，且较为稳定的击球动作。

（二）练习方法

同第二十五次课学习网前球技术勾球练习方法。

（三）重点

1. 要使学生在进行击球的一瞬间重心向出球方向跟进，运用身体的力量增加出球的速度。
2. 要使学生在击球的一瞬间握紧球拍，且保持住小臂及大臂架拍的稳定性，增加最后出球时球的速度。

（四）难点

学生在进行推球练习的时候，身体重心的跟进较慢，达不到增加出球速度的作用，反而有可能错过最佳的击球点，导致击球下网的情况出现。

（五）要求

同第二十五次课学习网前球技术勾球要求。

四、学习网前球技术：扑球（练习时间：30分钟）

（一）教学目的

1. 通过制定的练习方法，使学生初步掌握扑球的技术动作。
2. 通过教师的讲解示范，让学生对于扑球的技战术作用及出球的标准有一个初步的了解。

（二）练习方法

1. 扑球挥拍练习。
2. 两人一组，一人抛球一人做扑球练习，20个一组轮换。

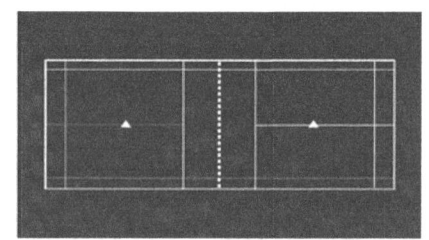

正手扑球：

准备动作要领：准备动作与正手搓球动作相同（图A）。

引拍动作要领：左脚先蹬离地面，然后右脚向右网前蹬跃起。在蹬跃的过程中，前臂稍向上伸并略有外旋，在腕后伸的同时，握拍略有变化，虎口对准拍柄的宽面，小指和无名指稍松开，使拍柄离开鱼际肌（图B）。

挥拍击球动作要领：击球的瞬间，手腕向后伸内收闪动至外展，使球拍从右侧向左侧挥动发力。如球离网顶较近则应采用自右向左的"滑动式"挥拍扑球（或称"拨球"），以免球拍触网犯规（图C、图D）。

图A

图B

图C

图D

（三）重点

1. 要积极准备，将对方距离网口10~20厘米的回球以最快的速度向下扑压。
2. 回球必须是向下飞行，手腕爆发迅速，动作小，出手快。

（四）难点

1. 在球距离球网较近的时候，仍然从后向前挥拍，这会造成回球下网及过网犯规的情况。
2. 在反手区进行扑球练习的时候，球拍不能从后向前挥动，而应该从左向右挥动，否则就会造成击球下网及过网击球的情况出现。

（五）要求

1. 手指握拍要松，手臂不能伸得太直。
2. 起动要快，准确到位，击球点要高。
3. 击球后，球拍要回收至胸前，不能垂向下，步法回动要快。
4. 教师巡回指导，纠正错误。

课后作业：

正、反手颠球，不少于300个；正、反手挑球挥拍，不少于300个；推球以及扑球挥拍练习，不少于300个。

结束部分 同第二次课。运动负荷小、小强度，预估心率80~100次/分钟。

第二十七次课

教学内容： 1. 复习正手击高远球技术。2. 复习正、反手挑高球技术。3. 复习正、反手放网前球技术。4. 复习网前球技术：扑球。

教学目标： 1. 认知目标：通过探究学习、实践操作、趣味练习等，学生能够正确认识和理解技术运用的合理性和规范性，提高认知水平。2. 技能目标：熟练掌握正手击高远球以及正反手挑球、放网的技术动作，进一步巩固扑球的技术动作。3. 身心发展目标：提高自主学习能力，培养创新思维能力，提高身体协调性、灵敏性及团结协作精神。

教学内容与组织教法

准备部分 同第二次课。

时间分配：准备部分15~20分钟（导入情绪调动），运动负荷小、小强度，预估心率80~100次/分钟。

基本部分 60~75分钟（进入状态体验），运动负荷适中、中等强度，预估心率120~140次/分钟。

一、复习正手击高远球技术（练习时间：10~15分钟）

（一）教学目的

1. 通过制定的练习方法，进一步巩固学生正手击高远球技术动作。
2. 经过一段时间的练习，在练习中要求学生能够熟练、稳定、高质量地完成高远球底线的对拉。要求回球的速度、落点、弧度都要达到标准。

(二)练习方法

同第八次课复习正手击高远球技术练习方法。

(三)重点

1. 学生在进行底线直线高远球对拉的过程中,处于头顶位击球的学生需要注意启动转身第一步的速度及第一步的步幅,这样有利于头顶区高远球的发力。
2. 学生在进行两边高远球练习的时候,需要注意完成一个击球之后的回动及准备动作,重心要保持低姿态,切记不要击完球后就站在原地看。

(四)难点

学生在进行头顶区高远球挥拍的时候,会因为第一步侧身及步幅不够大导致最后挥拍距离短,无法形成有效的挥拍机制,导致最终出现回球质量差的情况。

(五)要求

同第十六次课复习正手击高远球技术要求。

二、复习正、反手挑高球技术(练习时间:10~15分钟)

(一)教学目的

1. 通过制定的练习方法,进一步巩固学生的正、反手挑球技术。
2. 通过一段时间的练习,要求学生在实际的对抗中完成质量高、稳定性好的回球。

(二)练习方法

同第十三次课学习正、反手挑高球技术练习方法。

(三)重点

1. 要使学生在实战的过程中熟练运用正、反手挑高球的技术。
2. 要使学生渐渐改掉在刚开始学习技术时候在步法和击球动作中的错误。
3. 要进一步加强学生在场上移动的速度来抢到最高的击球点。

(四)难点

1. 在移动过程中容易出现启动不及时无法抢到最高击球点的情况。
2. 在最后击球的一瞬间会出现脚下支撑不到位,引拍太过紧张导致的击球过紧、回球下网或出界的情况。

(五)要求

同第十三次课学习正、反手挑高球技术要求。

三、复习正、反手放网前球技术（练习时间：10~15分钟）

（一）教学目的

通过制定的练习方法，进一步巩固并提高学生的正、反手放网前技术动作的规范性和最后出球的质量。

（二）练习方法

同第十四次课学习正、反手放网前球技术练习方法。

（三）重点

同第二十五次课复习正、反手放网前球技术对应内容。

四、复习网前球技术：扑球（练习时间：30分钟）

（一）教学目的

1. 通过制定的练习方法，使学生进一步掌握扑球的技术动作。
2. 通过一段时间的练习，要求学生在接近实战的情况中完成较高质量的回球并且能够在实际的对抗中熟练运用扑球这一技术。

（二）练习方法

同第二十六次课学习网前球技术扑球练习方法。
重点、难点、要求、课后作业同第二十六次课学习网前球技术扑球对应内容。

结束部分 同第二次课。运动负荷小、小强度，预估心率80~100次/分钟。

第二十八次课

教学内容：1. 复习反手发网前球技术。2. 复习网前球技术：搓球、勾球、推球、扑球。3. 复习正、反手放网前球技术。4. 复习正、反手挑高球技术。

教学目标：1. 认知目标：通过探究学习、实践操作、趣味练习等，学生能够正确认识和理解技术运用的合理性和规范性，提高认知水平。2. 技能目标：在此前的基础上进一步巩固反手发网前球的技术动作，复习网前的推球、搓球、勾球、扑球及正、反手放网和挑球的技术动作，要求能够做到熟练掌握网前球的技术动作。3. 身心发展目标：提高自主学习能力，培养创新思维能力，提高身体协调性、灵敏性及团结协作精神。

教学内容与组织教法

准备部分 同第二次课。
时间分配：准备部分15~20分钟（导入情绪调动），运动负荷小、小强度，预估心率80~100次/分钟。

基本部分 60~75分钟（进入状态体验），运动负荷适中、中等强度，预估心率120~140次/分钟。

反手发网前球、网前球技术、正、反手放网前球技术和正、反手挑高球技术的综合复习（练习时间：60~75分钟）

（一）教学目的

1. 通过制定的练习方法，对于之前学习的挑球、放网、搓球、推球及扑球进行综合的练习。
2. 通过综合练习来提升学生出球意识、移动意识及动作一致性的水平。
3. 通过综合练习找出目前学生网前球技术中的薄弱环节，并在之后的训练中加以着重训练。

（二）练习方法

两人一组，20个球为一组，一人反手发网前球，一人做：

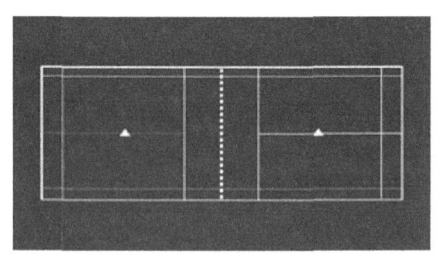

1. 网前球技术动作练习（搓球、勾球、推球、扑球各一组）；
2. 正、反手挑高球技术动作练习（正反手各一组）；
3. 正、反手放网前球技术动作练习（正反手各一组）；
4. 完成后轮换。

（三）重点

在进行综合练习的时候，要求学生在进行移动的时候，一定要抢到最高的击球点并且击球之前的准备动作做到一致，进一步提升自己在实际对抗中的水平。

（四）难点

1. 学生在综合练习中可能会出现击球动作转换不熟悉，造成最终的回球质量不高的情况。
2. 学生在移动过程中可能会出现启动速度慢，到位不及时的情况。最终导致在最后击球的一瞬间无法形成有效的挥拍机制，无法完成高质量的回球，训练效果出现下降。

（五）要求

1. 认真观看教师讲解示范。
2. 完成每一项练习，确保动作正确率，确保球的成功率。
3. 教师巡回指导，纠正错误。

课后作业：

1. 正、反手颠球，不少于300个。
2. 网前球挥拍综合练习，四组，每组三分钟。

结束部分 同第二次课。运动负荷小、小强度，预估心率80~100次/分钟。

第二十九次课

教学内容：1. 复习正手击高远球技术。2. 复习正手中场扣杀球技术。3. 复习正手后场吊球技术。4. 复习反手后场吊球技术。

教学目标：1. 认知目标：通过探究学习、实践操作、趣味练习等，学生能够正确认识和理解技术运用的合理性和规范性，提高认知水平。2. 技能目标：复习正手高远球及正手吊球的技术动作，要求能够熟练掌握。复习反手后场吊球及正手中场杀球的技术动作，要求进一步巩固技术动作。3. 身心发展目标：提高自主学习能力，培养创新思维能力，提高身体协调性、灵敏性及团结协作精神。

教学内容与组织教法

准备部分 同第二次课。

时间分配：准备部分15~20分钟（导入情绪调动），运动负荷小、小强度，预估心率80~100次/分钟。

基本部分 60~75分钟（进入状态体验），运动负荷适中、中等强度，预估心率120~140次/分钟。

一、复习正手击高远球技术（练习时间：10~15分钟）

（一）教学目的

1. 通过制定的练习方法，进一步巩固学生正手击高远球技术动作。

2. 通过一段时间的练习，要求学生在实际的对抗中能够熟练完成移动高远球的挥拍并且要求回球有一定的质量。

3. 要求学生在进行练习的时候注意自己重心的保持及移动中架拍的稳定性以便于加快自己完成高质量高远球的击球动作。

（二）练习方法

同第十三次课复习正手击高远球技术练习方法。

（三）重点

同第二十七次课复习正手击高远球技术重点。

（四）难点

同第二十七次课复习正手击高远球技术难点。

学生在进行头顶区高远球挥拍的时候，会因为第一步侧身以及步幅不够大导致最后挥拍距离短，无法形成有效的挥拍机制，导致最终出现回球质量差的情况出现。

二、复习正手中场扣杀球技术（练习时间：10~15分钟）

（一）教学目的

1. 通过制定的练习方法，使学生能够进一步掌握正手杀球的技术动作。

2. 通过一段时间的练习，要求学生能够在贴近实战的一对一对抗中完成一定质量的下压进攻。

（二）练习方法

同第九次课学习正手中场扣杀球技术练习方法。

（三）重点

1. 学生在进行杀球之前，需要将击球点放在距离身体更加靠前的位置上。
2. 学生在进行杀球的时候，注意拍面与球之间形成的角度应该小于90°，这样才能够形成具有威胁的下压进攻。

（四）难点

1. 当来球较快时，学生后退的速度不够的情况下，没有办法形成有效的下压进攻。
2. 学生后退时往往架拍没有形成稳定的击球结构，这就直接导致了学生的杀球没有速度及力量。

（五）要求

同第九次课学习正手中场扣杀球技术要求。

三、综合复习：正、反手后场吊球技术（练习时间：40～45分钟）

（一）教学目的

1. 通过制定的练习方法，进一步巩固学生的正反手吊球技术。
2. 通过一段时间的练习，提高学生移动过程中架拍的稳定性及在球场上移动的意识与落点的控制能力。

（二）练习方法

1. 学生分成两组，分组进行挥拍练习。
2. 分组练习：两人半片场地，一人发高远球，一人站在后场吊球20次一组轮换。

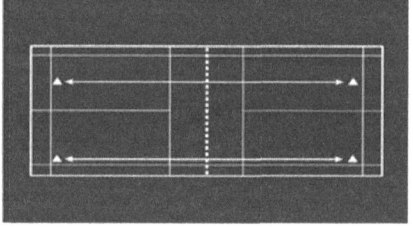

（三）重点

1. 在进行吊球击球的时候，一定要注意击球点的位置是在身体的右前方。
2. 注意击球的瞬间手指手腕适当放松但不是完全松掉去碰球。

（四）难点

1. 学生的击球点选择有误，经常会在移动不到位的情况下在身体的侧面进行挥拍击球。
2. 学生在完成一次击球之后，忘记及时回中心，导致下一拍的连贯出现问题。

（五）要求

1. 步法移动要到位，击球点控制好，握拍要松，要能及时改变握法。
2. 击球后转体回动要快，回中心的速度要快。
3. 注意对角时切击的力量更小，若慢吊时过网路线过高，容易被对方上网扑杀。
4. 教师巡回指导，纠正错误。

课后作业：

正、反手颠球，不少于300个；高远球以及正手杀球挥拍，不少于300个；正、反手吊球挥拍，不少于300个。

结束部分　同第二次课。运动负荷小、小强度，预估心率80～100次/分钟。

第三十次课

教学内容： 观摩省优秀运动队训练。
教学目标： 1.认知目标：通过探究学习、实践操作、趣味练习等，学生能够正确认识和理解技术运用的合理性和规范性，提高认知水平。2.技能目标：通过观摩优秀运动员的训练启发自身对于羽毛球各项技术的综合理解。找到自身与运动员的差距、查漏补缺，积极提高自身的羽毛球水平。3.身心发展目标：提高自主学习能力，培养创新思维能力，提高身体协调性、灵敏性及团结协作精神。

教学内容与组织教法

准备部分　同第二次课。

时间分配：准备部分15～20分钟（导入情绪调动），运动负荷小、小强度，预估心率为80～100次/分钟。

基本部分　60～75分钟（进入状态体验），运动负荷适中、中等强度，预估心率120～140次/分钟。

观摩省优秀运动队训练（练习时间：60～75分钟）

（一）教学目的

1. 通过观摩省队优秀运动队训练，加强学生学习羽毛球的兴趣。
2. 加强学生对羽毛球的理解。
3. 直观地感受和优秀运动员之间的差距，促使学生积极学习。

（二）讲解

教师讲解观摩重点。

（三）要求

听从教师指挥，服从教师安排，不影响运动员训练。

课后作业：
一篇不少于800字的观后感。

结束部分　同第二次课。运动负荷小、小强度，预估心率80～100次/分钟。

第三十一次课

教学内容： 比赛并组织学生进行羽毛球单打的裁判实习。
教学目标： 1.认知目标：通过探究学习、实践操作、趣味练习等，学生能够正确认识和理解技术运用的合理性和规范性，提高认知水平。2.技能目标：通过学习单打的裁判规则使学生产生规则意识，同时通过实际的对抗来检验学生自身的学习情况及对于各项技术动作的掌握情况。3.身心发展目标：提高自主学习能力，培养创新思维能力，提高身体协调性、灵敏性及团结协作精神。

教学内容与组织教法

准备部分 同第二次课。

时间分配：准备部分15~20分钟（导入情绪调动），运动负荷小、小强度，预估心率80~100次/分钟。

基本部分 60~75分钟（进入状态体验），运动负荷适中、中等强度，预估心率120~140次/分钟。

教学比赛暨学生羽毛球单打的裁判实习（练习时间：60~75分钟）

（一）教学目的

1. 通过实际的操作来检查学生对于单打规则的掌握情况。
2. 通过教学比赛队内对抗的形式来综合检验学生一学期各种技战术的学习情况及临场应变的能力。

（二）练习方法

6人一组，2名作运动员进行单打比赛，其余4名作裁判员，包括2名司线员，1名主裁判，1名发球裁判员。进行15分制的比赛，然后轮换练习。

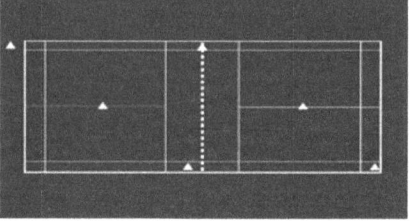

（三）重点

1. 要使学生在执裁的过程中控制场上出现的任何突发情况。
2. 要使学生明白裁判在场上是最大的，需要具备不怕场上队员抱怨的能力。

（四）难点

学生对于各种违例的判罚缺乏判断及当机立断判罚的信心。

（五）要求

1. 裁判员宣报时声音宏亮，记分准确，裁判视觉位置正确。
2. 发球裁判员注意观察的准确性和角度。
3. 司线员注意力集中，位置正确。
4. 教师巡回指导，纠正错误。

课后作业：

1. 重新学习单打的裁判法。
2. 回顾自己在执裁过程中出现的错误，并以记笔记的方式进行改正。

结束部分 同第二次课。运动负荷小、小强度，预估心率80~100次/分钟。

第三十二次课

教学内容： 比赛并组织学生进行羽毛球双打的裁判实习。
教学目标： 1. 认知目标：通过探究学习、实践操作、趣味练习等，学生能够正确认识和理解技术运用的合理性和规范性，提高认知水平。2. 技能目标：通过学习双打的裁判规则使学生产生规则意识并通过实际的双打对抗检验学生的学习情况及在对抗中解决困难的能力。3. 身心发展目标：提高自主学习能力，培养创新思维能力，提高身体协调性、灵敏性及团结协作精神。

教学内容与组织教法

准备部分 同第二次课。
时间分配：准备部分15~20分钟（导入情绪调动），运动负荷小、小强度，预估心率80~100次/分钟。

基本部分 60~75分钟（进入状态体验），运动负荷适中、中等强度，预估心率120~140次/分钟。

教学比赛暨学生羽毛球双打的裁判实习（练习时间：60~75分钟）

（一）教学目的

1. 通过实际的操作来检查学生对于双打规则的掌握情况。
2. 通过实际的对内对抗赛来检验学生各种技战术的掌握情况及在对抗中解决问题的能力。

（二）练习方法

8人一组，4名进行双打比赛，4名裁判，其中包括1名裁判员，2名司线裁判员，1名发球裁判员。进行15分制的比赛，然后轮换练习。

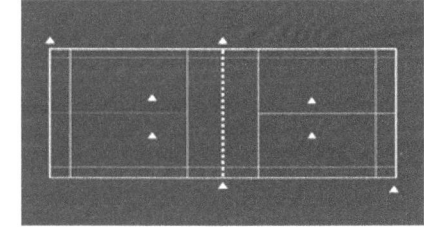

（三）重点

1. 对于双打的发球与接发球队员的站位是教师讲解中的重点。
2. 对于双打中接发球与发球人的违例是判罚中的重点。

（四）难点

学生在对抗中会出现轮转不流畅及接发球站位有误的情况。

（五）要求

1. 裁判员对运动员的场上位置和比分掌握正确。
2. 发球线裁判员注意发球方和接发球方的脚误、发球过腰、发球过手、提前移动。
3. 司线员注意发球时球是否超过第二发球线。
4. 教师巡回指导纠正错误。

课后作业：
1. 重新学习双打的裁判法。
2. 回顾自己在执裁过程中出现的错误，并以记笔记的方式进行改正。

结束部分 同第二次课。运动负荷小、小强度，预估心率80~100次/分钟。

第三十三次课

教学内容：学习羽毛球单打战术并组织教学比赛。

教学目标：1.认知目标：通过探究学习、实践操作、趣味练习等，学生能够正确认识和理解技术运用的合理性和规范性，提高认知水平。2.技能目标：在学习单打战术之后并通过实际的教学比赛进一步检验学生对于各项技术的掌握情况、提高解决比赛中出现问题的能力。3.身心发展目标：提高自主学习能力，培养创新思维能力，提高身体协调性、灵敏性及团结协作精神。

教学内容与组织教法

准备部分　同第二次课。

时间分配：准备部分15～20分钟（导入情绪调动），运动负荷小、小强度，预估心率80～100次/分钟。

基本部分　60～75分钟（进入状态体验），运动负荷适中、中等强度，预估心率120～140次/分钟。

学习羽毛球单打战术（练习时间：60～75分钟）

（一）教学目的

1.通过制定的练习方法，使学生初步了解单打的战术。

2.通过制定的练习方法，并结合自身在对抗中出现的问题进行综合思考，来提升自己在场上的移动意识、出球意识还有组织球路的能力。

（二）练习方法

1.教师通过教学视频进行单打战术的讲解示范。

2.通过两人一组的实际对抗来进行更加生动形象的战术讲解。

[单打进攻战术]

（1）发球抢攻战术：

发前场区抢攻战术：目的是限制对方马上进行攻击，另一个目的是通过准确、有意识地判断对方的回击球路，从而组织和发动快速强有力的抢攻，如果抢攻质量好，可达到直接得分或获得第二次攻击机会（图A、图B）。

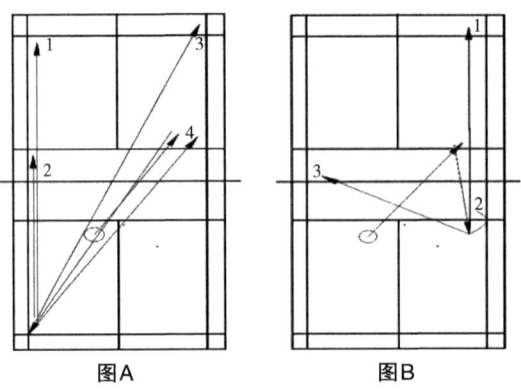

图A　　　　　图B

发平高球抢攻战术：发平高球抢攻战术和发前场区抢攻战术的不同点在于发前场区抢攻可直接抓住战机进行抢攻，而发平高球抢攻则要通过守中反攻的手段才能获得抢攻的机会。发平高球抢攻战术的其他示例如图C所示。

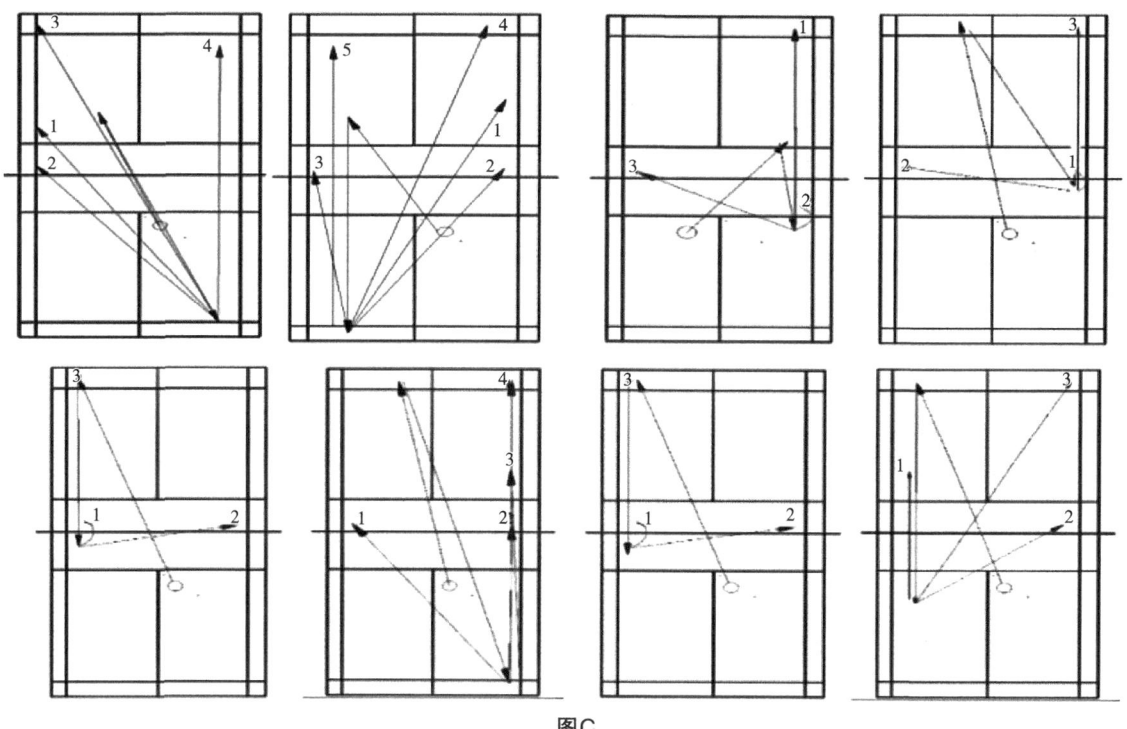

图C

发平射球抢攻战术（图D）：发平射球主要是发3号区平射球，发平射球战术的目的：一是为了偷袭，如对方反应慢或站位偏边线，3号区空隙大时，偷袭3号区的成功率可能大；二是为了逼对方进行平抽快打的打法；三是为了把对方逼至后场区而造成网前区的空隙。当对方从右后3号区杀我方正手追身球时，如我方已判断到他的回击球路线，则可迅速反击以下4条球路，即勾对角网前球、挡直线网前球、反抽直线球进行对攻、反拉左后场平高球，如抢攻质量好，可立即得分或获得第二次进攻的机会。

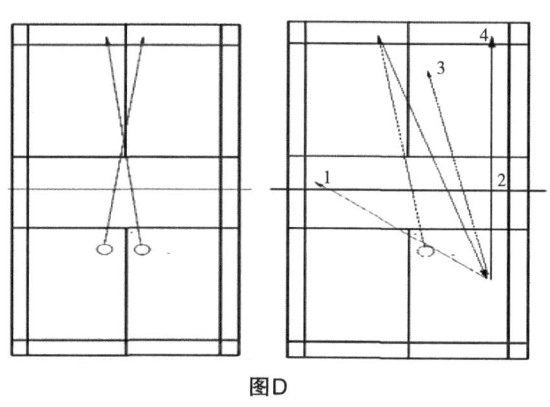

图D

（2）接发球抢攻战术：接发球战术中最有威胁的一种战术，要有积极的、大胆的抢攻意识。根据自己的技术特点和身体条件，同时要结合对方的技术特点、身体条件和心理素质。

抢攻战术的完成大都要由两三拍抢攻球路的组织才能奏效。发动抢攻就要加快速度、扩大控制面，抓住对方的弱点或习惯路线一攻到底，一气呵成完成整个抢攻战术。如图E所示，发球方从右场区发一平高球，由于控制得不好，使接发球方有了可抢攻的机会，而且发球方防守中路球的能力差，故接发球方可大胆快速地攻击对方的中路弱点，然后快速上网。第一次攻击如果能得分最好，不能得分就要靠快速上网进行第二次攻击，即上网扑球，以达到这个回合的抢攻目的。

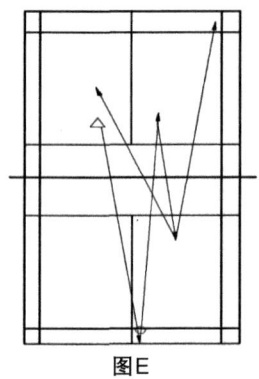

图E

[单打防守战术]

原则：积极防守、守中反攻。

（1）打两底线高远球的防守战术：打两底线平高球属于进攻战术，而打两底线高远球属于防守战术，在使用上一定不能混淆。防守时只能使用高远球，如用平高球去进行防守，不仅不能达到很好的防守目的，反而又增加了防守的难度，反之，不能用高远球作为进攻战术。

（2）采用勾对角网前结合挡直线网前或半场球的防守战术：在防守中采用勾对角网前球战术是很有效果的，如再结合挡直线就使防守战术更灵活多变。当然，这需要准确判断对方进攻的落点，反应到位，并具有灵活多变的手法，才能打出挡直线结合勾对角的球，达到"守中反攻"的目的。

（三）重点

1. 要使学生在练习过程中严格按照教师的讲解示范。
2. 要使学生在练习过程中思想和注意力高度集中，从而提高练习的效率。

（四）难点

学生在练习战术的时候会因为没有充分的准备导致练习的效率下降。

（五）要求

1. 基本了解羽毛球单打进攻战术，学会运用到比赛中。
2. 教师声音洪亮有力、精神饱满，巡回指导，纠正错误。

课后作业：

1. 将教师讲解的战术以笔记的形式进行整理。
2. 记录自己学习战术中出现的问题。

结束部分　同第二次课。运动负荷小、小强度，预估心率80～100次/分钟。

第三十四次课

教学内容：学习羽毛球双打战术并组织教学比赛。

教学目标：1. 认知目标：通过探究学习、实践操作、趣味练习等，学生能够正确认识和理解技术运用的合理性和规范性，提高认知水平。2. 技能目标：通过学习双打的战术并通过实际的教学比赛进一步检验学生技术的掌握情况及解决问题的能力。3. 身心发展目标：提高自主学习能力，培养创新思维能力，提高身体协调性、灵敏性及团结协作精神。

教学内容与组织教法

准备部分 同第二次课。

时间分配：准备部分15~20分钟（导入情绪调动），运动负荷小、小强度，预估心率80~100次/分钟。

基本部分 60~75分钟（进入状态体验），运动负荷适中、中等强度，预估心率120~140次/分钟。

介绍羽毛球双打战术

（一）教学目的

1. 通过制定的练习方法，使学生初步了解双打战术。
2. 通过实际的对抗练习，使学生在教师讲解示范的基础上结合自身在对抗中出现的问题进一步提升对于双打技战术的理解能力。

（二）练习方法

1. 教师通过教学视频进行战术的讲解示范。
2. 通过实际的对抗赛提高学生对于自身出球、移动的意识。

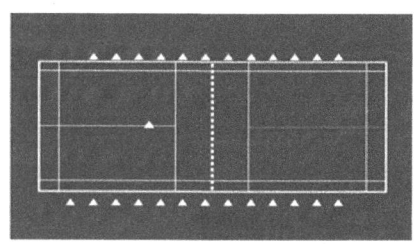

（1）发球战术：

一般站位法：特点是站在离中线和短发球线适当的距离，主导思想是以稳为主，保护后场，对前场以推、搓、放半场为主。

抢攻站位法：特点是站位离发球线很近，身体倾斜度较大，目的是要进行抢攻，以扑球、跳杀为主来处理接发球。

稳妥站位法：特点是站在离发球线远一些的位置上，身体倾斜度较小。这是只求把球打过去且进攻意识较差的一种过渡站位法。

特殊站位法：一般站位都是左脚在前，右脚在后，但特殊站位法改变为右脚在前，左脚在后，这种站位法一般是右脚跳击球，不论是上网或后蹬，均以一步蹬跳击球。

（2）发球站位：

发球者紧靠前发球线和中线：这种站位始于反手发网前内角，球过网后球托向下，不易被对方扑击。由于站位靠前，也便于第三拍封网。但站位靠前不利于发平快球，一般是发往前内角位球配合发双打后发球线的外角位平高球。

发球者站位离前发球线半米，靠中线：这种站位发球的选择面较广，正、反手都可发网前球、平快球、平高球，并且各种路线都可以发。缺点是球的飞行时间长，对方有较多时间判断处理，发球后如果抢网较慢也容易失去网前主动权。

发球者站在离中线较远处：这种站位主要用于在右场区以正手和左场区以反手发平快球攻对方双打后发球线的内角位，配合发网前外角。值得一提的是，这种发球只能作为一种变换手段。因为这种发球只对反应慢、攻击力差的对手有一定威胁，但当对方有了准备时作用就不大了，而且还会使自己陷入被动。

（3）发球路线：

调动对方站位，破坏对方打法：如对方甲、乙两名队员站成甲在后、乙在前的进攻队形，在发球给乙时可以后场为主结合网前，而发球给甲时却要以发网前为主结合后场，这样，从发球起就阻碍了对方调整站位。

避实就虚，抓住对方弱点发球抢攻：首先要看接发球者的站位，如果他紧压网站在网前内角位，

83

可用发网前与后场动作的一致性发球到对方后场外角位；如对方离中线较远，则可发平快球突袭后场内角位；对接发球路线呆板、变化少的，可针对这种情况发球后抢封突击。

发球要有变化：发球时，网前要和后场配合，网前的内角、外角，底线的内角、外角位的配合，使对方首尾难于兼顾，多点设防，疲于应付；在发球的弧线上也要有变化。这样，接球方就难以摸到发球方的规律了。

（4）接发球的战术：

①接发内角位网前球：以扑或轻压对方两边中场及发球者身体为主要攻击点，配合网前搓、勾等其他线路。

②接发外角位网前球：除以上打的点外，还可以平推对方底线两角以调动对方一名队员至边角，扩大对方另一队员的防守范围。

③接发内角、外角位后场球：应以发球者为攻击点，力争扣杀追身球。如启动慢了，可用平高球打到对方底线两角。一般发球者在后场球发出后，后退准备接杀的情况居多，这时可用拦截吊球，落点可选择在发球者的对角。

（5）根据对手情况制定的双打战术：

①对一强一弱的配对：所谓"强"，就是技术、思想、心理、体能等主要因素均较好，反之是"弱"；或者有等级差别的选手，如有一名是运动健将或国家队队员，另一名是省队队员；或者是同级别，但是在防守上一强一弱。遇到这样的配对，必须坚决采用攻人战术，采取集中优势兵力二打一可取得较好的结果。

②对单打技术好，而双打技术和能力差的配对：遇到这样的配对，首先在发球、接发球上争取主动，战术上采用猛抽快打的方法，在前半场要采用并排对攻快打、硬推、硬压的战术。如仍占不了优势，也不能着急，要把球拉到底线，然后从防守中找机会，进行平抽两边封网再对攻。总之，要快、要硬、要狠，如果慢了、软了，对方就可以发挥优势，对我方很不利。

③对一左一右的配合：和这种配对的对手比赛，一定要冷静沉着地分析这一左一右是如何站位的，从接发球就要分清谁在前，谁在后，要根据对手的站位来决定我方采用的战术路线。如果未弄清楚，可以采用打中路球攻中路的战术。

④对爱采用半蹲防守的对手：遇到这种对手千万不要长杀，以免正中其下怀，而应采用半杀战术与半杀左下方的战术与其周旋，伺机待发。

⑤对拉两边底线较好的防守型配对：遇到这种配对，思想上要做好艰苦作战的准备。因为对方防守好，又以拉两边底线为主，来回次数必然较多。同时要有耐心，不要想一杀就得分，而且更要重视相互的配合，多采用杀吊结合的战术，不要盲目乱杀，以免消耗体力过多而收效甚微，应该稳扎稳打，不利的情况先吊后杀，吊一吊再杀，保持体力，站准时机坚持到最后，坚持到最后胜利的希望就越大。

（6）双打配合中的几个主要问题：

①共同的目标是双打配合的思想基础；②要做到互相信任；③要互相鼓励、互相补缺；④在战术上要做到互相了解。

（三）重点

1. 学生要注意和搭档的配合，尽量避免出现抢球的情况。
2. 学生注意和搭档之间的轮转配合，形成连贯的进攻。

（四）难点

1. 在进行防守的时候，直线和斜线的球要做好分工的工作，尽量避免出现抢球的情况。

2. 在进行进攻的时候要注意和队友的配合，打出高效连贯的进攻。

（五）要求

1. 基本了解羽毛球双打战术，学会运用到比赛中。
2. 教师声音洪亮有力、精神饱满，巡回指导，纠正错误。

课后作业：

1. 将教师讲解的战术以笔记的形式进行整理。
2. 记录自己学习战术中出现的问题。

结束部分　同第二次课。运动负荷小、小强度，预估心率80～100次/分钟。

第三十五次课

教学内容：对考试内容进行综合复习。

教学目标：1. 认知目标：通过探究学习、实践操作、趣味练习等，学生能够正确认识和理解技术运用的合理性和规范性，提高认知水平。2. 技能目标：通过综合复习检验本学期的学习情况、查漏补缺、补齐短板。3. 身心发展目标：提高自主学习能力，培养创新思维能力，提高身体协调性、灵敏性及团结协作精神。

教学内容与组织教法

准备部分　同第二次课。

时间分配：准备部分15～20分钟（导入情绪调动），运动负荷小、小强度，预估心率80～100次/分钟。

基本部分　60～75分钟（进入状态体验），运动负荷适中、中等强度，预估心率120～140次/分钟。

一、对考试内容进行综合复习（练习时间：15～20分钟）

（一）教学目的

通过制定的练习方法，对学生的技术动作进行综合的巩固与提高。

（二）练习方法

两人一组轮流进行发高远球练习。

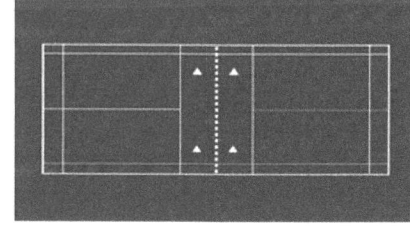

（三）要求

1. 发球时脚不能移动、离地，否则发球违例。
2. 击出的球要高、远，落点准确，动作连贯，充分用力。
3. 教师巡回指导，纠正错误。

二、复习反手发网前球技术（练习时间：15～20分钟）

略。

三、复习正手击高远球技术（练习时间：15～20分钟）

略。

四、复习正手中场扣杀球技术（练习时间：15～20分钟）

略。

结束部分　同第二次课。运动负荷小、小强度，预估心率80～100次/分钟。
场地器材：羽毛球场4片、自备羽毛球拍与羽毛球。
教学反思与评价：同第二次课。

第三十六次课

同第三十五次课。

第三十七次课

教学内容：考核课：正手发高远球、反手发网前球、正手击高远球、正手中场扣杀球。
教学目标：1. 认知目标：通过探究学习、实践操作、趣味练习等，学生能够正确认识和理解技术运用的合理性和规范性，提高认知水平。2. 技能目标：通过考核检验学生的学习情况、发现教学过程中的问题、制定下学期的教学内容及教学重点、进一步提高学生对于各项技术的掌握情况。3. 身心发展目标：提高自主学习能力，培养创新思维能力，提高身体协调性、灵敏性及团结协作精神。

教学内容与组织教法

准备部分　同第二次课。
时间分配：准备部分15～20分钟（导入情绪调动），运动负荷小、小强度，预估心率80～100次/分钟。
基本部分　60～75分钟（进入状态体验），运动负荷适中、中等强度，预估心率120～140次/分钟。
教学目的：提高技术考核，对学生整学期的学习情况进行综合评估。

一、正手发高远球

（一）讲解、示范

1. 教师再次讲解考核技术动作，强调动作要领，提示注意点。

2. 教师再次示范考核动作，提示学生观察点。

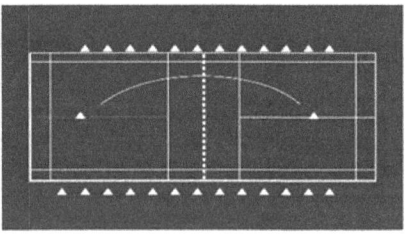

（二）考核

每人发10个球，把球发到双打发球线和单打底线之间为合格。

（三）考核标准

1. 优：持续正确，挥拍放松，手腕闪动发力正确，击球点好，"鞭打"动作明显，随挥动作完整，球的落点准确。

2. 良：持球正确，挥拍较放松，手腕闪动发力较好，击球点较好，"鞭打"动作较明显，随挥动作完整，球的落点准确。

3. 及格：持球较正确，挥拍基本放松，手腕闪动发力尚可，击球点不准，"鞭打"动作较好，随挥动作不太连贯，球的落点不准确。

4. 不及格：大部分技术动作错误，发球失误很多。

（四）要求

教师注意学生动作，按照考核标准打分。

（五）时间

15～20分钟。

二、反手发网前球

（一）讲解、示范

1. 教师再次讲解考核技术动作，强调动作要领，提示注意点。
2. 教师再次示范考核动作，提示学生观察点。

（二）考核

每人发10个球，把球发到发球线40厘米之内为合格。

（三）考核标准

1. 优：持续正确，挥拍放松，手腕闪动发力正确，击球点好，随挥动作完整，球的落点准确。
2. 良：持球正确，挥拍较放松，手腕闪动发力较好，击球点较好，随挥动作完整，球的落点准确。
3. 及格：持球较正确，挥拍基本放松，手腕闪动发力尚可，击球点不准，随挥动作不太连贯，球的落点不准确。
4. 不及格：大部分技术动作错误，发球失误很多。

（四）要求

教师注意学生动作，按照考核标准打分。

（五）时间

15～20分钟。

三、正手击高远球

（一）讲解、示范

1. 教师再次讲解考核技术动作，强调动作要领，提示注意点。
2. 教师再次示范考核动作，提示学生观察点。

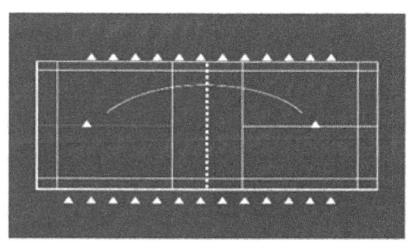

（二）考核

两人站在后场对击正手高远球20次，击球弧线要高，球飞行的距离远。

（三）考核标准

1. 优：准备动作充分，引拍姿势正确，挥拍击球动作协调，小臂与手腕的"鞭打"动作明显，击球点高，随挥动作完整，击出的球高而远。
2. 良：准备动作较充分，引拍姿势基本正确，挥拍击球动作较协调，小臂与手腕的"鞭打"动作明显，击球点高，随挥动作较完整，击出的球高而远。
3. 及格：准备动作尚可，引拍姿势基本正确，挥拍击球动作不协调，小臂与手腕的"鞭打"动作不明显，击球点低，随挥动作较完整，击出的球达不到要求。
4. 不及格：大部分技术动作错误，击球不能达到要求。

（四）要求

教师注意学生动作，按照考核标准打分。

（五）时间

15～20分钟。

四、正手中场扣杀球

（一）讲解、示范

1. 教师再次讲解考核技术动作，强调动作要领，提示注意点。
2. 教师再次示范考核动作，提示学生观察点。

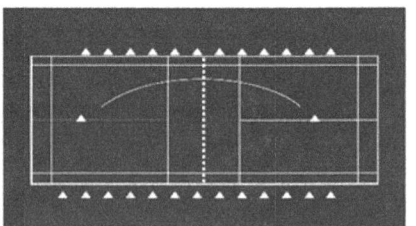

（二）考核

教师站在发球线正手发高远球，一人站在中场扣杀球20次，杀球直线要贴网，球速度要快。

（三）考核标准

1. 优：准备动作充分，引拍姿势正确，挥拍击球动作协调，小臂与手腕的"鞭打"动作明显，击球点高，随挥动作完整，杀出的球快而平。
2. 良：准备动作较充分，引拍姿势基本正确，挥拍击球动作较协调，小臂与手腕的"鞭打"动作明显，击球点高，随挥动作较完整，击出的球快而平。
3. 及格：准备动作尚可，引拍姿势基本正确，挥拍击球动作不协调，小臂与手腕的"鞭打"动作不明显，击球点低，随挥动作较完整，击出的球达不到要求。
4. 不及格：大部分技术动作错误，击球不能达到要求。

（四）要求

教师注意学生动作，按照考核标准打分。

(五)时间

10~15分钟。

课后作业:

1. 针对自己的考核情况写一篇综合报告,不少于800字。
2. 针对自己的问题,制订下一学期的练习重点。

结束部分 同第二次课。运动负荷小、小强度,预估心率80~100次/分钟。

大一下学期羽毛球专修课课程进度及教案

周次	课次	任务	课次	任务	课次	任务
一	1	恢复训练，综合练习。	2	1. 单球练习：后场高远球。 2. 单球练习：后场正手吊球。	3	1. 单球练习：后场高远球。 2. 多球练习：后场高远球及吊球。
二	4	1. 多球练习：后场高远球及吊球。 2. 专项步法练习：前场正、反手上网步法。	5	1. 单球练习：后场高远球。 2. 多球练习：后场吊球。	6	理论课。
三	7	1. 多球练习：后场高远球及吊球。 2. 步法训练：后场正手、头顶步法。	8	1. 多球练习：后场高远球及吊球。 2. 力量训练：腕力及下肢力量。	9	1. 多球练习：后场吊球。 2. 身体素质训练：跳绳。
四	10	1. 多球练习：后场吊球。 2. 专项步法练习：前场正反手上网步法。	11	理论课	12	1. 单球练习：后场高远球。 2. 多球练习：后场吊球。 3. 身体素质训练：跳绳。
五	13	1. 单球练习：后场正手吊球。 2. 多球练习：中场杀球练习。 3. 多球练习：发球练习。	14	1. 多球练习：中场杀球练习。 2. 力量训练：腕力及下肢力量。	15	1. 单球练习：后场高远球。 2. 多球练习：中场杀球练习结合发球练习。
六	16	1. 单球练习：后场高远球。 2. 单球练习：后场吊球上网练习。	17	1. 多球练习：后场高远球结合上网。 2. 专项步法练习：后场结合前场步法。	18	1. 单球练习：后场高远球。 2. 多球练习：后场吊球结合上网。
七	19	1. 多球练习：中场杀球。 2. 网前搓球技术练习。	20	1. 多球练习：后场吊球结合网前接吊球。 2. 网前搓球练习。	21	理论课。
八	22	1. 单球练习：后场高远球。 2. 多球练习：网前搓球。	23	1. 多球练习：后场吊球结合网前接吊球。 2. 力量训练：腰腹肌。	24	身体素质训练。

(续表)

周次	课次	任务	课次	任务	课次	任务
九	25	1. 单球练习：后场高远球。 2. 单球练习：后场正手吊球。	26	1. 多球练习：网前搓球。 2. 综合步法练习。	27	理论课。
十	28	1. 后场杀球练习。 2. 多球练习：后场吊球结合上网。	29	1. 多球练习：后场杀球练习。 2. 专项步法练习：杀上网及全场综合。	30	教学比赛。
十一	31	理论课。	32	1. 多球练习：后场杀球及吊球。 2. 综合技术练习。	33	1. 单球练习：后场高远球。 2. 多球练习：后场吊球结合上网。
十二	34	身体素质训练。	35	1. 多球练习：后场杀球结合网前搓球。 2. 后场吊球练习。	36	1. 简单球路练习：后场高远球转吊球。 2. 简单球路练习：后场吊球转杀球。
十三	37	1. 多球训练：后场杀球结合上网。 2. 吊球训练结合上网搓球。	38	理论课。	39	观摩省优秀运动队训练。
十四	40	后场技术综合练习。	41	1. 简单球路练习：后场高远球转吊球。 2. 简单球路练习：后场吊球转杀球。	42	身体素质训练。
十五	43	1. 多球练习：后场杀球结合网前搓球。 2. 后场吊球练习。	44	前场技术教学方法练习。	45	复习羽毛球单打战术并组织教学比赛。
十六	46	复习羽毛球双打战术并组织教学比赛。	47	综合复习。	48	技术测试。

第一次课

教学内容：恢复训练，综合练习。

教学目标：1. 认知目标：通过探究学习、实践操作、趣味练习等，学生能够正确认识和理解技术运用的合理性和规范性，提高认知水平。2. 技能目标：综合复习上学期所学习的内容、进入训练状态，进一步加强针对自身短板技术的练习。3. 身心发展目标：提高自主学习能力，培养创新思维能力，提高身体协调性、灵敏性及团结协作精神。

教学内容与组织教法

准备部分　同大一上第二次课准备部分。

基本部分　60~75分钟（进入状态体验）。

一、恢复训练，综合练习

综合步法练习（练习时间：20~25分钟），运动负荷大，预估心率大于160次/分钟。

（一）教学目的

1. 通过制定的练习方法，使学生掌握基本站位、跨步上网、垫步上网、侧身并步后退、交叉步后退等基本步法。

2. 通过本节课的学习过程，使学生的击球意识等得到提升，提高自身的运动智能，努力拔高自身的综合能力水平。

3. 要求学生学习态度端正、精神饱满、注意力集中及善于发现自身存在的问题，积极地自主查漏补缺。要求教师授课认真严肃、及时纠正学生练习过程中出现的问题。

（二）练习方法

1. 集体练习：徒手练习，根据教师口令场下集体练习，12个一组，每组动作3~5组。

2. 分组练习：徒手练习，两人一组场上自主练习，一个喊口令一个练习，12个一组，每组动作3~5组，完成后交换。

（三）重点

1. 反手上网步法：前冲力不要太大，避免身体失去平衡；击球后应尽快采用后退跨步、垫步或交叉步退回中心位置。

2. 头顶后退步法：上体和髋部侧转要快，右脚后退至左脚的后方横侧位，蹬跳方向应向左后方跳起，使上体向后仰。

（四）难点

学会运用所学上网步法、后退步法，学会选择何时选用何种步法才能更有效率。

（五）要求

1. 学生步法反应快、移动快、配合协调，动作规范到位、积极。

2. 教师口令洪亮清晰，精神饱满。

二、正手击高远球技术练习（练习时间：20～25分钟）运动负荷中，预估心率120～140次/分钟。

（一）教学目的

通过制定的练习方法，使学生进一步掌握正手击高远球技术，包括球速、落点、出手动作一致性。

（二）练习方法

1. 原地挥拍练习。
2. 原地直线高远球：两人一组分别站在底线对击高远球。

（三）重点

1. 准备动作：右手握拍屈臂举拍于右侧，左手自然上举，眼睛向上注视来球，使拍面对着球网。
2. 挥拍动作：主要依靠前臂、手腕和中指的协调用力，取得最佳速度；击球点在右肩上方，持拍手臂在几乎伸直的情况下以正拍面击中球托底部，将球击出。

（四）难点

1. 准备姿势易犯的错误：握拍太紧，手臂伸得太直，两脚平站，身体正面对网，以致无法产生侧身转体的连贯发力动作。
2. 引拍动作易犯错误：身体太直，拍框无法在身后下摆，而是立即上举，肘部未屈，伸得太直，无法形成挥拍动作的最长距离，也无法产生更大的爆发力。
3. 挥拍击球易犯的错误：由于前两个环节的错误，必然造成挥拍击球时只能以肩为轴，靠"推"的动作击球，无法产生而且不会利用肩、肘、腕及腰、髋、膝相继发力产生的"鞭打"爆发力。
4. 随前动作易犯的错误：击球后，球拍不是顺惯性向左下方挥动并回收至体前，而是向右下后方挥动，影响身体重心的回动，步法上也无法回动。

（五）要求

击球点要高，控制好拍面角度，充分运用身体各部分的力量。

三、反手发网前球、网前球技术、正反手放网前球技术和正反手挑高球技术的综合复习（练习时间：20～25分钟）运动负荷中，预估心率120～140次/分钟。

（一）教学目的

通过制定的练习方法，使学生的网前球技术得到提升，包括落点、出手动作一致性，同时能够基本掌握反手发网前球、网前球技术、正反手放网前球技术和正反手挑高球技术动作。

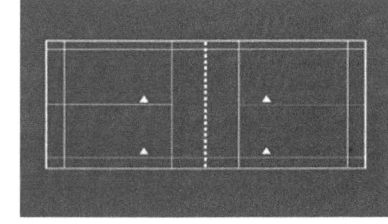

（二）练习方法

两人一组，20个球为一组，一人反手发网前球，一人做：
1. 网前球技术动作练习（搓球、勾球、推球、扑球各一组）；
2. 正反手挑高球技术动作练习（正反手各一组）；

3. 正反手放网前球技术动作练习（正反手各一组）；
4. 完成后轮换

（1）搓球击球法：搓球击球法是从离网顶30厘米左右或更高处，以球拍搓切球托的左侧、右侧或底部，使球向右侧或左侧旋转与翻滚过网。旋转翻转性能越强，对方回击的难度就越大，从而为我方创造更有利的进攻形势。搓球可分为正手搓球与反手搓球。

（2）勾球击球法：勾球是把对方击来的两边网前球用勾的动作将球回击到对角网前区，球的飞行速度快。当球朝对角飞越过网顶时，不能离网太高，最好是贴网而过。这是一种主动进攻的技术，如能与搓球、推球结合好，则战术效果更佳。勾球可分为正手主动勾球、正手被动勾球及反手主动勾球、反手被动勾球。

（3）推球击球法：推球是以推的动作把对方击来的网前球推击到对方后场底线去，球的飞行弧线较低平，速度较快，可造成对方回击的困难。推球可分为正手推直线、推对角线与反手推直线、推对角线4种。

（4）扑球击球法：扑球是网前进攻技术中威胁最大的一项技术，即将对方击过来离网顶10～20厘米高的球，以最快的速度向下扑压。球必须是向下飞行，腕力爆发力强，动作小，出手快，给对方造成很大的威胁，一般是直接得分的一项技术。扑球可分为正手扑球和反手扑球。

（5）正手挑高球技术：略。
（6）反手挑高球技术：略。
（7）放网前球击球法：放网前球与搓球不同之点是球过网后没有旋转与翻滚，但落点较近网，而且能适应各种位置的回击，如远网球、被动球，均可采用放网前球的击球技术（但在这种情况下搓球就不好使用），目的是调动对方，为我方创造有利的进攻形势。放网前球可分为正手和反手两种。

（三）重点

第一，击球点高、一致性好。一般要求击球点在离网顶30厘米左右，或更高些。击球前期动作一致性要强，握拍要放松、灵活，以便在击球瞬间利用手腕手指的灵活性进行突变击球。

第二，准备判断，反应快，步法准备到位。这是为击球点高创造先决的条件，步法起动、移动快，并准确到位，才能完成高点击球。

第三，出手击球快，控制能力强。除步法准确、快速到位、抢到较高击球点外，前臂要迅速往前上方举起，球拍略前伸，这是击、搓、推、勾前期动作的一致性。在击球瞬间，根据战术需要，灵活、快速地出手击球，再结合搓、推、勾技术，威力无穷。

搓、推、勾、扑击球技术，对击球力量和拍面击球角度要求较高，必须掌握得恰到好处。力量大小主要靠身体前冲力、手臂、手腕和手指来控制，而拍面击球角度主要靠手腕和手指来调整。控制能力强和落点准确，取决于对击球技术、力量和拍面角度的控制。

第四，战术意识强，变化机动灵活。要正确适时、机动灵活地运用搓、推、勾、扑等击球技术，必须有很强的战术意识。当对方回击网前球之后急于回退时，我方应采用搓球；当对方回击网前球之后回动慢或想抓住我方反复搓球时，应采用推球等动作。

（四）难点

1. 搓球易犯错误

（1）准备姿势易犯的错误：手指握拍太紧，手臂伸得太直，两脚平站，身体太直立，影响起动速度和手腕灵活发力。

（2）引拍动作易犯的错误：启动太慢，不能准确到位，前臂未伸向前上方，导致击球点太低。

（3）挥拍击球动作易犯的错误：由于引拍动作错误，在高点搓球时，拍框头部高于拍框与拍柄交接处，拍面搓球时角度不对，造成搓球不过网而失误。

（4）随前动作易犯的错误：击球后，球拍未回收至胸前，而是垂向下，步法回动太慢。

2. 正手挑高球易犯错误

（1）准备、引拍动作易犯的错误：起动和移动太慢，蹬跨步太小，右脚尖朝内，造成移动不到位，引拍动作未能形成挥拍的最长距离，不利产生爆发力。

（2）击球动作易犯的错误：握拍太紧，不能产生较好的爆发力，未以正拍面击球。

（3）随前动作易犯的错误：击球之后，球拍未制动，挥得太高。未能迅速回动而是向前跟进。

3. 反手挑高球易犯错误

（1）准备、引拍易犯的错误：起动、移动太慢，左脚未先移一小步，右脚立即向前蹬跨一大步，造成移动不到位，引拍动作未能形成挥拍的最长距离。拍面不是向上，而是向网。手腕形成明显的屈腕动作，不利于产生爆发力。上体太直。

（2）击球动作易犯的错误：由于引拍动作的错误，造成击球时发力不佳。来球近网时，提拉动作向上不够，造成下网。

（3）随前动作易犯的错误：左脚跟近一大步，身体重心上提不够，造成向前太多，回位太慢。

（五）要求

1. 认真观看教师讲解示范。
2. 完成每一项练习，确保动作正确率，确保击球的成功率。

课后作业：

1. 复习所学基本技术动作，每种动作挥拍100次。
2. 保持球感，累计颠球500个。

结束部分 同大一第二次课结束部分。
场地器材： 羽毛球场4片、自备羽毛球拍与羽毛球。
教学反思： 学生挥拍动作逐渐规范，击球质量有所提高，击球成功率提升；强化了学生进取精神，培养意志品质、协调能力，心理素质得到了很好的锻炼；形成了学生积极参与、活泼的课堂氛围。

第二次课

教学内容： 1. 单球练习：后场高远球。2. 单球练习：后场正手吊球。

教学目标： 1. 认知目标：通过探究学习、实践操作、趣味练习等，学生能够正确认识和理解技术运用的合理性和规范性，提高认知水平。2. 技能目标：相较于上一学期要求学生对于高远球的球速及步法移动要有更高的要求。要求学生在练习正手吊球的时候能够一次性完成20个来回的击球。3. 身心发展目标：提高自主学习能力，培养创新思维能力，提高身体协调性、灵敏性及团结协作精神。

教学内容与组织教法

准备部分 同第一次课。

时间分配：准备部分15～20分钟（导入情绪调动），运动负荷小、小强度，预估心率80～100次/分钟。

基本部分 60~75分钟（进入状态体验）。

一、单球练习：后场高远球（练习时间：30~35分钟）运动负荷中，预估心率130~150次/分钟。

（一）教学目的

通过制定的练习方法，使学生的高远球技术得到提升，包括球速、落点、出手动作一致性。同时能够基本掌握直线、斜线高远球拍面的变化。

（二）练习方法

1. 原地直线高远球：两人一组分别站在底线对击高远球。
2. 一点打两点：A分别以直线和斜线击高远球打到B的左右后场区，B每次击完后回到中心位置A基本不动，相互交换。

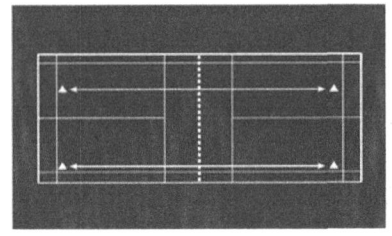 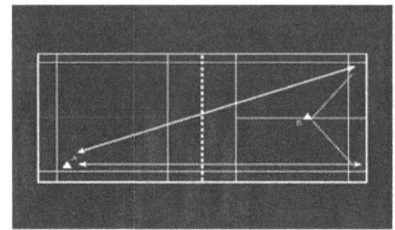

（三）重点

1. 准备动作：右手握拍屈臂举拍于右侧，左手自然上举，眼睛向上注视来球，使拍面对着球网。
2. 挥拍动作：主要依靠前臂、手腕和中指的协调用力，取得最佳速度；击球点在右肩上方，持拍手臂在几乎伸直的情况下，以正拍面击中球托底部，将球击出。

（四）难点

1. 准备姿势易犯的错误：握拍太紧，手臂伸得太直，两脚平站，身体正面对网，以致无法产生侧身转体的连贯发力动作。
2. 引拍动作易犯错误：身体太直，拍框无法在身后下摆，而是立即上举，肘部未屈，伸得太直，无法形成挥拍动作的最长距离，也无法产生更大的爆发力。
3. 挥拍击球易犯的错误：由于前两个环节的错误，必然造成挥拍击球时只能以肩为轴，靠"推"的动作击球，无法产生而且不会利用肩、肘、腕及腰、髋、膝相继发力产生的"鞭打"爆发力。
4. 随前动作易犯的错误：击球后，球拍不是顺惯性向左下方挥动并回收至体前，而是向右下后方挥动，影响身体重心的回动，步法上也无法回动。

（五）要求

击球点要高，控制好拍面角度，充分运用身体各部分的力量。

二、单球练习：后场正手吊球（练习时间：30~40分钟）运动负荷中，预估心率120~140次/分钟。

（一）教学目的

通过制定的练习方法，能够基本了解掌握正手吊球的技术动作。使学生的吊球技术得到提升，包括球速、落点、出手动作一致性。

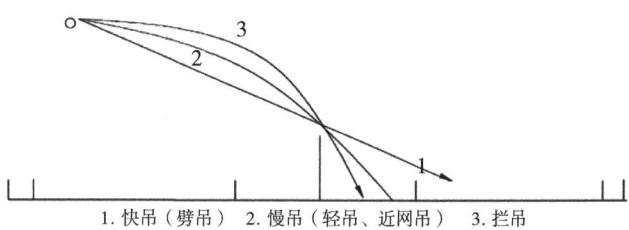

1. 快吊（劈吊）　2. 慢吊（轻吊、近网吊）　3. 拦吊

（二）练习方法

后场正手吊球包括正手快吊（劈吊），正手慢吊（轻吊、近网吊）。

1. 正手后场吊球技术挥拍练习。
2. 分组练习：两人半片场地，一人发高远球一人站在后场吊球20次一组轮换。

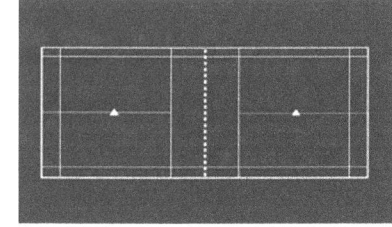

（三）重点

击球一瞬间改变拍面的角度，如快吊对角网前，则使拍面向对角的方向减速挥动，并切击球托的右侧后下部，使球向对角网前直线快速飞行。

（四）难点

1. 快吊对角时须切击球托右侧后下部，而不是正击，手腕动作若下压不明显也是错误的；快吊直线时须切击球托正面后下部，而不是正击。
2. 易击球过重。因此，最主要的是击球瞬间用力要轻，过重就达不到拦吊的目的。

（五）要求

1. 快吊对角时须切击球托右侧后下部，而不是正击。
2. 手腕动作若下压不明显也是错误的。
3. 快吊直线时须切击球托正面后下部，而不是正击。

结束部分　同第一次课。运动负荷小、小强度，预估心率80~100次/分钟。

第三次课

教学内容：1. 单球练习：后场高远球。2. 多球练习：后场高远球及吊球。

学习目标：1. 认知目标：通过探究学习、实践操作、趣味练习等，学生能够正确认识和理解技术运用的合理性和规范性，提高认知水平。2. 技能目标：通过练习要求学生能够进一步掌握挥拍的时机及转身架拍的时机、提高单球练习时的回球稳定性及回球质量。在练习多球的时候要求学生在进行练习的时候挥拍的一致性要高，并且要提高吊球的成功概率。3. 身心发展目标：提高自主学习能力，培养创新思维能力，提高身体协调性、灵敏性及团结协作精神。

教学任务与组织教法

准备部分　同第一次课。

时间分配：准备部分15~20分钟（导入情绪调动），运动负荷小、小强度，预估心率80~100次/分钟。

基本部分　60~75分钟（进入状态体验）。

一、单球练习： 后场高远球同第二次课第一部分内容。

二、多球练习： 后场高远球及吊球（练习时间：35~45分钟）运动负荷中，预估心率130~150次/分钟。

（一）教学目的

进一步巩固提高后场高远球及吊球技术，多球练习过程中提高击球连续性及击球质量。通过制定的练习方法，能够基本了解掌握正手吊球的技术动作，提高球速、落点、出手动作一致性。

（二）练习方法

1. 教师示范：教师正手发高远球到后场，学生在后场击球，两个后场高远球，一个吊球，多球练习，24个球为一组。
2. 分组练习：学生两人一组按照教师示范要求互相练习。

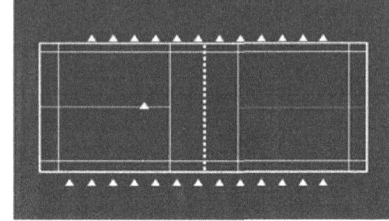

（三）重点

提高高远球击球动作、吊球击球动作的稳定性，提高击球质量，提升动作的连贯性。

（四）难点

高远球的发力与吊球的发力方式是不同的，多球训练中，发力方式的突然转变及高远球与吊球的动作连贯性是难点。

（五）要求

1. 高远球击球点要高，控制好拍面角度，充分运用身体各部分的力量。
2. 快吊对角时须切击球托右侧后下部，而不是正击。
3. 快吊直线时须切击球托正面后下部，而不是正击。

结束部分　同第一次课。运动负荷小、小强度，预估心率80~100次/分钟。

第四次课

教学内容：1. 多球练习：后场高远球及吊球。2. 专项步法练习：前场正、反手上网步法。

学习目标：1. 认知目标：通过探究学习、实践操作、趣味练习等，学生能够正确认识和理解技术运用的合理性和规范性，提高认知水平。2. 技能目标：对学生有关高远球、吊球拍面的控制及动作的一致性提出更高的要求。在练习正、反手上网步法的时候要求学生上网脚要打开、回动要积极。3. 身心发展目标：提高自主学习能力，培养创新思维能力，提高身体协调性、灵敏性及团结协作精神。

教学任务与组织教法

准备部分 同第一次课。

时间分配：准备部分15~20分钟（导入情绪调动），运动负荷小、小强度，预估心率80~100次/分钟。

基本部分 60~75分钟（进入状态体验）。

一、多球练习：后场高远球及吊球（练习时间：25~30分钟）运动负荷中，预估心率130~150次/分钟。

教学目的：

1. 进一步巩固提高后场高远球及吊球技术，多球练习过程中提高击球连续性及击球质量。通过制定的练习方法，能够熟练掌握正手吊球的技术动作，提高球速、落点、出手动作一致性。

2. 通过本节课的学习过程，使学生的出球意识、移动意识等得到提升，提高自身的运动智能，努力拔高自身的综合能力水平。

3. 要求学生学习态度端正、精神饱满、注意力集中及善于发现自身存在的问题，积极地自主查漏补缺。要求教师授课认真严肃、及时纠正学生练习过程中出现的问题。

练习方法、重点、难点、要求同第三次课第二部分内容。

二、专项步法练习：前场正反手上网步法（练习时间：35~45分钟）运动负荷大，预估心率大于160次/分钟。

（一）教学目的

通过制定的练习方法，使学生进一步掌握前场正、反手上网步法，初步学习两步跨步上网步法、三步跨步上网步法等基本上网步法。

（二）讲解、示范

羽毛球的上网步法包括：跨步上网、垫步或交叉步上网、蹬跳上网、二步跨步上网步法、三步跨步上网步法。

（三）动作要领

不论用哪种步法上网，上网前的站位及准备姿势都是一样的。即站位取中心位置，两脚左右开立（稍有前后），约同肩宽，两膝微屈，两脚前脚掌着地，后脚跟稍提起并左右微动；上体稍前倾，右手持拍于体前，双眼注视对方的来球。

（四）难点

教师一定要指导好学生运用某种模式进行必要的上网步法训练，步法是羽毛球的灵魂，把步法的套路摸清、速度提高，方能把羽毛球入门的基本技术练好并为提高技术水平打下牢固的基础。

（五）教学安排

四个人为一组，占用一片场地，两人上场，另两人在场外观看学习，交替进行。

（六）教学教法

徒手步法练习：两边各放置5个球，练习者成准备姿势，听到口令后，从右侧开始做上网步法，最后一步到位后用手击倒羽毛球，回位至球场中心位置后，继续从左侧开始做上网步法，一右一左各5

次，直至羽毛球全部击倒。

（七）要求

1. 注意前冲力不要太大，避免身体失去平衡。
2. 到位击球时，前脚脚尖应朝边线方向，不应朝内侧，有利于借前冲力向前滑步。
3. 击球后应尽快采用后退跨步、垫步或交叉步退回中心位置。

结束部分 同第一次课。运动负荷小、小强度，预估心率80~100次/分钟。

第五次课

教学内容：1. 单球练习：后场高远球。2. 多球练习：后场吊球。

学习目标：1. 认知目标：通过探究学习、实践操作、趣味练习等，学生能够正确认识和理解技术运用的合理性和规范性，提高认知水平。2. 技能目标：要求学生进行半场高远球练习的时候一次至少需要完成50个回合的击球。后场吊球需要提高成功率及控制回球的质量。3. 身心发展目标：提高自主学习能力，培养创新思维能力，提高身体协调性、灵敏性及团结协作精神。

教学任务与组织教法

准备部分 同第一次课。

时间分配：准备部分15~20分钟（导入情绪调动），运动负荷小、小强度，预估心率80~100次/分钟。

基本部分 60~75分钟（进入状态体验）。

一、单球练习：后场高远球（练习时间：30~35分钟）运动负荷中，预估心率130~150次/分钟。

同第二次课第二部分内容。

二、单球练习：后场正手吊球（练习时间：30~40分钟）运动负荷中，预估心率120~140次/分钟。

同第二次课第二部分内容。

结束部分 同第一次课。运动负荷小、小强度，预估心率80~100次/分钟。

第六次课

理论课

第七次课

教学内容：1. 多球练习：后场高远球及吊球。2. 步法训练：后场正手、头顶步法。

学习目标：1. 认知目标：通过探究学习、实践操作、趣味练习等，学生能够正确认识和理解技术运用的合理性和规范性，提高认知水平。2. 技能目标：要求学生在进行后场高球和吊球练习的时候进一步提高击球的稳定性及步法的连贯。在进行后场步法练习的时候要求学生脚下移动积极、小腿和脚踝主动发力、步法要有弹性。3. 身心发展目标：提高自主学习能力，培养创新思维能力，提高身体协调性、灵敏性及团结协作精神。

教学任务与组织教法

准备部分 同第一次课。

时间分配：准备部分15~20分钟（导入情绪调动），运动负荷小、小强度，预估心率80~100次/分钟。

基本部分 60~75分钟（进入状态体验）。

一、多球练习：后场高远球及吊球（练习时间：25~30分钟）运动负荷中，预估心率130~150次/分钟。

同第三次课第二部分内容。

二、步法训练：后场正手、头顶步法（练习时间：35~45分钟）运动负荷中，预估心率130~150次/分钟。

（一）教学目的

通过制定的练习方法，使学生初步了解后场正手、头顶后退步法等基本步法。

（二）讲解、示范

1. 后场正手步法：正手后退步法，可采用并步后退步法和交叉后退步法，以及前步加跳步后退步法。
2. 头顶后退步法：可用并步后退步法和交叉步后退步法，以及头顶侧身步加跳步后退步法。

（三）动作要领

1. 并步后退步法：右脚向右后侧身退一步，并带动髋部右后转，接着左脚用并步靠近右脚，右脚再向后转至到位，左脚跟进一小步，成为左脚在前右脚在后，侧身对网的击球准备动作（图A）。

2. 交叉步后退步法：右脚向右后侧身退一步，并带动髋部右后转，接着左脚从右脚后交叉退一步，成为左脚在前右脚在后、侧身对网的击球准备动作（图B）。

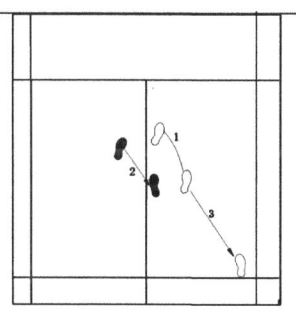
图A　并步后退步法

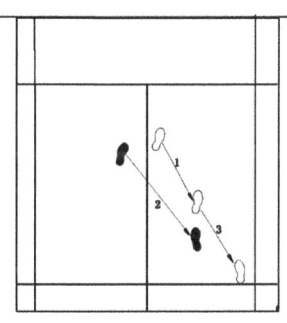
图B　交叉步后退步法

3. 并步加跳步后退步法：与并步后退步法第一和第二步后退步法相同，第三步采用侧身双脚起跳后到位击球，后双脚落地（图C）。

4. 头顶并步后退步法：髋关节及上体快速向右方转动的同时，右脚向后退一步，接着左脚用并步靠近右脚，右脚再向后移至到位，左脚跟进一小步，成左脚在前右脚在后、侧身对网的击球准备动作（图D）。

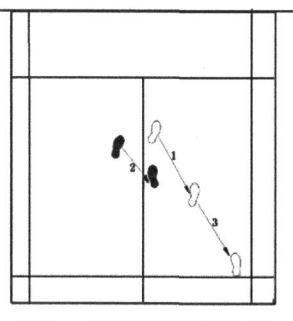
图C　头顶并步后退步法

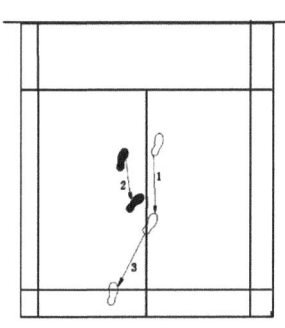
图D　头顶并步后退步法

5. 头顶交叉步后退法：髋关节及上体在快速向右后方转动的同时右脚向后退一步，接着左脚从右脚后方交叉后退一步，右脚再向后移至到位，左脚跟进一小步，成为左脚在前右脚在后，侧身对网的击球准备动作（图E）。

6. 头顶侧身步加跳步后退步法：这是一种快速突击抢攻打法的后退步法。髋关节及上体在快速向右方转动的同时，右脚向后退一步，紧接着右脚向后方蹬地跳起，上身后仰。角度较大，并在凌空中完成击球，此时，左脚在空中作交叉动作后先落地，上体收腹使右脚着地时重心落在右脚上，便于左脚迅速回动（图F）。

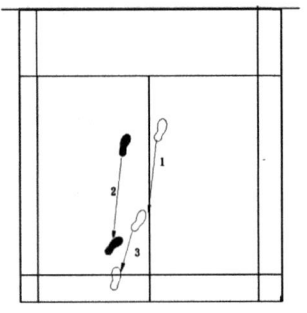 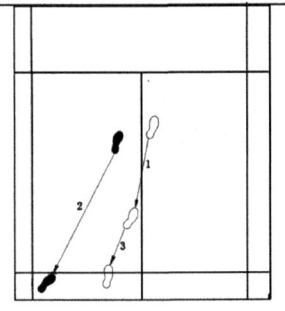

图E　头顶交叉步后退法　　图F　头顶侧身步加跳步后退步法

（四）重点

后退步法是完成退回击高球、吊球、后场抽球的步法。不论是后场正手步法还是头顶后退步法，其后退前的站位及准备姿势均与上网步法的站位及准备姿势相同。

（五）难点

头顶后退步法要注意，首先，上体和髋部侧转要快，右脚后退至左脚的后方横侧位，其次，应向左后方跳起，使上体向后仰。左脚在空中作交叉后撤的动作要大，左脚的落地点超过身体重心之后，上体要有力地收腹重心迅速恢复至右脚，左脚能迅速回动。

（六）教学安排

4人一组，占用一片场地，两人上场做，另两人在旁观看学习。

（七）教学教法

持拍后场步法练习：练习者成准备姿势，听到口令后，从右侧开始做后场正手步法，到后场后做挥拍高远球击球动作，回位至球场中心位置后，继续从左侧开始做后场头顶步法，一右一左各6次。

（八）要求

1. 上体和髋部侧转要快，右脚后退至左脚的后方横侧位。
2. 蹬跳方向应向左后方跳起，使上体向后仰。左脚在空中作交叉后撤的动作要大，左脚的落地点超过身体重心之后。
3. 上体要有力地收腹重心迅速恢复至右脚，左脚能迅速回动。

结束部分　同第一次课。运动负荷小、小强度，预估心率80~100次/分钟。

场地器材：羽毛球场4片、自备羽毛球拍与羽毛球。

教学反思与评价：同第一次课。

第八次课

教学内容：1. 多球练习：后场高远球及吊球。2. 力量训练：腕力及下肢力量。

学习目标：1. 认知目标：通过探究学习、实践操作、趣味练习等，学生能够正确认识和理解技术运用的合理性和规范性，提高认知水平。2. 技能目标：进一步提高学生练习后场技术时的细节、帮助学生提高回球的稳定性和质量。力量训练要先让学生学会正确的发力动作再进行力量训练。3. 身心发展目标：提高自主学习能力，培养创新思维能力，提高身体协调性、灵敏性及团结协作精神。

教学任务与组织教法

准备部分 同第一次课。

时间分配：准备部分15～20分钟（导入情绪调动），运动负荷小、小强度，预估心率80～100次/分钟。

基本部分 60～75分钟（进入状态体验）。

一、多球练习：后场高远球及吊球（练习时间：25～30分钟）运动负荷中，预估心率120～140次/分钟。

同第三次课第二部分内容。

二、力量训练：腕力及下肢力量（练习时间：35～45分钟）运动负荷大，预估心率大于160次/分钟。

（一）跳跃练习

初学者发展下肢力量，一般采用各种姿势的跳跃练习方法。如果要增加负荷，则采用沙衣或沙袋。

1. 蹲走：全蹲，用前脚掌向前或向后行走。尽量保持一定的速度，手臂前后摆动，协调用力。

2. 全蹲向上跳：站立，向下全蹲，再全力向上跳起，落地后再次下蹲，再次跳起，持续练习20次一组，短暂休息后再练习3～5组。

3. 收腹跳：站立，向上跳起，在空中屈膝收腹，使大腿尽量贴近胸口，双脚落地后再跳起。20次一组，持续3～5组。

4. 纵跳摸高：设一定高度的目标（以练习者全力跳起能触到为宜），站立，全力持续地跳起触摸目标物。

5. 单腿蹬跳高凳或台阶：借助一定高度的凳子或台阶，站立，先以一只脚踩住凳子或台阶做蹬起动作，再换另一只脚。

6. 双脚跳越障碍物：设置有一定难度的障碍物，并使之固定、放稳。按要求做跳跃练习，发展腿部力量和锻炼身体协调及灵敏性。

（二）下肢杠铃负重练习

利用杠铃发展下肢肌肉的绝对力量和爆发力。负一定重量的杠铃，围绕一些专项动作进行练习，发展下肢肌肉力量和爆发力。下肢的负重因人而异，一般为10～15公斤，不宜太重。练习时要保持一定的速度和频率，每组20次，持续3～5组。

（三）力量练习游戏

运用游戏的形式进行力量练习，以增加趣味性。

1. 推"车子"：俯卧撑地，两腿当作车子的扶把由同伴抬起，练习者以两手支撑身体向前爬行。

2. 爬走：俯卧，除手脚着地外，身体的其余部分不许触地，向前快速爬行。

3. 大象走：模仿大象四肢着地的动作，先以同侧手脚同时迈第一步，再换异侧手脚同时迈第二步，以此方法进行练习，练习时要抬头、挺胸、直腰。

（四）发展布局肌肉练习

设计一些针对性较强的动作，以发展局部小肌肉群的力量。

1. 发展股二头肌力量：直立或俯卧，双手扶持一固定物，脚踝负重。单膝后屈或成90°，反复练习一定次数，再换另一条腿，持续练习。

2. 发展股四头肌力量：坐在凳子上，脚背负重，双腿或单腿由弯曲到单腿伸直，反复持续练习到一定次数。

3. 发展大腿内、外侧和腰部肌肉力量：直立，两手叉腰，脚背绑上沙袋，大腿带动小腿向前或向后快速摆腿练习。

结束部分　同第一次课。运动负荷小、小强度，预估心率80~100次/分钟。

第九次课

教学内容：1. 多球练习：后场吊球。2. 身体素质训练：跳绳。

学习目标：1. 认知目标：通过探究学习、实践操作、趣味练习等，学生能够正确认识和理解技术运用的合理性和规范性，提高认知水平。2. 技能目标：要求学生在后场练习吊球的时候能够进一步提高回球的质量及击球的稳定性。要求学生在练习跳绳的时候要注重手腕的发力及手脚的配合。3. 身心发展目标：提高自主学习能力，培养创新思维能力，提高身体协调性、灵敏性及团结协作精神。

教学任务与组织教法

准备部分　同第一次课。

时间分配：准备部分15~20分钟（导入情绪调动），运动负荷小、小强度，预估心率80~100次/分钟。

基本部分　60~75分钟（进入状态体验）。

一、多球练习：后场吊球（练习时间：45~50分钟）运动负荷中，预估心率120~140次/分钟。

（一）教学目的

通过多球练习，进一步熟练巩固后场吊球技术，对直线吊球、斜线吊球的落点进行规定，提高击球质量。

（二）练习方法

1. 教师示范：教师正手发高远球到后场，学生在后场击球，两个后场正手吊球，两个后场反手吊球，多球练习，24个球为一组。

2. 分组练习：学生两人一组按照教师示范要求互相练习。

（三）重点

击球一瞬间改变拍面的角度，如快吊对角网前，则使拍面向对角的方向减速挥动，并切击球托的右侧后下部，使球向对角网前直线快速飞行。多球训练吊球，要求吊球的出球稳定性及落点的质量。

（四）难点

1. 吊球的击球点相较于高远球更加靠近身体的前方，需要完全转正之后手臂向前伸的同时手指手腕向前向下切击球托的下方。

2. 吊球的时候注意是手指手腕下压，大臂及小臂要保证拍面的稳定及击球点的高度，在完成吊球击球动作的时候要保证手臂不能够向下拖动。

（五）要求

在练习吊球的时候同样需要在完全转身之后向前向下用手指手腕完成切击球托的击球动作。

二、身体素质训练：跳绳（练习时间：15～20分钟）运动负荷大，预估心率大于160次/分钟。

（一）教学目的

学习并了解跳绳标准动作，提高跳绳成功率，使身体素质得到充分锻炼。

（二）练习方法

两人一组，一人跳绳，一人负责记时、数数，2分钟一组轮换，每人3组。

（三）重点

跳绳训练是锻炼学生身体素质、培养身体良好协调能力的常用有效训练方法。着重锻炼学生手脚配合的能力。

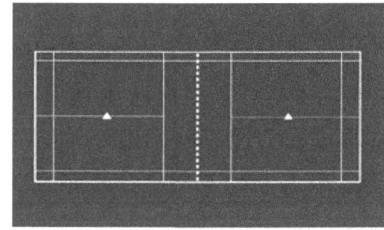

（四）要求

保证成功率，做到不断绳完成2分钟。

结束部分　同第一次课。运动负荷小、小强度，预估心率80～100次/分钟。

第十次课

教学内容：1.多球练习：后场吊球。2.专项步法练习：前场正反手上网步法。

学习目标：1.认知目标：通过探究学习、实践操作、趣味练习等，学生能够正确认识和理解技术运用的合理性和规范性，提高认知水平。2.技能目标：进一步提高学生击球的稳定性及吊球的质量并要求学生能够熟练掌握劈吊与滑板的技术。要求学生在练习前场步法的时候注意力高度集中、起动步法要连贯及时。3.身心发展目标：提高自主学习能力，培养创新思维能力，提高身体协调性、灵敏性及团结协作精神。

教学任务与组织教法

准备部分　同第一次课。

时间分配：准备部分15～20分钟（导入情绪调动），运动负荷小、小强度，预估心率80～100次/分钟。

基本部分 60~75分钟（进入状态体验）。

一、多球练习：后场吊球（练习时间：40~45分钟）运动负荷中，预估心率120~140次/分钟。

同第九次课第一部分内容。

二、专项步法练习：前场正反手上网步法（练习时间：20~35分钟）运动负荷大，预估心率大于160次/分钟。

同第四次课第二部分内容。

结束部分 同第一次课。运动负荷小、小强度，预估心率80~100次/分钟。

第十一次课

理论课

第十二次课

教学内容：1.单球练习：后场高远球。2.多球练习：后场吊球。3.身体素质训练：跳绳。

学习目标：1.认知目标：通过探究学习、实践操作、趣味练习等，学生能够正确认识和理解技术运用的合理性和规范性，提高认知水平。2.技能目标：要求学生在练习单球高远的时候要保证回合数、多球练习吊球的时候要求稳定性及技术动作的一致性。要求练习跳绳要连贯。3.身心发展目标：提高自主学习能力，培养创新思维能力，提高身体协调性、灵敏性及团结协作精神。

教学任务与组织教法

准备部分 同第一次课。

时间分配：准备部分15~20分钟（导入情绪调动），运动负荷小、小强度，预估心率80~100次/分钟。

基本部分 60~75分钟（进入状态体验）。

一、单球练习：后场高远球（练习时间：25~30分钟）运动负荷中，预估心率130~150次/分钟。

（一）教学目的

通过制定的练习方法，使学生的高远球技术得到提升，包括球速、落点、出手动作一致性，同时能够基本掌握直线、斜线高远球拍面的变化。

（二）练习方法

1. 原地直线高远球：两人一组分别站在底线对击高远球。
2. 一点打两点：A分别以直线和斜线击高远球打到B的左右后场区，B每次击完后回到中心位置A基本不动，相互交换。

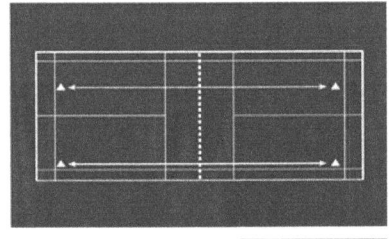

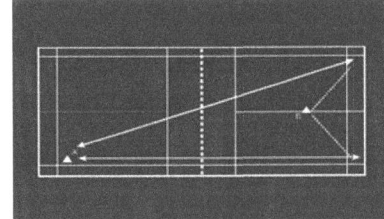

（三）重点

1. 准备动作：右手握拍屈臂举拍于右侧，左手自然上举，眼睛向上注视来球，使拍面对着球网。

2. 挥拍动作：主要依靠前臂、手腕和中指的协调用力，取得最佳速度；击球点在右肩上方，持拍手臂在几乎伸直的情况下，以正拍面击中球托底部，将球击出。

（四）难点

1. 学生在完成高远球击球动作时第一点需要注意架拍的稳定性，拍头在完成击球之前切忌出现多余的晃动。

2. 学生在寻找高远球击球点时需要将球完全放在身体的前方，这样才能保证转身击球时力量是完全向前走。

3. 学生在向前挥拍时小臂和手腕要适当放松，在最后击球的一刻将手腕手指握紧，控制好拍面，必须是正拍面向前接触球托。

4. 学生需要多加练习，将蹬地、转髋、转腰、转肩、小臂手腕内旋的动作熟练并迅速完成，以产生最大的爆发力将球击向对方场地。

（五）要求

击球点要高，控制好拍面角度，充分运用身体各部分的力量。

二、多球练习：后场吊球（练习时间：25～30分钟）运动负荷中，预估心率130～150次/分钟。

同第九次课第一部分内容。

三、身体素质训练：跳绳（练习时间：10～15分钟）运动负荷中，预估心率130～150次/分钟。

同第九次课第二部分内容。

结束部分　同第一次课。运动负荷小、小强度，预估心率80～100次/分钟。

第十三次课

教学内容：1. 单球练习：后场正手吊球。2. 多球练习：中场杀球练习。3. 多球练习：发球练习。

学习目标：1. 认知目标：通过探究学习、实践操作、趣味练习等，学生能够正确认识和理解技术运用的合理性和规范性，提高认知水平。2. 技能目标：要求后场单球、后场吊球保证回合数及击球动作的稳定性，要求中后场杀球的发力顺畅及击球点的准确性，要求发球练习认真、按照正确的发球动作完成每一次击球。3. 身心发展目标：提高自主学习能力，培养创新思维能力，提高身体协调性、灵敏性及团结协作精神。

教学任务与组织教法

准备部分　同第一次课。

时间分配：准备部分15～20分钟（导入情绪调动），运动负荷小、小强度，预估心率80～100次/分钟。

基本部分　60～75分钟（进入状态体验）。

一、单球练习：后场正手吊球（练习时间：30～40分钟）运动负荷中，预估心率130～150次/分钟。

（一）教学目的

通过制定的练习方法，使学生的吊球技术得到提升，包括球速、落点、出手动作一致性。同时能够基本掌握直线、斜线吊球拍面的变化。

（二）练习方法

同第五次课第一部分内容。

二、多球练习：中场杀球练习（练习时间：25～30分钟）运动负荷大，预估心率大于160次/分钟。

（一）教学目的

通过多球练习，学习并了解中场杀球技术动作，老师规范纠正动作。

（二）练习方法

1. 教师示范：教师正手发高远球到后场两边，学生在后场击球，两个后场正手杀球，两个后场反手杀球，多球练习，24个球为一组。

2. 分组练习：学生两人一组按照教师示范要求互相练习。

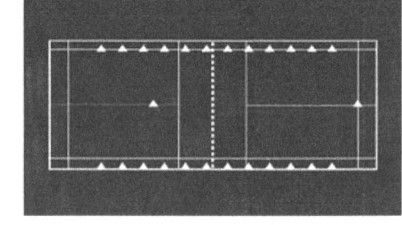

（三）重点

挥拍击球时，拍面与水平面所形成的夹角稍小于90°。随前动作中，随着惯性回收球拍于胸前，落地时应右脚在后、左脚在前，并迅速回动。

（四）难点

易犯错误与高远球动作相似，但高远球的击球点是在肩的前上方，而突击杀球的击球点是在肩的右侧斜上方。另外，手腕的压腕动作应使拍面从后向前挥动，不应有切击的动作。

（五）要求

注意转肩发力和鞭打动作的连贯性。

三、多球练习：发球练习（练习时间：10～15分钟）运动负荷中，预估心率120～140次/分钟。

（一）教学目的

通过多球练习，初步学习和了解发球的技术动作，老师规范纠正直至动作正确，发出质量较好的高远球。

（二）练习方法

发球既是羽毛球运动的一项重要基本技术，也是战术的重要组成部分。发球质量往往直接影响到一个回合比赛的主动与被动，故初学者应充分重视发球技术的训练。

发球有两种形式，一是正手发球，二是反手发球。正手发球可发高远球、平高球、平射球和网前球；反手发球由于受挥拍距离较远的限制，无法发高远球，只能发平高球、平射球和网前球。不管采用哪一种发球方式，均要求发球动作协调一致，有突变性，而且落点及弧度要准确多变，几种发球的弧度和落点如图A所示。要根据战术需要选择不同的发球方式以达到战术目的。

分组练习：学生4人一组一个场地互发，两个按照教师示范要求互相练习。

图A 发球的弧度和落点

（三）重点

发高远球首先要发得高，标准是接发球者在接球时，球是垂直下落的；其次要远。标准是垂直下落的落点在底线处。初学者一般达不到此要求，必须经过严格训练才能准确掌握发球的弧度及落点。发高远球发得好，可以延缓对方的进攻速度和加大对方回击时的困难，从而降低对本方的威胁。

（四）难点

1. 握拍错误：握得太紧，无法产生爆发力，故达不到发高远球之目的。
2. 站位错误：两脚平站，身体正面对网，两眼盯着球。
3. 引拍错误：由于站位错误，造成引拍时身体无法稍向右转，身体重心也无法转移，右臂不是向右后上方摆起而是向后方摆，无法形成较好的发力机制。
4. 挥拍击球错误：肘关节伸得太直，腕部动作未伸展，挥拍时动作僵硬，挥拍与放球时间不协调，击球点离身体太近或太远、太左或太右，导致击球时不是正拍面击中球，而是切面击球，击球点超过腰部，击中球的瞬间无法产生较大爆发力。
5. 随前动作错误：发球后很快进行动作制动，没有随惯性挥向左肩上方，而是挥向右肩上方，回收动作后未及时进行握拍调整。

（五）要求

后场球落在对方场地的对角线上，并且正好越过双打后发球线或掉在后边界线上。
网前球正好越过发球前限制线或掉在限制线上。

课后作业：

1. 复习所学基本技术动作，每种动作挥拍100次。
2. 保持球感，累计颠球500个。
3. 锻炼身体素质，跳绳单摇500个，双摇200个。

结束部分 同第一次课。运动负荷小、小强度，预估心率80～100次/分钟。

第十四次课

教学内容：1. 多球练习：中场杀球练习。2. 力量训练：腕力及下肢力量。
学习目标：1. 认知目标：通过探究学习、实践操作、趣味练习等，学生能够正确认识和理解技术运用的合理性和规范性，提高认知水平。2. 技能目标：进一步掌握中后场杀球的技术动作及杀球的击球点。要求学生认真对待力量训练。3. 身心发展目标：提高自主学习能力，培养创新思维能力，提高身体协调性、灵敏性及团结协作精神。

教学任务与组织教法

准备部分 同第一次课。
时间分配：准备部分15～20分钟（导入情绪调动），运动负荷小、小强度，预估心率80～100次/分钟。

基本部分 60~75分钟（进入状态体验）。

一、多球练习：中场杀球练习（练习时间：25~30分钟）运动负荷中，预估心率130~150次/分钟。

同第十三次课第二部分内容。

二、力量训练：腕力及下肢力量（练习时间：35~45分钟）运动负荷大，预估心率大于160次/分钟。

同第八次课第二部分内容。

课后作业：
1. 复习所学基本技术动作，每种动作挥拍100次。
2. 保持球感，累计颠球500个。
3. 锻炼身体素质，跳绳单摇500个，双摇200个。

结束部分 同第一次课。运动负荷小、小强度，预估心率80~100次/分钟。

第十五次课

教学内容：1. 单球练习：后场高远球。2. 多球练习：中场杀球练习结合发球练习。

学习目标：1. 认知目标：通过探究学习、实践操作、趣味练习等，学生能够正确认识和理解技术运用的合理性和规范性，提高认知水平。2. 技能目标：进一步巩固学生的高远球技术、进一步提高学生杀球击球点的准确性及杀球发力的顺畅程度。3. 身心发展目标：提高自主学习能力，培养创新思维能力，提高身体协调性、灵敏性及团结协作精神。

教学任务与组织教法

准备部分 同第一次课。

时间分配：准备部分15~20分钟（导入情绪调动），运动负荷小、小强度，预估心率80~100次/分钟。

基本部分 60~75分钟（进入状态体验）。

一、单球练习：后场高远球（练习时间：30~35分钟）运动负荷中，预估心率120~140次/分钟。

同第二次课第一部分内容。

二、多球练习：中场杀球练习结合发球练习（练习时间：30~40分钟）运动负荷大，预估心率大于160次/分钟。

（一）教学目的

通过制定的练习方法，学习了解中场杀球，以及进一步熟练发球技术，包括落点、出手动作一致性，同时能够基本掌握几种发球的技术动作。

练习正手杀球、绕头顶杀球、反手杀球、正手发后场球动作。

（二）练习方法

杀球的基本技术动作类型：正手原地跳杀球、正手突击杀球、绕头顶杀球、反手杀球。
发球的类型：正手发高远球、正手发平高球、正手发平射球、正手发网前球、反手发网前球、反手发平高球、反手发平射球。

1. 教师示范：教师正手发高远球到后场两边，学生在后场击球，两个后场正手杀球，两个后场反手杀球，多球练习，24个球为一组。

2. 分组练习：学生两人一组按照教师示范要求互相练习。

（三）重点

1. 杀球以力量大小来区别，可分重杀、轻杀；以落点区别，可分为长杀和短杀（点杀、半杀）。这几种杀球均可运用正手、绕头顶杀直线和对角线。

2. 发高远球时，要注意纠正挥拍与放球时间不协调，击球点离身体太近或太远、太左或太右等问题。

（四）难点

1. 反手杀球对身体素质及击球动作要求较高，要注意反手杀球时拍面与水平面的夹角小于90°。与高远球不同。

2. 发后场高远球时，要注意弧度、球速及球的落点。此外，发后场球时，注意把握几种后场发球的区别，发球弧度的不同是关键区别之一（图A）。

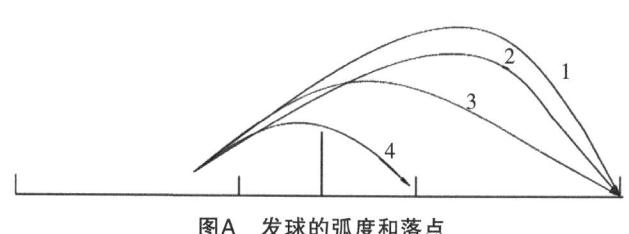

图A　发球的弧度和落点

（五）要求

1. 学生基本掌握正手杀球的技术动作，杀球的落点良好，杀球力量速度适中。尽可能提高反手杀球的击球率。

2. 学生基本可以发出高质量的高远球，落点、弧度、速度都有一定的提高。其他发球技术不断复习巩固，继续综合提高发球技术水平。

3. 通过本节课的学习过程，使学生的出球意识、移动意识等得到提升，提高自身的运动智能，努力提升自身的综合能力水平。

4. 要求学生学习态度端正、精神饱满、注意力集中及善于发现自身存在的问题，积极地自主查漏补缺。要求教师授课认真严肃、及时纠正学生练习过程中出现的问题。

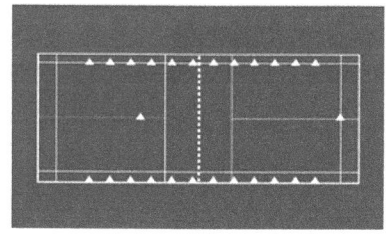

课后作业：

1. 复习所学基本技术动作，每种动作挥拍100次。

2. 保持球感，累计颠球500个。

3. 锻炼身体素质，跳绳单摇500个，双摇200个。

结束部分　同第一次课。运动负荷小、小强度，预估心率80～100次/分钟。

第十六次课

教学内容：1. 单球练习：后场高远球。2. 单球练习：后场吊球上网练习。

学习目标：1. 认知目标：通过探究学习、实践操作、趣味练习等，学生能够正确认识和理解技术运用的合理性和规范性，提高认知水平。2. 技能目标：要求学生进行单球高远球练习的时候积极准备、控制好拍面的角度。要求学生练习吊上网的时候积极准备、做好前后场步法的衔接。3. 身心发展目标：提高自主学习能力，培养创新思维能力，提高身体协调性、灵敏性及团结协作精神。

教学任务与组织教法

准备部分　同第一次课。

时间分配：准备部分15~20分钟（导入情绪调动），运动负荷小、小强度，预估心率80~100次/分钟。

基本部分　60~75分钟（进入状态体验）。

一、单球练习：后场高远球（练习时间：30~40分钟）运动负荷中，预估心率130~150次/分钟。

同第十二次课第一部分对应内容。

要求：

击球点要高，控制好拍面角度，充分运用身体各部分的力量。对高远球的击球质量要求有所提高，包括落点、球速、弧度等。争取提高击出高质量高远球的频率。

二、单球练习：后场吊球上网练习（练习时间：30~40分钟）运动负荷大，预估心率大于160次/分钟。

（一）教学目的

通过练习，巩固学生吊球技术，初步学习后场吊球后上网套路，包括正手吊直线上网技术、反手吊直线上网技术，提高其击球率及击球质量，包括球速、落点、出手动作一致性，同时能够基本掌握正手吊球的技术动作。

（二）讲解、示范

1. 固定吊上网练习

（1）直线吊上网练习

①甲在正手A处站立，把乙发到位置A处的球吊到乙的左前场区域位置B处，乙在网前回放至C处，甲从后场上网，将C处位置上的来球搓回到B处，乙把甲搓过来的球挑到A处。反复重复。

②与①相似，正手换反手。

③甲在正手A处站立，把乙发到位置A处的球击到后场高球到B处，乙在位置B将球击打到位置A处，甲在位置A处将来球吊到C处；乙在网前位置C将球放到D处，甲从后场上网，将D处位置上的来球搓回到C处，乙把甲搓过来的球挑到A处。反复重复。

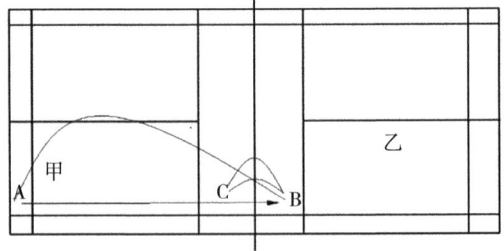

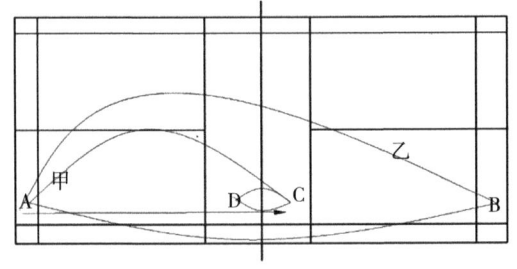

（2）斜线吊上网练习

①甲在正手A处，把乙发到A处的球吊到乙的右前场位置B处，乙在位置B处将球回放到C处，甲从后场上网，把乙放的网前球搓或放回D处；乙在网前D处将球挑回到A处。反复重复。

②与①相似，正手换反手。

③甲在正手A处站立，把乙发到位置A处的球吊到B处，乙在位置B处将球回放到C处，甲从后场上网把乙放的网前球推到D处；乙在D处将球还击到A处。如此重复，直到球落地为止。

④与③相似，正手换反手。

2. 半固定吊上网练习

（1）甲在后场A处或B处把球分别吊到乙的网前C处或D处，乙上网把甲吊过来的球从C或D位置上任意回放到E处或F处，甲从后场上网用搓或勾球的手法把球回到C或D处位置，乙再将甲搓或勾过来的球分别从C处或D处位置处挑到甲的后场A处或B处位置，让甲在全场移动中进行重复练习。

（2）甲在后场A处吊直线球到B处，乙在B处回放网前球，甲上网到位置C处搓网前球，乙在D处回搓网前球到C处，甲在C处把球挑到E处，乙在后场进行吊网前球，甲回放乙的网前球，乙上网搓球。如此循环，直到球落地为止。甲、乙两人进行同一球路内容的练习。

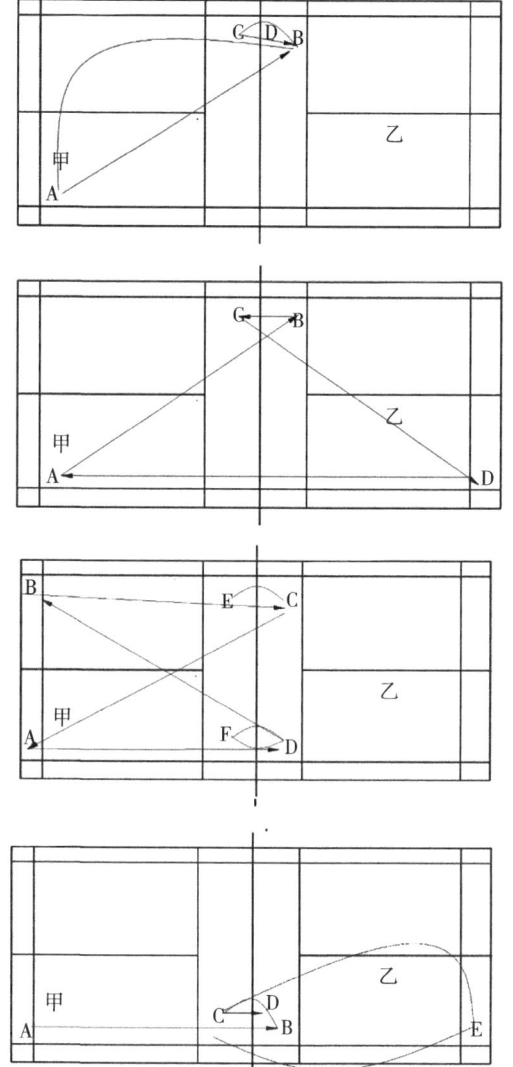

（三）动作要领

羽毛球吊上网训练是把吊球和搓球或放球基本技术，通过一定的路线组合到一起进行练习的方法。在训练的时候，事先规定回球的落点、回球的路线，也可以不固定路线进行练习。一般说，球路训练应该遵循由简单到复杂、由固定到不固定球路这样一种循序渐进的方式进行练习。

（四）重点

1. 固定吊上网练习，主要注意提高吊球落点的质量，包括直线吊球、斜线吊球，回放或搓球的质量，以及回球的成功率。

2. 半固定吊上网练习，主要注意步法的连贯性，重点在于提升步法的速度，以及步法的稳定性。

（五）难点

1. 反手吊球对学生的要求较高，提高落点质量、吊球弧度等有一定的难度。需要在固定球路练习时多加磨合。

2. 在速度加快、球路不固定的情况下，保持步法的稳定性，做到不凌乱、不瞎跑，这也是提高步法的难点所在。

（六）教学安排

两人一组一个球，一个站在网前，一个站在后场。站在后场的人进行吊上网训练，十分钟交替换人。

（七）教学教法

教师在场地巡回指导，注意纠正学生出现的吊球动作的错误，出现搓球或放球质量不高的情况，给予适当动作指导，重点在于吊球及步法问题的纠正。

（八）要求

1. 控制好球，尽量保证不下网。
2. 保证来回，步法正确。
3. 每回击一次球后都应该适当地向球场中心位置移动，不论你是将球用直线或是斜线打到对方场区内的任何一个落点上。
4. 击出去的每一个球都尽量靠近边线，以使对方在场区内进行最大范围的跑动。

结束部分　同第一次课。运动负荷小、小强度，预估心率80～100次/分钟。

第十七次课

教学内容：1. 多球练习：后场高远球结合上网。2. 专项步法练习：后场结合前场步法。

学习目标：1. 认知目标：通过探究学习、实践操作、趣味练习等，学生能够正确认识和理解技术运用的合理性和规范性，提高认知水平。2. 技能目标：要求学生前后场的启动步法要衔接流畅。专项步法练习的时候要时刻保持低重心准备。3. 身心发展目标：提高自主学习能力，培养创新思维能力，提高身体协调性、灵敏性及团结协作精神。

教学任务与组织教法

准备部分　同第一次课。

时间分配：准备部分15～20分钟（导入情绪调动），运动负荷小、小强度，预估心率80～100次/分钟。

基本部分　60～75分钟（进入状态体验）。

一、**多球练习：后场高远球结合上网**（练习时间：30～40分钟）运动负荷中，预估心率130～150次/分钟。

（一）教学目的

通过多球练习，了解高远球结合上网步法，同时熟练巩固击高远球技术，将步法与击球相结合。

（二）练习方法

1. 教师示范：教师正手发两个高远球到后场两边，学生在后场击高远球，教师第三个球抛网前球，学生上网搓球，24个球为一组。
2. 分组练习：学生两人一组按照教师示范要求互相练习。

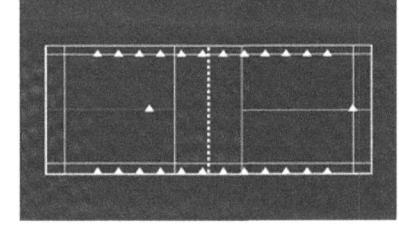

（三）重点

提高高远球击球动作、网前击球动作的稳定性，提高击球质量。提升动作、上网步法及后退步法的连贯性。

（四）难点

1. 对高远球的击球质量要求有所提高，要求学生对高远球击球发力的掌控能力更强。
2. 注意上网步法的稳定性，发多球的球速适当增快，注意上网步法不能凌乱。

（五）要求

1. 动作正确规范，保证步法正确。
2. 高远球质量要求较高，包括弧度、落点、速度等。
3. 上网放球、挑球或搓球的质量有所提高。

二、专项步法练习：后场结合前场步法（练习时间：30~35分钟）运动负荷大，预估心率大于160次/分钟。

（一）教学目的

通过制定的练习方法，学生进一步掌握后场结合前场步法，锻炼提升脚步的灵活性、身体的协调性。

（二）练习方法

1. 后场击球步法包括后场正手两步、三步后退法，正手被动后退步法，后场头顶两步、三步后退法，以及后场反手转身两步、三步后退步法。
2. 前场击球步法包括前场正手、反手一步、两步、三步上网步法。

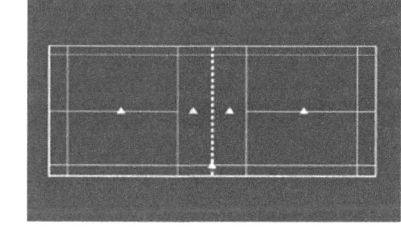

集体练习：徒手练习，根据教师口令场下集体练习，12个一组，每组动作3~5组。

分组练习：徒手练习，两人一组场上自主练习，一个喊口令一个练习，12个一组，每组动作3~5组，完成后交换。

（三）重点

1. 前场步法跨步时，利用脚后跟着地制动。为防止身体向前冲力过大，脚尖可稍向外倾，左脚用拇指根部内侧"刮"地向跨步脚（右脚）靠拢，保持身体平衡，便于向中心回动。
2. 提高所学几种后场步法、上网步法的连贯性、稳定性，以及灵活运用能力。为今后比赛实践打下基础。

（四）难点

1. 根据来球距离的远近，选择适宜的并步、交叉步或垫步上网步法，以及后场击球步法。
2. 提升后场步法及前场步法的连贯性。

（五）要求

1. 学生步法反应快、移动快，配合协调，动作规范到位、积极。
2. 教师口令洪亮清晰，精神饱满。

结束部分 同第一次课。运动负荷小、小强度，预估心率80~100次/分钟。

第十八次课

教学内容：1. 单球练习：后场高远球。2. 多球练习：后场吊球结合上网。
学习目标：1. 认知目标：通过探究学习、实践操作、趣味练习等，学生能够正确认识和理解技术运用的合理性和规范性，提高认知水平。2. 技能目标：要求学生练习的时候在注重移动的同时也要保证击球的稳定性。3. 身心发展目标：提高自主学习能力，培养创新思维能力，提高身体协调性、灵敏性及团结协作精神。

教学任务与组织教法

准备部分 同第一次课。
时间分配：准备部分15~20分钟（导入情绪调动），运动负荷小、小强度，预估心率80~100次/分钟。
基本部分 60~75分钟（进入状态体验）。

一、单球练习：后场高远球（练习时间：30~35分钟）运动负荷中，预估心率130~150次/分钟。

同第十二次课第一部分。

二、多球练习：后场吊球结合上网（练习时间：30~40分钟）运动负荷大，预估心率大于160次/分钟。

（一）教学目的

通过多球练习，了解后场吊球结合上网步法，同时熟练巩固击高远球技术，将步法与击球相结合。

（二）练习方法

1. 教师示范：教师正手发两个高远球到后场两边，学生在后场吊球，教师第三个球抛网前球，学生上网搓球，24个球为一组。
2. 分组练习：学生两人一组按照教师示范要求互相练习。

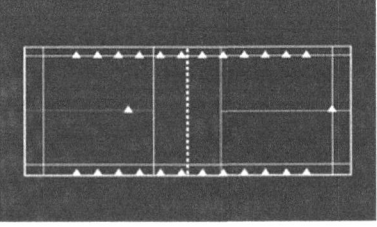

（三）重点

1. 多球后场吊球结合上网练习，主要注意提高吊球落点的质量，包括直线吊球、斜线吊球，回放或搓球的质量，以及回球的成功率。
2. 多球练习主要提升步法的连贯性，重点在于提升步法的速度，以及步法的稳定性。

（四）难点

1. 反手吊球对学生的要求较高，提高落点质量、吊球弧度等有一定的难度，需要在固定球路练习时多加磨合。
2. 在速度加快、球路不固定的情况下，保持步法的稳定性，做到不凌乱、不瞎跑，是提高步法的难点所在。

（五）要求

动作正确规范，保证步法正确。要求学生学习态度端正、精神饱满、注意力集中及善于发现自身存在的问题，积极地自主查漏补缺。要求教师授课认真严肃、及时纠正学生练习过程中出现的问题。

课后作业：

1. 复习所学基本技术动作，每种动作挥拍100次。
2. 保持球感，累计颠球500个。
3. 锻炼身体素质，跳绳单摇500个，双摇200个。

结束部分 同第一次课。运动负荷小、小强度，预估心率80～100次/分钟。

第十九次课

教学内容： 1. 多球练习：中场杀球练习。2. 网前搓球技术练习。
学习目标： 1. 认知目标：通过探究学习、实践操作、趣味练习等，学生能够正确认识和理解技术运用的合理性和规范性，提高认知水平。2. 技能目标：要求学生基本能够掌握杀球的拍面及流畅连贯的发力。复习搓球的时候要求学生用手指手腕发力、控制好回球的高度。3. 身心发展目标：提高自主学习能力，培养创新思维能力，提高身体协调性、灵敏性及团结协作精神。

教学任务与组织教法

准备部分 同第一次课。
时间分配：准备部分15～20分钟（导入情绪调动），运动负荷小、小强度，预估心率80～100次/分钟。

基本部分 60～75分钟（进入状态体验）。

一、多球练习：中场杀球练习（练习时间：30～40分钟）运动负荷中，预估心率130～150次/分钟。

同第十二课第二部分内容。

二、网前搓球技术练习（练习时间：30～35分钟）运动负荷小，预估心率100～120次/分钟。

（一）教学目的

通过制定的练习方法，使学生的初步学习了解网前搓球技术。

（二）练习方法

将对方击至网前高手位的球，用斜拍面以"搓""切"等动作击球，使球在摩擦力的作用下旋转飞行，擦网而过。这种同样落至对方网前的球称为网前搓小球。

1. 网前搓球技术挥拍练习。
2. 分组练习：分成2组，A和B发网前球，C和D网前搓球，轮流进行。先正手搓球，再反手搓球。

（三）重点

1. 正手搓球击球的瞬间，前臂外旋，手腕向后伸至稍向前内收闪动，握拍手的食指和拇指夹住拍柄，中指、无名指和小指紧握拍柄，使球拍在手腕和手指的用力下搓切来球的右下底部，使球翻滚过网。

2. 反手搓球击球的瞬间，主要靠前臂的前伸并外旋，手腕由内收至外展，搓切球托的右侧后底部，拍面应有一定的斜度。

（四）难点

提高搓球的质量，球的旋转、落点及过网时的高度，如果高度过高，则会被拦扑。

（五）要求

1. 手指握拍放松，手臂不能伸得太直。
2. 起动要快，准确到位，击球点要高。
3. 击球后，球拍要收至胸前，而不是垂向下，步法回动要快。

课后作业：

1. 复习所学基本技术动作，每种动作挥拍100次。
2. 保持球感，累计颠球500个。
3. 锻炼身体素质，跳绳单摇500个，双摇200个。

结束部分 同第一次课。运动负荷小、小强度，预估心率80~100次/分钟。

第二十次课

教学内容：1. 多球练习：后场吊球结合网前接吊球。2. 网前搓球技术练习。

学习目标：1. 认知目标：通过探究学习、实践操作、趣味练习等，学生能够正确认识和理解技术运用的合理性和规范性，提高认知水平。2. 技能目标：要求学生在练习单球的时候积极准备、出球要稳、保证来回。练习搓球的时候着重体会手指手腕的发力。3. 身心发展目标：提高自主学习能力，培养创新思维能力，提高身体协调性、灵敏性及团结协作精神。

教学任务与组织教法

准备部分 同第一次课。

时间分配：准备部分15~20分钟（导入情绪调动），运动负荷小、小强度，预估心率80~100次/分钟。

基本部分 60~75分钟（进入状态体验）。

一、多球练习：后场吊球结合网前接吊球（练习时间：30~40分钟）运动负荷中，预估心率130~150次/分钟。

（一）教学目的

通过制定的练习方法，多球练习，初步学习并了解后场吊球结合网前吊球技术动作的运用。提高吊球动作与搓球动作结合的运用水平。

（二）练习方法

1. 教师示范：教师正手发高远球到后场两边，学生在后场吊球，第三个球教师吊球，学生上网接吊球，搓球，24个球为一组。
2. 分组练习：学生两人一组按照教师示范要求互相练习。

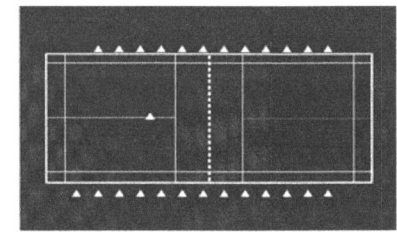

（三）重点

多球练习，后场吊球与网前接吊球的结合，重点在于提高多拍接球的连贯性、衔接性，不单纯是后场吊球，也不光是前场搓球，重点在于前场与后场的结合。

（四）难点

注意上网步法、后退步法的正确性，多球球速加快时，注意步法不能凌乱，在步法正确的前提下加快速度，进而提高击球质量。

（五）要求

注意步法的正确，不能凌乱，保证来回，尽量保证击球质量，吊球落点良好，搓球尽量贴网。

二、网前搓球技术练习（练习时间：30~35分钟）运动负荷中，预估心率120~140次/分钟。

同第十九次课第二部分。

结束部分 同第一次课。运动负荷小、小强度，预估心率80~100次/分钟。

第二十一次课

理论课

第二十二次课

教学内容：1.单球练习：后场高远球。2.多球练习：网前搓球。
学习目标：1.认知目标：通过探究学习、实践操作、趣味练习等，学生能够正确认识和理解技术运用的合理性和规范性，提高认知水平。2.技能目标：巩固高远球技术、进一步掌握搓球的击球点及技术动作。3.身心发展目标：提高自主学习能力，培养创新思维能力，提高身体协调性、灵敏性及团结协作精神。

教学任务与组织教法

准备部分 同第一次课。
时间分配：准备部分15~20分钟（导入情绪调动），运动负荷小、小强度，预估心率80~100次/分钟。

基本部分 60~75分钟（进入状态体验）。

一、单球练习：后场高远球（练习时间：30~40分钟）运动负荷中，预估心率130~150次/分钟。

同第十二次课第一部分。

二、多球练习：网前搓球（练习时间：30~35分钟）运动负荷中，预估心率120~140次/分钟。

同第十九次课第二部分。

结束部分 同第一次课。运动负荷小、小强度，预估心率80~100次/分钟。

第二十三次课

教学内容：1. 多球练习：后场吊球结合网前接吊球。2. 力量训练：腰腹肌。

学习目标：1. 认知目标：通过探究学习、实践操作、趣味练习等，学生能够正确认识和理解技术运用的合理性和规范性，提高认知水平。2. 技能目标：要求学生练习单球的时候积极准备、保证回合数。要求学生认真对待力量训练、保证训练动作的准确性。3. 身心发展目标：提高自主学习能力，培养创新思维能力，提高身体协调性、灵敏性及团结协作精神。

教学任务与组织教法

准备部分 同第一次课。

时间分配：准备部分15～20分钟（导入情绪调动），运动负荷小、小强度，预估心率80～100次/分钟。

基本部分 60～75分钟（进入状态体验）。

一、多球练习：后场吊球结合网前接吊球（练习时间：30～40分钟）运动负荷中，预估心率130～150次/分钟。

同第二十次课第一部分内容。

二、力量训练：腰腹肌（练习时间：30～35分钟）运动负荷大，预估心率大于160次/分钟。

负荷沙袋做踢腿练习，以发展腰肌力量。

1. 左右腿正踢：侧立，一手扶同侧的支撑物，一腿全力向上踢起。左右脚交替进行，双腿均应绷直。踢腿时要用快速爆发力。

2. 左右腿侧踢：直立，手扶面前的支撑物，一腿全力向侧踢起，左右腿交替进行。

3. 左右腿前后踢：直立，手扶面前的支撑物，一腿全力向前或向后上方踢起，左右交替进行。

4. 腰部前俯后仰：侧对肋木，两腿与肩同宽靠肋木站立，非持拍手扶住肋木，做前俯后仰练习。后仰时，持拍手尽量去摸足跟。前俯时，持拍手由后仰动作配合击球动作向前上方用力挥动，带动腰部以类似后场击球做大弧度收腹动作，加强腰背部的韧性。

课后作业：

1. 复习所学基本技术动作，每种动作挥拍100次。
2. 保持球感，累计颠球500个。
3. 锻炼身体素质，跳绳单摇500个，双摇200个。

结束部分 同第一次课。运动负荷小、小强度，预估心率80～100次/分钟。

第二十四次课

教学内容：身体素质训练。

学习目标：1. 认知目标：通过探究学习、实践操作、趣味练习等，学生能够正确认识和理解技术运用的合理性和规范性，提高认知水平。2. 技能目标：要求学生按照正确的动作认真完成每一组力量训练的动作。3. 身心发展目标：提高自主学习能力，培养创新思维能力，提高身体协调性、灵敏性及团结协作精神。

教学任务与组织教法

准备部分 同第一次课。

时间分配：准备部分15~20分钟（导入情绪调动），运动负荷小、小强度，预估心率80~100次/分钟。

基本部分 60~75分钟（进入状态体验）。

一、力量训练（练习时间：60~75分钟）运动负荷大，预估心率大于160次/分钟。

（一）上肢基础力量训练

1. 上肢6项哑铃操练习：哑铃头上推举、哑铃胸前推举、哑铃体侧平举、哑铃体前平举、哑铃扩胸、哑铃体侧提收。
2. 上肢静力性练习：运用中量小的哑铃，做静止力量练习，目的是发展各大肌肉群的绝对力量。哑铃体侧静力平举、哑铃体前静力平举、手腕静力对抗、肩臂静力支撑。静力性练习时间可视个人具体情况采用30秒、1分钟或数分钟等不同时间。
3. 上肢15~20公斤杠铃练习：利用杠铃发展上下肢动作协调能力和爆发力量。体前抓举、前臂体前屈伸、前后分腿跳挺举。
4. 卧推举练习、仰卧撑练习、俯卧撑练习：垫上或凳上卧推举练习、背负重物仰卧撑练习、背负重物俯卧撑练习。
5. 杠上练习：单杠引体向上、双杠直臂静力支撑、双杠屈臂撑。

（二）腕力及下肢力量

同第八次课第二部分内容。

（三）腰腹肌力量训练

同第二十三次课第二部分内容。

二、要求

力量训练时卧推举动作要规范，教师及时进行规范纠正，避免伤病的产生。

结束部分 同第一次课。运动负荷小、小强度，预估心率80~100次/分钟。

第二十五次课

教学内容：1.单球练习：后场高远球。2.单球练习：后场正手吊球。
学习目标：1.认知目标：通过探究学习、实践操作、趣味练习等，学生能够正确认识和理解技术运用的合理性和规范性，提高认知水平。2.技能目标：要求保证击球的稳定性及前后场步法衔接的连贯性。3.身心发展目标：提高自主学习能力，培养创新思维能力，提高身体协调性、灵敏性及团结协作精神。

教学任务与组织教法

准备部分 同第一次课。

时间分配：准备部分15~20分钟（导入情绪调动），运动负荷小、小强度，预估心率80~100次/分钟。

基本部分　60～75分钟（进入状态体验）。

一、单球练习：后场高远球（练习时间：25～30分钟）运动负荷中，预估心率130～150次/分钟。

同第十二次课第一部分。

二、单球练习：后场正手吊球（练习时间：30～40分钟）运动负荷中，预估心率120～140次/分钟。

同第二次课第二部分对应内容。

难点：

1. 吊球的击球点相较于高远球更加靠近身体的前方，需要完全转正之后手臂向前伸的同时手指手腕向前向下切击球托的下方。

2. 吊球的时候注意是手指手腕下压，大臂、小臂要保证拍面的稳定及击球点的高度，在完成吊球击球动作的时候要保证手臂不能够向下拖动。

要求：

1. 快吊对角时须切击球托右侧后下部，而不是正击。

2. 手腕动作若下压不明显也是错误的。

3. 快吊直线时须切击球托正面后下部，而不是正击。

课后作业：

1. 复习所学基本技术动作，每种动作挥拍100次。

2. 保持球感，累计颠球500个。

3. 锻炼身体素质，跳绳单摇500个，双摇200个。

结束部分　同第一次课。运动负荷小、小强度，预估心率80～100次/分钟。

第二十六次课

教学内容：1. 多球练习：网前搓球。2. 综合步法练习。

学习目标：1. 认知目标：通过探究学习、实践操作、趣味练习等，学生能够正确认识和理解技术运用的合理性和规范性，提高认知水平。2. 技能目标：要求学生熟练掌握搓球的技术动作、练习步法的时候要积极准备。3. 身心发展目标：提高自主学习能力，培养创新思维能力，提高身体协调性、灵敏性及团结协作精神。

教学任务与组织教法

准备部分　同第一次课。

时间分配：准备部分15～20分钟（导入情绪调动），运动负荷小、小强度，预估心率80～100次/分钟。

基本部分　60～75分钟（进入状态体验）。

一、多球练习：网前搓球（练习时间：30～35分钟）运动负荷中，预估心率120～140次/分钟。

同第十九次课第二部分。

二、综合步法练习（练习时间：30～40分钟）运动负荷大，预估心率大于160次/分钟。

（一）教学目的

通过制定的练习方法，使学生综合运用之前所学步法，主要包括几种上网步法和基本后退步法的结合等。

（二）练习方法

讲解示范基本步法：基本站位、跨步上网、垫步上网、侧身并步后退、交叉步后退。综合运用所学基础上网、后退步法。

集体练习：徒手练习，根据教师口令场下集体练习，12个一组，每组动作3～5组。

分组练习：徒手练习，两人一组场上自主练习，一个喊口令一个练习，12个一组，每组动作3～5组，完成后交换。

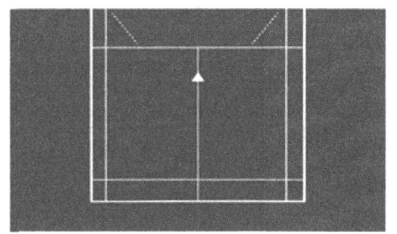 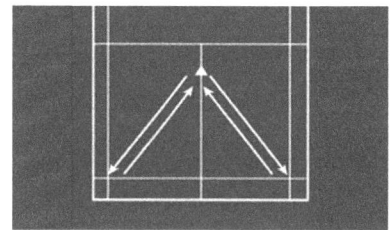

（三）重点

将所学基础步法综合运用起来，对学生的体能及力量素质有一定的要求。步法是羽毛球的基础，要加以重视，为今后打下牢固基础。

（四）难点

每个学生身体协调能力不同，对步法的综合运用与掌握程度不尽相同，要针对不同水平学生进行不同层面的指导。

（五）要求

1. 学生步法反应快、移动快，配合协调，动作规范到位、积极。
2. 教师口令洪亮清晰，精神饱满。
3. 回忆并复习之前所学后退步法、上网步法。

课后作业：

1. 复习所学基本技术动作，每种动作挥拍100次。
2. 保持球感，累计颠球500个。
3. 锻炼身体素质，跳绳单摇500个，双摇200个。

结束部分 同第一次课。运动负荷小、小强度，预估心率80～100次/分钟。

第二十七次课

理论课

第二十八次课

教学内容：1. 后场杀球练习。2. 多球练习：后场吊球结合上网。
学习目标：1. 认知目标：通过探究学习、实践操作、趣味练习等，学生能够正确认识和理解技术运用的合理性和规范性，提高认知水平。2. 技能目标：要求学生能够基本掌握杀球的技术动作、多球练习要保证击球的稳定性。3. 身心发展目标：提高自主学习能力，培养创新思维能力，提高身体协调性、灵敏性及团结协作精神。

教学任务与组织教法

准备部分　同第一次课。
时间分配：准备部分15～20分钟（导入情绪调动），运动负荷小、小强度，预估心率80～100次/分钟。

基本部分　60～75分钟（进入状态体验）。

一、后场杀球练习（练习时间：30～35分钟）运动负荷中，预估心率130～150次/分钟。

（一）教学目的

通过练习，巩固学生后场杀球技术，提高其击球率及击球质量，包括球速、落点、出手动作一致性。

（二）练习方法

1. 教师示范：教师正手发高远球到后场两边，学生在后场击球，两个后场正手杀球，两个后场反手杀球，多球练习，24个球为一组。

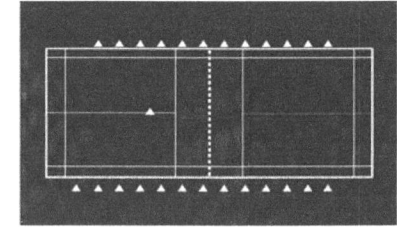

2. 分组练习：学生两人一组按照教师示范要求互相练习。

（三）重点

挥拍击球时，拍面与水平面所形成的夹角稍小于90°。随前动作中，随着惯性回收球拍于胸前，落地时应右脚在后、左脚在前，并迅速回动。

（四）难点

易犯错误与高远球动作相似，但高远球的击球点是在肩的前上方，而突击杀球的击球点是在肩的右侧斜上方。另外，手腕的压腕动作应使拍面从后向前挥动，不应有切击的动作。

（五）要求

1. 注意转肩发力和鞭打动作的连贯性。
2. 与正手击高远球基本相同，不同的是击球瞬间球拍与水平面的夹角，高远球应大于90°，杀球应小于90°。

二、多球练习：后场吊球结合上网（练习时间：30～40分钟）运动负荷大，预估心率大于160次/分钟。

同第十八次课第二部分。

结束部分　同第一次课。运动负荷小、小强度，预估心率80～100次/分钟。

第二十九次课

教学内容：1.多球练习：后场杀球练习。2.专项步法练习：杀上网及全场综合。
学习目标：1.认知目标：通过探究学习、实践操作、趣味练习等，学生能够正确认识和理解技术运用的合理性和规范性，提高认知水平。2.技能目标：要求学生进一步掌握杀球的发力及击球点、提高杀球的稳定性。练习步法的时候要求学生时刻保持低重心的准备姿势。3.身心发展目标：提高自主学习能力，培养创新思维能力，提高身体协调性、灵敏性及团结协作精神。

教学任务与组织教法

准备部分 同第一次课。
时间分配：准备部分15~20分钟（导入情绪调动），运动负荷小、小强度，预估心率80~100次/分钟。
基本部分 60~75分钟（进入状态体验）。

一、多球练习：后场杀球练习（练习时间：30~35分钟）运动负荷中，预估心率120~140次/分钟。

同第二十八次课第一部分。

二、专项步法练习：杀上网及全场综合（练习时间：30~35分钟）运动负荷大，预估心率大于160次/分钟。

（一）教学目的

通过制定的练习方法，使学生巩固杀上网套路及全场综合步法。

（二）讲解、示范

1. 直线高球杀直线上网

（1）甲站A处，乙从左场区发后场高球到甲的右场区位置A处，甲在A处进行直线后场高球B处和杀直线球C处的练习，乙则将甲的直线后场高球B处回击到甲的A处，将甲杀过来的直线球C处还击到甲的网前位置，甲从后场上网到网前位置D处将球搓到E处，乙在位置E处将来球用直线高球挑回到A处，甲再进行还击。

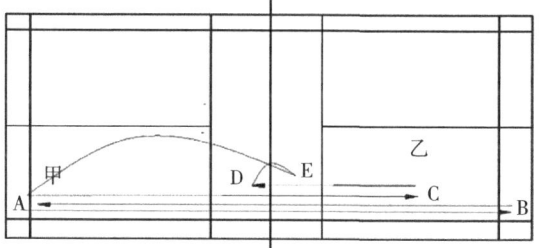

（2）与（1）相似，正手换反手。

2. 直线高球杀斜线上网

（1）甲站A处进行直线高球B处和斜线杀球C处的练习，乙从B处直接将球打到A处，乙在C处把甲杀来的球用直线球还击到D处，甲上网到网前位置D处将球搓到E处，再由乙从位置E处将球挑到A处。

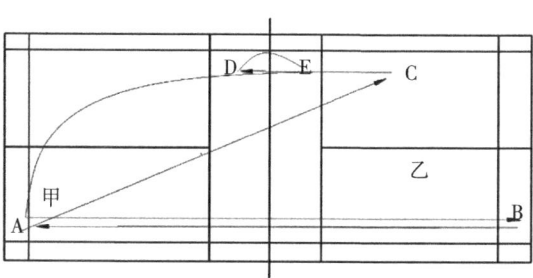

（2）与（1）相似，正手换反手。

3. 斜线高球杀直线上网

（1）甲站A处进行斜线高球B处和直线杀球C的练习，乙将甲打到B处的高球还击到A处，将甲杀到位置C处的球回到D处，甲上网到D处，将球搓或放到E处，乙在位置E处用直线高球挑回A处。

（2）与（1）相似，正手换反手。

4. 斜线高球杀斜线上网

（1）甲站A处进行斜线高球B处和斜线杀球C处的练习，乙将甲打到B处的高球还击到A处，将甲杀到位置C处的球回到D处；甲上网到网前位置D处，将球搓或放到E处，乙在位置E处用斜线高球挑回到A处。

（2）与（1）相似，正手换反手。

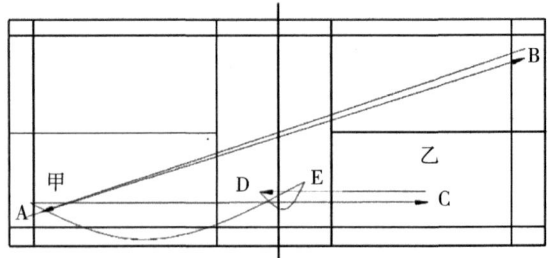

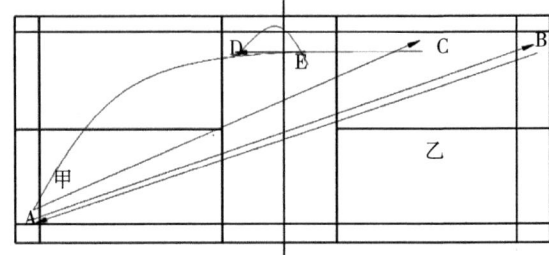

（三）动作要领

羽毛球杀球上网训练是把吊球和搓球或放球基本技术，通过一定的路线组合一起进行练习的方法。在训练的时候，事先规定回球的落点、回球的路线，也可以不固定路线进行练习。一般地说，球路训练应该遵循由简单到复杂、由固定到不固定球路这样一种循序渐进的方式。

（四）重点

固定杀球上网练习，主要注意提高杀球落点的质量，包括直线杀球、斜线杀球、直线高远球、斜线高远球、回放或搓球的质量，以及回球的成功率。

（五）难点

1. 反手头顶杀球对学生的要求较高，提高落点质量、杀球速度等有一定的难度。需要在固定球路练习时多加磨合。

2. 在速度加快、球路不固定的情况下，保持步法的稳定性，做到不凌乱、不瞎跑，是提高步法的难点所在。

（六）教学安排

集体练习：徒手练习，根据教师口令场下集体练习，12个一组，每组动作3~5组。

分组练习：徒手练习，两人一组场上自主练习，一个喊口令一个练习，12个一组，每组动作3~5组，完成后交换。

（七）教学教法

教师在场地巡回指导，注意纠正学生出现的杀球动作的错误，出现搓球或放球、高远球回击质量不高的情况，给予适当动作指导，重点在于杀球及步法问题的纠正。

（八）要求

1. 学生步法反应快、移动快，配合协调，动作规范到位、积极。

2. 教师口令洪亮清晰，精神饱满。

3. 每回击一次球后都应该适当地向球场中心位置移动，不论是将球用直线或是斜线打到对方场区内的任何一个落点上。

4. 所击出去的每一个球都尽量靠近边线，以使对方在场区内进行最大范围的跑动。

课后作业：

1. 复习所学基本技术动作，每种动作挥拍100次。

2. 保持球感，累计颠球500个。

3. 锻炼身体素质，跳绳单摇500个，双摇200个。

结束部分　同第一次课。运动负荷小、小强度，预估心率80～100次/分钟。

第三十次课

教学内容： 教学比赛。
学习目标： 1. 认知目标：通过探究学习、实践操作、趣味练习等，学生能够正确认识和理解技术运用的合理性和规范性，提高认知水平。2. 技能目标：通过教学比赛找出自己还存在的技术短板。3. 身心发展目标：提高自主学习能力，培养创新思维能力，提高身体协调性、灵敏性及团结协作精神。

教学任务与组织教法

准备部分　同第一次课。
时间分配： 准备部分15～20分钟（导入情绪调动），运动负荷小、小强度，预估心率80～100次/分钟。

基本部分　60～75分钟（进入状态体验）。

教学比赛暨学生羽毛球单打的裁判实习（练习时间：60～75分钟）运动负荷小，预估心率100～120次/分钟。

（一）讲解、示范

1. 简要回顾羽毛球竞赛规则。
2. 简要回顾羽毛球单打裁判法。

（二）练习方法

6人一组，2名作运动员行单打比赛，4名作裁判员：2名司线员，1名主裁判，1名发球裁判员。进行15分制的比赛，然后轮换练习。

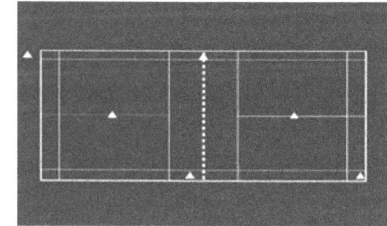

（三）要求

1. 裁判员宣报时声音洪亮，记分准确，裁判视觉位置正确。
2. 发球裁判员注意观察的准确性和角度。
3. 司线员注意力集中，位置正确。

结束部分　同第一次课。运动负荷小、小强度，预估心率80～100次/分钟。

第三十一次课

理论课

第三十二次课

教学内容：1. 多球练习：后场杀球及吊球。2. 综合技术练习。

学习目标：1. 认知目标：通过探究学习、实践操作、趣味练习等，学生能够正确认识和理解技术运用的合理性和规范性，提高认知水平。2. 技能目标：要求学生进一步提高击球的稳定性及挥拍的一致性。要求在进行综合技术练习的时候积极准备、脚下积极移动。3. 身心发展目标：提高自主学习能力，培养创新思维能力，提高身体协调性、灵敏性及团结协作精神。

教学任务与组织教法

准备部分　同第一次课。

时间分配：准备部分15～20分钟（导入情绪调动），运动负荷小、小强度，预估心率80～100次/分钟。

基本部分　60～75分钟（进入状态体验）。

一、多球练习：后场杀球及吊球（练习时间：30～40分钟）运动负荷中，预估心率130～150次/分钟。

（一）教学目的

通过练习，巩固熟练学生后场杀球及吊球技术，提高其击球率及击球质量，包括球速、落点、出手动作一致性。

（二）练习方法

吊球与击高远球的动作要领基本一致，只是在击球的一瞬间改变拍面的运行角度。杀球是右上臂带动前臂急速往上前方挥拍，手腕从后伸经前臂的内旋至屈收，并突然握紧球拍闪腕以爆发力击球。此时，拍面与水平面所形成的夹角稍小于90°。

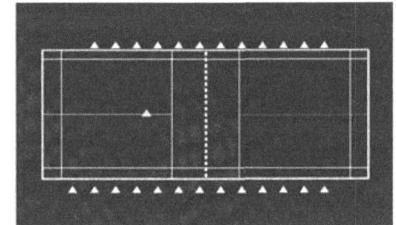

1. 教师示范：教师正手发高远球到后场，学生在后场击球，两个后场杀球，一个吊球，多球练习，24个球为一组。

2. 分组练习：学生两人一组按照教师示范要求互相练习。

（三）重点

提高杀球的击球动作技术、吊球击球动作的稳定性，提高击球质量，提升动作的连贯性。

（四）难点

杀球的发力与吊球的发力方式是不同的，在多球训练中，发力方式的突然转变及高远球与吊球的动作连贯性是难点。

（五）要求

1. 杀球击球点要高，控制好拍面角度，充分运用身体各部分的力量。
2. 快吊对角时须切击球托右侧后下部，而不是正击。
3. 快吊直线时须切击球托正面后下部，而不是正击。

二、综合技术练习（练习时间：30～35分钟）运动负荷大，预估心率大于160次/分钟。

（一）教学目的

通过制定的练习方法，使学生将所学技术动作及步法综合运用起来，为单打比赛打下基础。

（二）练习方法

两人一组进行全场综合单打练习，教师在旁边进行巡回指导，在比赛进行时，稍作指导，比赛结束后，针对个人问题提出训练意见。

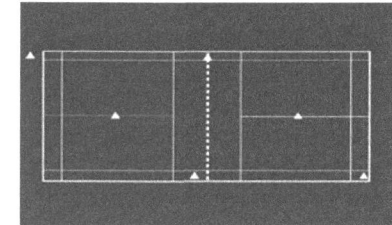

（三）要求

保证动作、步法的正确性。

课后作业：

1. 复习所学基本技术动作，每种动作挥拍100次。
2. 保持球感，累计颠球500个。
3. 锻炼身体素质，跳绳单摇500个，双摇200个。

结束部分　同第一次课。运动负荷小、小强度，预估心率80～100次/分钟。

第三十三次课

教学内容：1.单球练习：后场高远球。2.多球练习：后场吊球结合上网。
学习目标：1.认知目标：通过探究学习、实践操作、趣味练习等，学生能够正确认识和理解技术运用的合理性和规范性，提高认知水平。2.技能目标：要求学生进一步提高击球的稳定性、前后场移动的时候要积极做好准备动作、时刻保持低重心的准备姿势。3.身心发展目标：提高自主学习能力，培养创新思维能力，提高身体协调性、灵敏性及团结协作精神。

教学任务与组织教法

准备部分　同第一次课。

时间分配：准备部分15～20分钟（导入情绪调动），运动负荷小、小强度，预估心率80～100次/分钟。

基本部分　60～75分钟（进入状态体验）。

一、单球练习：后场高远球（练习时间：30～35分钟）运动负荷中，预估心率130～150次/分钟。

同第十二次课第一部分。

二、多球练习：后场吊球上网（练习时间：30～40分钟）运动负荷中，预估心率130～150次/分钟。

（一）教学目的

通过练习，巩固熟练学生吊球技术，初步学习了解后场吊球后上网套路练习，包括正手吊直线上网技术、反手吊直线上网技术，提高其击球率及击球质量，包括球速、落点、出手动作一致性，同时能够基本掌正手吊球的技术动作。

（二）讲解、示范

1. 固定吊上网练习

（1）直线吊上网练习。

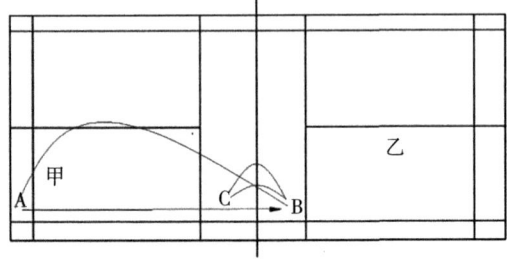

（2）斜线吊上网练习。

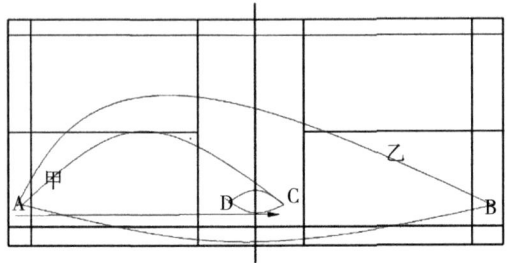

2. 半固定吊上网练习

（1）甲在后场A处或B处把球分别吊到乙的网前C处或D处，乙上网把甲吊过来的球从C处或D处位置上任意回放到E处或F处，甲从后场上网用搓或勾球的手法把球回到C处或D处位置，乙再将甲搓或勾过来的球分别从C处或D处位置处挑到甲的后场A处或B处位置，让甲在全场移动中进行重复练习。

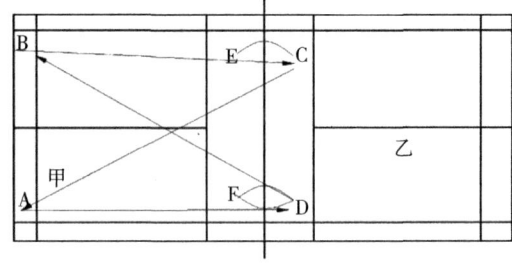

（2）甲在后场A处吊直线球到B处，乙在B处回放网前球，甲上网到位置C处搓网前球，乙在D处回搓网前球到C处，甲在C处把球挑到E处，乙在后场进行吊网前球，甲回放乙的网前球，乙上网搓球。如此循环，直到球落地为止。甲、乙两人进行同一球路内容的练习。

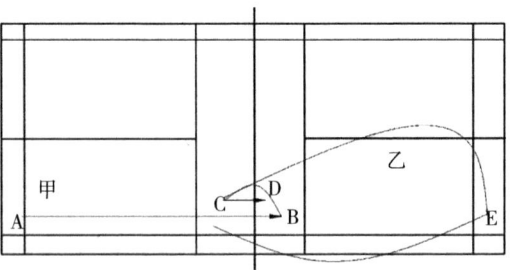

（三）动作要领

羽毛球吊上网训练是把吊球和搓球或放球基本技术，通过一定的路线组合一起进行练习的方法。在训练的时候，事先规定回球的落点、回球的路线，也可以不固定路线进行练习。一般地说，球路训练应该遵循由简单到复杂、由固定到不固定球路这样一种循序渐进的方式。

（四）重点

1. 固定吊上网练习，主要注意提高吊球落点的质量，包括直线吊球、斜线吊球、回放或搓球的质量，以及回球的成功率。

2. 半固定吊上网练习，主要注意步法的连贯性，重点在于提升步法的速度，以及步法的稳定性。

（五）难点

1. 反手吊球对学生的要求较高，提高落点质量、吊球弧度等有一定的难度，需要在固定球路练习时多加磨合。

2. 在速度加快、球路不固定的情况下，保持步法的稳定性，做到不凌乱、不瞎跑，是提高步法的难点所在。

（六）教学安排

两人一组一个球，一个站在网前，一个站在后场。站在后场的人进行吊上网训练，10分钟交替换人。

（七）教学教法

教师在场地巡回指导，注意纠正学生出现的吊球动作的错误，出现搓球或放球质量不高的情况，给予适当动作指导，重点在于吊球及步法问题的纠正。

（八）要求

1. 控制好球，尽量保证不下网。
2. 保证来回，步法正确。
3. 每回击一次球后都应该适当地向球场中心位置移动，不论是将球用直线或是斜线打到对方场区内的任何一个落点上。
4. 所击出去的每一个球都尽量靠近边线，以使对方在场区内进行最大范围的跑动。

课后作业：

1. 复习所学基本技术动作，每种动作挥拍100次。
2. 保持球感，累计颠球500个。
3. 锻炼身体素质，跳绳单摇500个，双摇200个。

结束部分 同第一次课。运动负荷小、小强度，预估心率80~100次/分钟。

第三十四次课

教学内容：身体素质训练。

学习目标：1. 认知目标：通过探究学习、实践操作、趣味练习等，学生能够正确认识和理解技术运用的合理性和规范性，提高认知水平。2. 技能目标：要求学生按照正确的练习动作认真完成每一组的力量练习。3. 身心发展目标：提高自主学习能力，培养创新思维能力，提高身体协调性、灵敏性及团结协作精神。

教学任务与组织教法

准备部分 同第一次课。

时间分配：准备部分15~20分钟（导入情绪调动），运动负荷小、小强度，预估心率80~100次/分钟。

基本部分 60~75分钟（进入状态体验）。

力量训练运动负荷大，预估心率大于160次/分钟。

（一）上肢基础力量训练（练习时间：20~25分钟）

同第二十四次课对应内容。

（二）腕力及下肢力量（练习时间：20~25分钟）

同第八次课第二部分。

（三）腰腹肌力量训练

同第十三次课第二部分。

结束部分 同第一次课。运动负荷小、小强度，预估心率80~100次/分钟。

第三十五次课

教学内容：1. 多球练习：后场杀球结合网前搓球。2. 后场吊球练习。
学习目标：1. 认知目标：通过探究学习、实践操作、趣味练习等，学生能够正确认识和理解技术运用的合理性和规范性，提高认知水平。2. 技能目标：要求学生前后场移动要积极、上网搓球要尽全力抢网前的高点完成击球，要求学生提高后场吊球的稳定性。3. 身心发展目标：提高自主学习能力，培养创新思维能力，提高身体协调性、灵敏性及团结协作精神。

教学任务与组织教法

准备部分 同第一次课。
时间分配：准备部分15~20分钟（导入情绪调动），运动负荷小、小强度，预估心率80~100次/分钟。

基本部分 60~75分钟（进入状态体验）。

一、多球练习：后场杀球结合网前搓球（练习时间：30~40分钟）运动负荷大，预估心率大于160次/分钟。

（一）教学目的

通过练习，巩固学生后场杀球技术，后场杀球结合网前搓球，综合训练，提高其击球率及击球质量。包括球速、落点、出手动作一致性。

（二）练习方法

1. 教师示范：教师正手发高远球到后场两边，学生在后场击球，两个后场杀球，第三个球教师抛网前球，学生上网搓球，多球练习，24个球为一组。
2. 分组练习：学生两人一组按照教师示范要求互相练习。

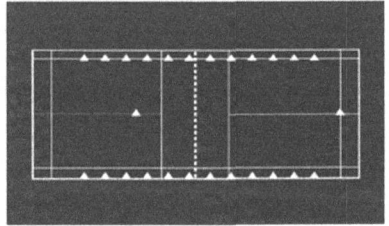

（三）重点

1. 提高杀球的质量，注重爆发力的训练，使杀球快、狠、准，提高落点质量。
2. 加强对搓球的高度、旋转、落点的要求，尽可能贴网，不断纠正提醒，希望击出质量更高的搓球。

（四）难点

杀球的击球点类似高远球，夹角小于90°，且与球头正击；而搓球则是球头与球拍面形成切面，因此在多球练习中，应注意击球点的变换。

（五）要求

在后场杀球结合网前搓球的多球练习中，要继续熟练巩固杀球及搓球技术，提高后退和上网的步法正确性与稳定性。

二、后场吊球练习（练习时间：20~35分钟）运动负荷中，预估心率130~150次/分钟。

（一）教学目的

通过制定的练习方法，能够熟练掌握正手吊球的技术动作。基本了解反手吊球技术，包括球速、落点、出手动作一致性。

（二）练习方法

后场正手吊球包括正手快吊（劈吊）、正手慢吊（轻吊、近网吊）。

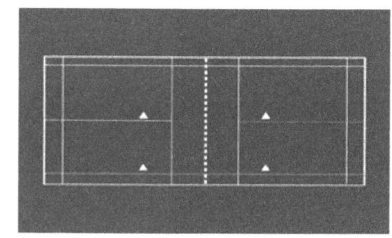

1. 正手后场吊球技术挥拍练习。
2. 分组练习：两人半片场地，一人发高远球一人站在后场吊球20次一组轮换。

（三）重点

击球一瞬间改变拍面的角度，如快吊对角网前，则使拍面向对角的方向减速挥动，并切击球托的右侧后下部，使球向对角网前直线快速飞行。

（四）难点

1. 吊球的击球点相较于高远球更加靠近身体的前方，需要完全转正之后手臂向前伸的同时手指手腕向前向下切击球托的下方。
2. 吊球的时候注意是手指手腕下压，大臂及小臂要保证拍面的稳定及击球点的高度，在完成吊球击球动作的时候要保证手臂不能向下拖动。

（五）要求

1. 快吊对角时须切击球托右侧后下部，而不是正击。
2. 手腕动作若下压不明显也是错误的。
3. 快吊直线时须切击球托正面后下部，而不是正击。

课后作业：

1. 复习所学基本技术动作，每种动作挥拍100次。
2. 保持球感，累计颠球500个。
3. 锻炼身体素质，跳绳单摇500个，双摇200个。

结束部分　同第一次课。运动负荷小、小强度，预估心率80~100次/分钟。

第三十六次课

教学内容：1. 简单球路练习：后场高远球转吊球。2. 简单球路练习：后场吊球转杀球。

学习目标：1. 认知目标：通过探究学习、实践操作、趣味练习等，学生能够正确认识和理解技术运用的合理性和规范性，提高认知水平。2. 技能目标：要求学生进一步提高击球的稳定性、脚步移动要积极。后场吊球及杀球的准备动作要积极、注重小臂和手腕的发力。3. 身心发展目标：提高自主学习能力，培养创新思维能力，提高身体协调性、灵敏性及团结协作精神。

教学任务与组织教法

准备部分　同第一次课。

时间分配：准备部分15～20分钟（导入情绪调动），运动负荷小、小强度，预估心率80～100次/分钟。

基本部分　60～75分钟（进入状态体验）。

一、简单球路练习：后场高远球转吊球（练习时间：35～40分钟）运动负荷大，预估心率大于160次/分钟。

（一）教学目的

通过制定的练习方法，使学生的后场高远球以及快吊直线、快吊对角线技术得到提升，包括落点、出手动作一致性。

（二）练习方法

三人一组，A正手发高远球，C直线击高远球，C第三个球转吊球给B，B放网前球，C搓球给B，B挑直线高远球，C回到后场击直线高远球，C第三个球转吊球给A，A放网前球，C搓球给A，A挑直线高远球，重复上述球路。三人一组轮换：A到B，B到C，C到A，10分钟一人。

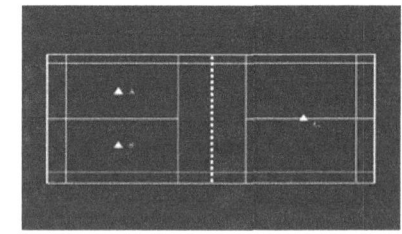

（三）重点

1. 高远球的击球一瞬间，拍面与球头正击，靠转体、转肘与身体爆发力，击出有弧度、有速度的高远球。

2. 吊球的击球一瞬间，是拍面与球头形成一定角度侧击，将来球卸力、减速，使球快速下落，从而击出高质量的吊球。

（四）难点

注意区分高远球与吊球的发力方式、击球的一瞬间拍面角度的不同。击球瞬间拍面角度的不同，是区分吊球和高远球的标志，是能否击出高质量吊球、高远球的决定因素。

（五）要求

1. 基本可以击出高质量的高远球，弧度、速度、落点都基本可控。

2. 基本可以击出高质量的正手吊球，贴网，速度快。反手吊球对素质要求较高，尽可能提高反手吊球水平。

3. 步法速度有所加快，步法稳定性、正确性有所提高。

二、简单球路练习：后场吊球转杀球（练习时间：30~35分钟）运动负荷大，预估心率大于160次/分钟。

（一）教学目的

通过制定的练习方法，使学生的后场杀球及快吊直线、快吊对角线技术得到提升，包括落点、出手动作一致性。

（二）练习方法

三人一组，A正手发高远球，C直线吊球给A，A挑直线球给C，C第三个球转杀球给B，B放网前球，C搓球给B，B挑直线高远球，C回到后场击直线吊球，C第三个球转杀球给A，A放网前球，C搓球给A，A挑直线高远球，重复上述球路。三人一组轮换：A到B，B到C，C到A，10分钟一人。

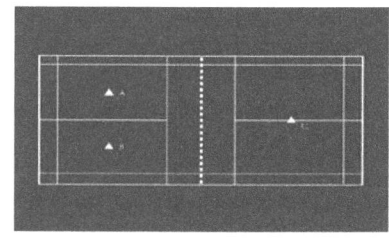

（三）重点

1. 杀球要争取尽可能高的击球点，击球一瞬间，拍面与球头正击，夹角尽可能小于90°，靠转体、转肘与身体爆发力，击出有攻击性、有速度的杀球。

2. 吊球的击球一瞬间，是拍面与球头形成一定角度侧击，将来球卸力、减速，使球快速下落，从而击出高质量的吊球。

（四）难点

注意区分杀球与吊球的发力方式、击球的一瞬间拍面角度的不同。击球瞬间拍面角度的不同，是区分吊球和杀球的标志，是能否击出高质量吊球、杀球的决定因素。此外，杀球的击球点应与胳膊夹角小于90°，才能更好地下压。

（五）要求

1. 基本可以击出高质量高水准的杀球，弧度、速度、落点都基本可控。

2. 基本可以击出高质量的正手吊球，贴网，速度快。反手吊球对素质要求较高，尽可能提高反手吊球水平。

3. 步法速度有所加快，步法稳定性、正确性有所提高。

课后作业：

1. 复习所学基本技术动作，每种动作挥拍100次。

2. 保持球感，累计颠球500个。

3. 锻炼身体素质，跳绳单摇500个，双摇200个

结束部分　同第一次课。运动负荷小、小强度，预估心率80~100次/分钟。

第三十七次课

教学内容：1. 多球训练：后场杀球结合上网。2. 吊球训练结合上网搓球。

学习目标：1. 认知目标：通过探究学习、实践操作、趣味练习等，学生能够正确认识和理解技术运用的合理性和规范性，提高认知水平。2. 技能目标：要求学生前后场移动的时候做好起动的衔接、保证后场击球时拍面的稳定性。3. 身心发展目标：提高自主学习能力，培养创新思维能力，提高身体协调性、灵敏性及团结协作精神。

教学任务与组织教法

准备部分　同第一次课。

时间分配：准备部分15～20分钟（导入情绪调动），运动负荷小、小强度，预估心率80～100次/分钟。

基本部分　60～75分钟（进入状态体验）。

一、多球训练：后场杀球结合上网（练习时间：30～40分钟）运动负荷大，预估心率大于160次/分钟。

（一）教学目的

通过练习，巩固学生后场杀球技术，提高其击球率及击球质量，包括球速、落点、出手动作一致性。结合上网，锻炼综合运用能力。

（二）练习方法

1. 教师示范：教师正手发两个高远球到后场两边，学生在后场吊球，教师第三个球抛网前球，学生上网搓球，24个球为一组。

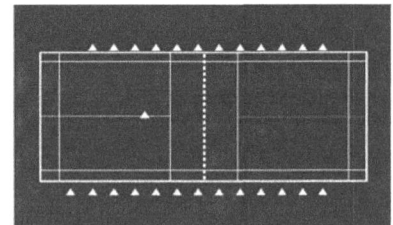

2. 分组练习：学生两人一组按照教师示范要求互相练习。

（三）重点

1. 多球后场杀球结合上网练习，主要注意提高杀球落点的质量，包括直线杀球、斜线杀球、回放或搓球的质量，以及回球的成功率。

2. 多球练习主要提升步法的连贯性，重点在于提升步法的速度，以及步法的稳定性。

（四）难点

1. 反手杀球对学生的要求较高，击出合格的反手杀球有一定的难度，对身体素质要求较高，需要在固定球路练习时多加磨合。

2. 在速度加快、球路不固定的情况下，保持步法的稳定性，做到不凌乱、不瞎跑，是提高步法的难点所在。

（五）要求

动作正确规范，保证步法正确。要求学生学习态度端正、精神饱满、注意力集中及善于发现自身存在的问题，积极地自主查漏补缺。要求教师授课认真严肃、及时纠正学生练习过程中出现的问题。

二、吊球训练结合上网搓球（练习时间：30~35分钟）运动负荷中，预估心率120~140次/分钟。

（一）教学目的

通过制定的练习方法，使学生的网前球技术及吊球得到提升，包括落点、出手动作一致性，提高综合运用的能力。

（二）练习方法

吊球包括快吊（劈吊）、慢吊（轻吊、近网吊）。击球一瞬间改变拍面的角度，如快吊对角网前，则使拍面向对角的方向减速挥动，并切击球托的右侧后下部，使球向对角网前直线快速飞行。

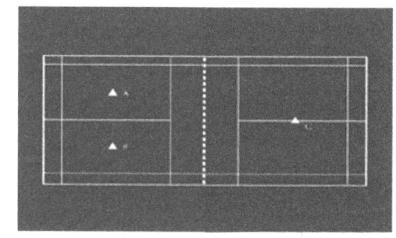

两人一组一个球，一个站在网前，一个站在后场。站在后场人吊球，站在网前人挑球到后场给对方，站在后场的人，第二个吊球后，准备上网，网前人放网，后场人上网搓球，网前人挑球，后场人回到后场继续吊球，重复上述球路。两人一组，15分钟交换，控制好球，尽量保证不下网。

（三）重点

1. 多球后场吊球结合上网搓球练习，主要注意提高吊球落点的质量，包括直线吊球、斜线吊球、回放或搓球的质量，以及回球的成功率。

2. 多球练习主要提升步法的连贯性，重点在于提升步法的速度，以及步法的稳定性。

（四）难点

1. 反手吊球对学生的要求较高，提高落点质量、吊球弧度等有一定的难度，需要在固定球路练习时多加磨合。

2. 在速度加快、球路不固定的情况下，保持步法的稳定性，做到不凌乱、不瞎跑，是提高步法的难点所在。

（五）要求

动作正确规范，保证步法正确。要求学生学习态度端正、精神饱满、注意力集中及善于发现自身存在的问题，积极地自主查漏补缺。要求教师授课认真严肃、及时纠正学生练习过程中出现的问题。

课后作业：

1. 复习所学基本技术动作，每种动作挥拍100次。
2. 保持球感，累计颠球500个。
3. 锻炼身体素质，跳绳单摇500个，双摇200个。

结束部分 同第一次课。运动负荷小、小强度，预估心率80~100次/分钟。

第三十八次课

理论课

第三十九次课

教学内容：观摩省优秀运动队训练。
学习目标：1. 认知目标：通过探究学习、实践操作、趣味练习等，学生能够正确认识和理解技术运用的合理性和规范性，提高认知水平。2. 技能目标：要求学生认真观摩优秀运动员的训练方法以及运动员的技术动作、帮助自己进一步提升技术水平。3. 身心发展目标：提高自主学习能力，培养创新思维能力，提高身体协调性、灵敏性及团结协作精神。

教学任务与组织教法

准备部分　同第一次课。

基本部分　60~75分钟（进入状态体验）。

观摩省优秀运动队训练（练习时间：60~75分钟）运动负荷小，预估心率100~120次/分钟。

（一）教学目的

1. 学生观摩优秀运动队训练，对自己有清晰的认识，以及在往后的训练中寻找自己的目标。
2. 要求学生学习态度端正、精神饱满、注意力集中及善于发现自身存在的问题，积极地自主查漏补缺。

（二）讲解

讲解观摩重点。

（三）要求

听从教师指挥，服从教师安排，不影响运动员训练。

结束部分　同第一次课。

第四十次课

教学内容：后场技术综合练习。
学习目标：1. 认知目标：通过探究学习、实践操作、趣味练习等，学生能够正确认识和理解技术运用的合理性和规范性，提高认知水平。2. 技能目标：要求学生灵活运用所学的技术动作、在练习的时候保证自己击球时的稳定性、脚步移动要积极。3. 身心发展目标：提高自主学习能力，培养创新思维能力，提高身体协调性、灵敏性及团结协作精神。

教学任务与组织教法

准备部分　同第一次课。

时间分配：准备部分15~20分钟（导入情绪调动），运动负荷小、小强度，预估心率80~100次/分钟。

基本部分 60~75分钟（进入状态体验）。

后场技术综合练习（练习时间：60~75分钟）运动负荷大，预估心率大于160次/分钟。

（一）教学目的

通过制定的练习方法，使学生进一步熟练掌握所学后场技术动作，包括后场高远球、吊球、杀球技术等。

（二）练习方法

后场技术综合复习，包括后场高远球、后场平高球、后场吊球、后场劈球、后场杀球等。

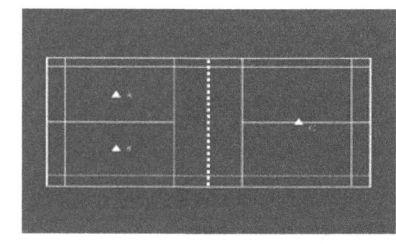

后场击球有力量大、速度快、爆发力强和攻击力强等特点，是羽毛球运动中的一项主要击球技术，广泛运用于单、双打竞赛中。然而，后场跃起这漂亮的凌空一击，却只有在前场、中场各项技术合理配合运用下才可能实现。

三人一组，A和B各负责各自半场，C在后场综合技术动作击球，高远球、杀球、挑球等后场技术动作任意组合，A和B在中场、后场时回击高远球，在网前时回挑球。三人一组，15分钟一人，轮换。

（三）重点

高远球是后场击球技术的基础，其他击球技术都是在高远球击球技术基础上的"延伸"技术。高远球击球技术掌握得扎实，其他击球技术便能融会贯通。后场击球技术要求先掌握后场各项高手位击球要领，然后学习后场低手位被动击球和反手击球技术，再进一步加强高难度后场突击杀、点杀和高吊杀动作一致性等技术的练习。

（四）难点

后场击球由判断起动—移动引拍—完成击球—回收动作—再开始下一次击球前的判断起动循环完成。

依据击球位置的不同，后场击球可分为后场高手位击球和后场低手位击球。每一项击球技术右可由正手、头顶和反手三种击球姿势完成。

后场正手击球：在右后侧位置，面向来球方向，用正拍面击球。

后场头顶击球：在左后侧位置，面向来球方向，用正拍面绕头顶在左肩头顶上方击球。

后场反手击球：在左后侧位置，背向来球方向，用反拍击球。

（五）要求

1. 对正手高远球、正手吊球、正手杀球技术等作出较高的质量要求。
2. 反手后场技术对学生的要求较高，根据学生个人情况进行指导。

课后作业：

1. 复习所学基本技术动作，每种动作挥拍100次。
2. 保持球感，累计颠球500个。
3. 锻炼身体素质，跳绳单摇500个，双摇200个。

结束部分 同第一次课。运动负荷小、小强度，预估心率80~100次/分钟。

第四十一次课

教学内容：1. 简单球路练习：后场高远球转吊球。2. 简单球路练习：后场吊球转杀球。

学习目标：1. 认知目标：通过探究学习、实践操作、趣味练习等，学生能够正确认识和理解技术运用的合理性和规范性，提高认知水平。2. 技能目标：要求学生进一步熟练掌握后场高吊杀的技术动作、提高学生击球的稳定性及成功率。3. 身心发展目标：提高自主学习能力，培养创新思维能力，提高身体协调性、灵敏性及团结协作精神。

教学任务与组织教法

准备部分 同第一次课。

时间分配：准备部分15~20分钟（导入情绪调动），运动负荷小、小强度，预估心率80~100次/分钟。

基本部分 60~75分钟（进入状态体验）。

一、简单球路练习：后场高远球转吊球（练习时间：35~40分钟）运动负荷中，预估心率130~150次/分钟。

同第三十六次课第一部分。

二、简单球路练习：后场吊球转杀球（练习时间：30~35分钟）运动负荷大，预估心率大于160次/分钟。

同第三十六次课第二部分。

结束部分 同第一次课。运动负荷小、小强度，预估心率80~100次/分钟。

第四十二次课

同前身体素质训练课。

第四十三次课

同第三十五次课。

第四十四次课

教学内容：前场技术教学方法练习。

学习目标：1. 认知目标：通过探究学习、实践操作、趣味练习等，学生能够正确认识和理解技术运用的合理性和规范性，提高认知水平。2. 技能目标：要求学生通过本次课不仅要知道怎样打，还要学会怎样通过语言将技术动作描述出来，教学相长，进一步提高自身的羽毛球技术水平。3. 身心发展目标：提高自主学习能力，培养创新思维能力，提高身体协调性、灵敏性及团结协作精神。

教学任务与组织教法

准备部分 同第一次课。

时间分配：准备部分15~20分钟（导入情绪调动），运动负荷小、小强度，预估心率80~100次/分钟。

基本部分 60~75分钟（进入状态体验）。

网前球技术、正反手放网前球技术和正反手挑高球技术的综合复习（练习时间：60~75分钟）运动负荷中，预估心率130~150次/分钟。

（一）教学目的

通过制定的练习方法，使学生的网前球技术得到提升，包括落点、出手动作一致性，同时能够基本掌握反手发网前球、网前球技术、正反手放网前球技术和正反手挑高球技术动作。

（二）练习方法

回顾反手发网前球、网前球技术、正反手放网前球技术和正反手挑高球技术动作，提高成功击球的次数。主动状态下（即击球点在肩部以上位置），可以运用搓球、勾对角球、平推球和扑球等几种击球技术。

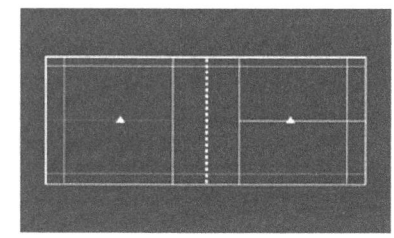

两人一组，20个球为一组，一人反手发网前球，一人做。
网前球技术动作练习（搓球、勾球、推球、扑球各一组）；
正反手挑高球技术动作练习（正反手各一组）；正反手放网前球技术动作练习（正反手各一组）；完成后轮换。

正反手挑高球技术动作练习（正反手各一组）：正手挑高球（7~8分钟），反手挑高球（7~8分钟）。

正反手放网前球技术动作练习（正反手各一组）：正手放网前球（7~8分钟），反手放网前球（7~8分钟）。

（三）重点

前场击球技术由前场挑高球、平推球、搓小球、放小球、勾对角线小球和扑球等几种击球技术组成，每一项击球技术都可由正手、反手击球姿势完成，击出直线、斜线不同飞行路线的球。依据击球点位置的不同，前场击球可分为前场高手位击球和前场低手位击球两种。

（四）难点

前场击球由判断起动—移动引拍—完成击球—回收动作—再开始下一次击球前的判断起动循环完成。

（五）要求

1. 认真观看教师讲解示范。
2. 完成每一项练习，确保动作正确率，确保球的成功率。

课后作业：

1. 复习所学基本技术动作，每种动作挥拍100次。
2. 保持球感，累计颠球500个。
3. 锻炼身体素质，跳绳单摇500个，双摇200个。

结束部分 同第一次课。运动负荷小、小强度，预估心率80~100次/分钟。

第四十五次课

教学内容：复习羽毛球单打战术并组织教学比赛。

学习目标：1. 认知目标：通过探究学习、实践操作、趣味练习等，学生能够正确认识和理解技术运用的合理性和规范性，提高认知水平。2. 技能目标：要求学生在教学比赛中将所学的战术体现出来、按照学习的球路组织自己的进攻和防守球路。3. 身心发展目标：提高自主学习能力，培养创新思维能力，提高身体协调性、灵敏性及团结协作精神。

教学任务与组织教法

准备部分　同第一次课。

时间分配：准备部分15～20分钟（导入情绪调动），运动负荷小、小强度，预估心率80～100次/分钟。

基本部分　60～75分钟（进入状态体验）。

复习羽毛球单打战术并组织教学比赛（练习时间：60～75分钟） 运动负荷大，预估心率大于160次/分钟。

（一）教学目的

通过一对一的实际对抗，全面检验学生技术动作的学习情况及对抗中调整的能力，同时加深学生对于战术的理解能力。

（二）讲解、示范

同大一上第三十三次课第一部分。

（三）动作要领

单打进攻与防守技术的学习，需要综合运用所学基础技术动作和步法，需要将前面所学的技术动作和步法进行回忆和巩固。

（四）重点

在了解单打战术的取位的基础上，进行单打进攻战术与单打防守战术的学习。

（五）难点

羽毛球单打的进攻与防守战术，凡是谈及原则的应变方法，必须注意战术、球路是千变万化的，不可能一成不变，应根据自己的具体情况、对手的情况，以及临场的具体情况去制定应变策略并采用更为切合实际的战术与球路。不能生搬硬套，最为关键的是能灵活运用。

（六）教学安排

2人一组进行单打教学比赛，教师声音洪亮有力、精神饱满。

（七）教学教法

教师巡回指导，根据学生的性格差异，对于不同的风格进行单独指导与建议，同时纠正错误。

（八）要求

基本了解羽毛球单打进攻与防守战术，学会运用到比赛中。

结束部分　同第一次课。运动负荷小、小强度，预估心率80~100次/分钟。

第四十六次课

教学内容：复习羽毛球双打战术并组织教学比赛。

学习目标：1. 认知目标：通过探究学习、实践操作、趣味练习等，学生能够正确认识和理解技术运用的合理性和规范性，提高认知水平。2. 技能目标：要求学生认真学习双打的战术并且要求要在教学比赛中有所体现。3. 身心发展目标：提高自主学习能力，培养创新思维能力，提高身体协调性、灵敏性及团结协作精神。

教学任务与组织教法

准备部分　同第一次课。

时间分配：准备部分15~20分钟（导入情绪调动），运动负荷小、小强度，预估心率80~100次/分钟。

基本部分　60~75分钟（进入状态体验）。

复习羽毛球双打战术并组织教学比赛（练习时间：60~75分钟）运动负荷大，预估心率大于160次/分钟。

（一）教学目的

通过实际的对抗，加深学生对于羽毛球双打战术的理解。

（二）讲解、示范

1. 双打站位

（1）一般站位法：特点是站在离中线和短发球线适当的距离，主导思想是以稳为主，保护后场，对前场以推、搓、放半场为主。

（2）抢攻站位法：特点是站位离发球线很近，身体倾斜度较大，目的是要进行抢攻，以扑球、跳杀为主来处理接发球。

（3）稳妥站位法：特点是站在离发球线远一些的位置上，身体倾斜度较小。这是只求把球打过去而进攻意识较差的一种过渡站位法。

（4）特殊站位法：一般站位都是左脚在前、右脚在后，但特殊站位法改变为右脚在前、左脚在后，这种站位法一般以右脚跳击球，不论是上网或后蹬，均以一步蹬跳击球。

2. 发球站位

（1）发球者紧靠前发球线和中线：这种站位始于反手发网前内角，球过网后球托向下，不易被对方扑击。由于站位靠前，也便于第三拍封网。但站位靠前不利于发平快球，一般是发往前内角位球配合发双打后发球线的外交位平高球。

（2）发球者站位离前发球线半米，靠中线：这种站位发球的选择面较广，正、反手都可发网前球、平快球、平高球，并且各种路线都可以发。缺点是球的飞行时间长，对方有较多时间判断处理，发球后如果抢网较慢也容易失去网前主动权。

（3）发球者站在离中线较远处：这种站位主要用于在右场区以正手和左场区以反手发平快球攻对

方双打后发球线的内角位，配合发网前外角。值得一提的是，这种发球只能作为一种变换手段。因为这种发球只对反应慢、攻击力差的对手有一定威胁，但对方有了准备时作用就不大了，而且还会使自己陷入被动。

3. 发球路线

（1）调动对方站位，破坏对方打法：如对方甲、乙两名队员站成甲在后、乙在前的进攻队形，在发球给乙时可以后场为主结合网前，而发球给甲时却要以发网前为主结合后场，这样，从发球起就阻挠了对方调整站位。

（2）避实就虚，抓住对方弱点发球抢攻：首先要看接发球者的站位，如果他紧压网前站在网前内角位，可用发网前与后场动作的一致性发球到对方后场外角位；如对方离中线较远，则可发平快球突袭后场内角位；对接发球路线呆板、变化少的，可针对这种情况发球后抢封突击。

（3）发球要有变化：发球时，网前要和后场配合，网前的内角、外角，底线的内角、外角位的配合，使对方首尾难于兼顾，多点设防，疲于应付；在发球的弧线上也要有变化。这样，接球方就难以摸到发球方的规律了。

4. 接发球战术

（1）接发内角位网前球：以扑或轻压对方两边中场及发球者身体为主要攻击点，配合网前搓、勾等其他线路。

（2）接发外角位网前球：除了以上打的点外，还可以平推对方底线两角以调动对方一名队员至边角，扩大对方另一队员的防守范围。

（3）接发内角、外角位后场球：应以发球者为攻击点，力争扣杀追身球。如起动慢了，可用平高球打到对方底线两角。一般发球者在后场球发出后，后退准备接杀的情况居多，这时可用拦截吊球，落点可选择在发球者的对角。

5. 根据对手情况制定的双打战术

（1）对一强一弱的配对：所谓"强"，就是技术、思想、心理、体能等因素均较好，反之是"弱"；或者有等级差别的选手，如有一名是运动健将或国家队队员，另一名是省队队员；或者是同级别，但是在防守上一好一弱。遇到这样的配对，必须坚决采用攻人战术，采取集中优势兵力二打一可取得较好的结果。

（2）对单打技术好，而双打技术和能力差的配对：遇到这样的配对，首先在发球、接发球上争取主动，战术上采用猛抽快打的方法，在前半场要采用并排对攻快打、硬推、硬压的战术。如仍占不了优势，也不能着急，要把球拉到底线，然后从防守中找机会，进行平抽两边封网再对攻。总之，要快、要硬、要狠，如果慢了、软了，对方就可以发挥优势，对我方很不利。

（3）对一左一右的配合：和这种配对的对手比赛，一定要冷静沉着地分析这一左一右是如何站位的，从接发球就要分清谁在前、谁在后，要根据对手的站位来决定我方采用的战术路线。如果未弄清楚，可以采用打中路球攻中路的战术。

（4）对爱采用半蹲防守的对手：遇到这种对手千万不要长杀，以免正中其下怀，而应采用半杀战术与半杀左下方的战术与其周旋，伺机待发。

（5）对拉两边线较好的防守型配对：遇到这种配对，思想上要做好艰苦作战的准备。因为对方防守好，又以拉两边底线为主，来回次数必然较多。同时要有耐心，不要想一杀就得分，而且更要重视相互的配合，多采用杀吊结合的战术，不要盲目乱杀，以免消耗体力过多而收效甚微，应该稳扎稳打，不利的情况先吊后杀，吊一吊再杀，保持体力，找准时机坚持到最后，坚持到最后胜利的希望就越大。

（三）动作要领

单打进攻与防守技术的学习，需要综合运用所学基础技术动作和步法，需要将前面所学的技术动作和步法进行回忆和巩固。

（四）重点

双打中，发球的战术具有特别重要的意义。发球质量的好坏，从战术意义上讲，直接影响场上的局势。因此，运用好发球战术，有利于控制整场局势，对获胜有重要意义。

第三拍在双打技术中既是重要技术，也是重要战术。第三拍和发球有紧密联系，如果我方发球目的性强，发球质量又较好，那么，第三拍就能保持继续进攻。如果虽然目的性强，但发球质量不高，而对方也打出了意料之中的路线，这时，第三拍就应考虑如何组织反攻。如果发球目的性不强，质量又差，那么第三拍就应考虑如何摆脱被动局面。因此，第三拍是保持主动、组织反攻、摆脱被动局面的关键环节。第三拍要做到起动反应快，主动跟得上，被动救得起，手法出手快，能攻又能守，球路变化多，使对方封不住，从而创造更多的主动权。

（五）难点

双打配合中的几个主要问题：①共同的目标是双打配合的思想基础。②要做到相互信任。③要互相鼓励、互相补缺。④在战术上要做到互相了解。

（六）教学安排

4人一组进行双打教学比赛。

（七）教学教法

教师巡回指导，根据学生的性格差异，从而导致的打球的不同风格进行单独指导与建议，同时纠正错误。

（八）要求

基本了解羽毛球单打进攻战术，学会运用到比赛中。

结束部分　同第一次课。运动负荷小、小强度，预估心率80～100次/分钟。

第四十七次课

教学内容：综合复习。
学习目标：1. 认知目标：通过探究学习、实践操作、趣味练习等，学生能够正确认识和理解技术运用的合理性和规范性，提高认知水平。2. 技能目标：要求学生进一步认识自己在学习中存在的短板并要准备好下学期的学习重点。3. 身心发展目标：提高自主学习能力，培养创新思维能力，提高身体协调性、灵敏性及团结协作精神。

教学任务与组织教法

准备部分　同第一次课。
时间分配：准备部分15～20分钟（导入情绪调动），运动负荷小、小强度，预估心率80～100次/分钟。

基本部分 60～75分钟（进入状态体验）。

综合复习（练习时间：60～75分钟）运动负荷大，预估心率大于160次/分钟。

（一）教学目的

检查学生这一学期的学习情况及技术动作的掌握情况。

（二）练习方法

两人一组，全场综合练习。

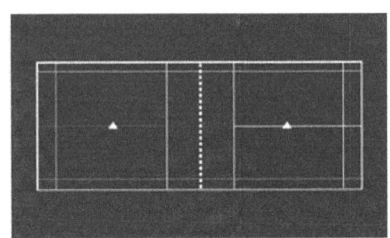

（三）重点

1. 重点在于检查学生这一学期的技战术的掌握情况。
2. 检查学生在对抗中遇到问题后解决问题的能力。
3. 检查学生在被动情况下处理球的能力。
4. 检查学生的战术丰富程度及战术的执行能力。

（四）难点

1. 学生在对抗过程中由于体力的问题会出现失误率上涨的情况。
2. 学生在遇到问题之后解决问题的能力是技战术及体能的综合体现，对学生的能力是比较大的考验。

（五）要求

体现出所学习的球路。

课后作业：

1. 高远球挥拍、杀球、挑球挥拍，四组，每组30个。
2. 全场综合步法练习，四组，每组20个上网。
3. 双摇，不少于200个。
4. 俯卧撑，四组，每组20个。

结束部分 同第一次课。运动负荷小、小强度，预估心率80～100次/分钟。

第四十八次课

教学内容：技术测试。

学习目标：1. 认知目标：通过探究学习、实践操作、趣味练习等，学生能够正确认识和理解技术运用的合理性和规范性，提高认知水平。2. 技能目标：通过技术测试进一步找出自己在本学期学习过程中存在的短板，并制订好下学期的学习计划，有针对性地练习自己的技术短板。3. 身心发展目标：提高自主学习能力，培养创新思维能力，提高身体协调性、灵敏性及团结协作精神。

教学任务与组织教法
准备部分 同第一次课。 时间分配：准备部分15~20分钟（导入情绪调动），运动负荷小、小强度，预估心率80~100次/分钟。
基本部分 60~75分钟（进入状态体验）。 **技术测试（练习时间：35~40分钟）运动负荷大，预估心率大于160次/分钟。** （一）教学目的 1. 以抽签对抗的形式综合检验学生一学期的学习情况。 2. 通过本节课的学习过程，使学生的出球意识、移动意识等得到提升，提高自身的运动智能，努力提升自身的综合能力水平。 （二）要求 1. 全班男女分组，按照单循环赛制进行男子单打、女子单打比赛。 2. 最终排名成绩纳入期末总成绩中。
结束部分 同第一次课。运动负荷小、小强度，预估心率80~100次/分钟。

大二上学期羽毛球专修课课程进度及教案

周次	课次	任务	课次	任务	课次	任务
一	1	恢复训练，综合练习。	2	1. 单球练习：后场高远球。 2. 多球练习：平高球和正手吊球训练。 3. 多球练习：前场网前球技术练习。	3	1. 单球练习：后场高远球。 2. 多球练习：平高球和正手吊球训练。 3. 多球练习：前场网前球技术练习。
二	4	1. 单球练习：后场高远球。 2. 单球练习：三人平高球和正手吊球训练。 3. 多球练习：前场网前球技术练习。	5	理论课。	6	1. 单球练习：后场高远球。 2. 单球练习：三人平高球和正手吊球训练。 3. 多球练习：前场网前球技术练习。
三	7	1. 单球练习：后场高远球。 2. 多球练习：平高球和反手吊球训练。 3. 多球练习：前场网前球技术练习	8	学习理论羽毛球专项体能的训练。	9	1. 单球练习：后场高远球。 2. 多球练习：平高球和反手吊球训练。 3. 多球练习：前场网前球技术练习。
四	10	1. 单球练习：后场高远球。 2. 单球练习：平高球和反手吊球训练。 3. 多球练习：前场网前球技术练习。	11	1. 单球练习：后场高远球。 2. 单球练习：平高球和反手吊球训练。 3. 多球练习：前场网前球技术练习。	12	1. 单球练习：后场高远球。 2. 多球练习：边线接杀练习。 3. 多球练习：前场网前球技术练习。
五	13	1. 单球练习：后场高远球。 2. 多球练习：边线接杀练习。 3. 多球练习：前场网前球技术练习。	14	1. 单球练习：后场高远球。 2. 多球练习：平高球和正反手杀球训练。 3. 多球练习：前场网前球技术练习。	15	1. 单球练习：后场高远球。 2. 多球练习：平高球和正反手杀球训练。 3. 多球练习：前场网前球技术练习。
六	16	1. 单球练习：后场高远球。 2. 多球练习：平高球和正反手杀球训练。 3. 多球练习：前场网前球技术练习。	17	理论课。	18	1. 单球练习：后场高远球。 2. 多球练习：平高球和正手杀球训练。 3. 多球练习：前场网前球技术练习。

（续表）

周次	课次	任务	课次	任务	课次	任务
七	19	1. 单球练习：后场高远球。 2. 单球练习：平高球和正手杀球训练。 3. 多球练习：前场网前球技术练习	20	1. 单球练习：后场高远球。 2. 单球练习：平高球和反手杀球训练。 3. 多球练习：前场网前球技术练习。	21	1. 单球练习：后场高远球。 2. 单球练习：平高球和反手杀球训练。 3. 多球练习：前场网前球技术练习。
八	22	理论课。	23	1. 单球练习：后场高远球。 2. 单球练习：全场三人平高球和杀球训练。 3. 多球练习：前场网前球技术练习。	24	1. 单球练习：后场高远球。 2. 单球练习：全场三人平高球和吊球训练。 3. 多球练习：前场网前球技术练习。
九	25	1. 单球练习：后场高远球。 2. 单球练习：全场三人平高球和杀球训练。 3. 多球练习：前场网前球技术练习。	26	1. 单球练习：后场高远球。 2. 单球练习：全场三人平高球和杀球训练。 3. 多球练习：前场网前球技术练习。	27	1. 单球练习：后场高远球。 2. 多球练习：前场网前球技术练习。 3. 单打综合练习。
十	28	1. 单球练习：后场高远球。 2. 多球练习：前场网前球技术练习。 3. 单打综合练习。	29	理论课。	30	教学比赛暨学生羽毛球单打的裁判实习。
十一	31	1. 单球练习：后场高远球。 2. 单球练习：全场三人平高球和杀吊球训练。 3. 多球练习：平抽球练习。	32	1. 单球练习：后场高远球。 2. 单球练习：全场三人平高球和杀球训练。 3. 多球练习：平抽球练习。	33	1. 单球练习：后场高远球。 2. 单球练习：全场三人平高球和杀球训练。 3. 多球练习：平抽球练习。
十二	34	1. 单球练习：后场高远球。 2. 单球练习：任意球路三人平高球和杀吊球训练。 3. 单球练习：平抽球平挡练习。	35	1. 单球练习：后场高远球。 2. 单球练习：任意球路三人平高球和杀吊球训练。 3. 单球练习：平抽球平挡练习。	36	理论课。
十三	37	1. 单球练习：后场高远球。 2. 单球练习：任意球路三人平高球和杀吊球训练。 3. 单球练习：平抽球平挡练习。	38	观摩省优秀运动队训练。	39	1. 单球练习：后场高远球。 2. 多球练习：网前发球、接发球练习。 3. 单球练习：平抽球连续对打练习。

（续表）

周次	课次	任务	课次	任务	课次	任务
十四	40	1.单球练习：后场高远球。2.多球练习：网前发球、接发球练习。3.单球练习：平抽球连续对打练习。	41	1.单球练习：后场高远球。2.多球练习：网前发球、接发球练习。3.单球练习：平抽球连续对打练习。	42	1.单球练习：后场高远球。2.复习羽毛球双打战术。3.双打综合练习。
十五	43	1.单球练习：后场高远球。2.复习羽毛球双打战术。3.双打综合练习。	44	教学比赛暨学生羽毛球双打的裁判实习。	45	教学比赛暨学生羽毛球双打的裁判实习。
十六	46	理论课	47	综合复习	48	技术测试

第一次课

教学内容：恢复训练，综合练习。

学习目标：1. 认知目标：通过探究学习、实践操作、趣味练习等，学生能够正确认识和理解技术运用的合理性和规范性，提高认知水平。2. 技能目标：要求学生在本次课认真训练、进入训练学习的状态、准备开始新学期的学习生活。3. 身心发展目标：提高自主学习能力，培养创新思维能力，提高身体协调性、灵敏性及团结协作精神。

教学内容与组织教法

准备部分 同大一第二次课准备部分。

基本部分 60~75分钟（进入状态体验），负荷适中、中等强度，预估心率120~140次/分钟。

一、综合步法练习（练习时间：20~25分钟）

（一）教学目的

通过制定的练习方法，使学生的移动步法得到提升，包括起动、落、转身、前后场的连贯性。

（二）练习方法

1. 集体练习：徒手练习，根据教师口令场下集体练习，12个一组，每组动作3~5组。

2. 分组练习：徒手练习，两人一组场上自主练习，一个喊口令一个练习，12个一组，每组动作3~5组，完成后交换。

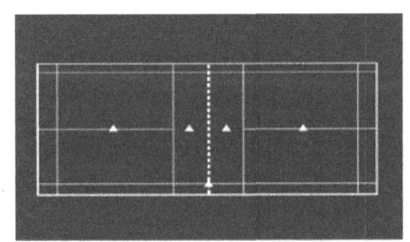

（三）重点

1. 在进行前场步法练习的时候，注意最后一步蹬跨步要撑住自己的身体，来保持最后击球瞬间身体的稳定性及完成高质量的回球。

2. 在进行后场移动步法训练的时候，一定要注意转身架拍的速度，这样才能够保证及时退到球的后方完成高质量的回球。

（四）难点

学生在进行后场移动步法的时候，第一步转身的幅度要大，同时左脚及腰部的支撑一定要及时，否则很难完成高质量的后场回球。

（五）要求

1. 学生步法反应快、移动快，配合协调，动作规范到位、积极。
2. 教师口令洪亮清晰，精神饱满。

二、正手击高远球技术练习（练习时间：10～20分钟）

（一）教学目的

通过制定的练习方法，使学生的高远球技术得到提升，包括球速、落点、出手动作一致性。

（二）练习方法

1. 原地挥拍练习。
2. 原地直线高远球：两人一组分别站在底线对击高远球。

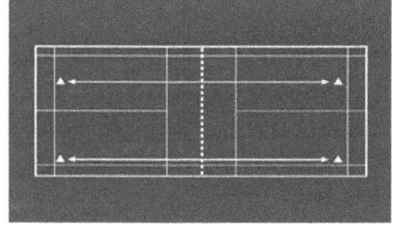

（三）重点

1. 准备动作：右手握拍屈臂举拍于右侧，左手自然上举，眼睛向上注视来球，使拍面对着球网。

2. 挥拍动作：主要依靠前臂、手腕和中指的协调用力取得最佳速度；击球点在右肩上方，持拍手臂在几乎伸直的情况下，以正拍面击中球托底部，将球击出。

（四）难点

1. 学生在击球之前的准备过程中会因为击球动作的不熟练导致过分紧张，导致最后转身速度变慢。

2. 学生在判断来球落点的时候经常会出现击球点偏后的情况，导致整体的发力不能够很好地向前向上发力，导致最终的回球质量偏低。

3. 学生在最终击球的一瞬间会出现拍面不够正，手指手腕握得不够紧，导致最终传递到球上的力量不够，导致最终回球的质量偏低。

（五）要求

击球点要高，控制好拍面的角度，充分发力。

三、反手发网前球、网前球技术、正反手放网前球技术和正反手挑高球技术的综合复习（练习时间：20~25分钟）

（一）教学目的

通过制定的练习方法，使学生的网前技术得到提升，包括落点、出手动作一致性，同时能够进一步掌握网前小球手指手腕的击球感。

（二）练习方法

两人一组，20个球为一组。

1. 网前球技术动作练习（搓球、勾球、推球、扑球各一组）。
2. 正反手挑高球技术动作练习（正反手各一组）。
3. 正反手放网前球技术动作练习（正反手各一组）。
4. 完成后轮换。

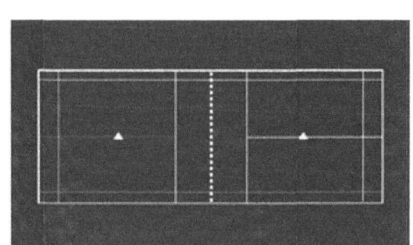

（三）重点

1. 击球点要高，动作一致性要好。要求学生抢到网前最高的击球点完成击球动作。
2. 准备充分，起动迅速，判断准确来给自己创造最高点击球的条件。
3. 出手的时候动作要小，落点要精准，球速要快。

（四）难点

学生在进行网前击球的时候，会出现太想发力导致的用大臂带动小臂进行击球的现象，这样会导致搓球时过网太高、推球和扑球时容易下网的情况出现，降低练习时的效率。

（五）要求

1. 认真观看教师讲解示范。
2. 完成每一项练习，确保动作正确率，确保球的成功率。

课后作业：

1. 观看步法教学视频，不少于30分钟。
2. 正反手交替颠球，不少于1000个。
3. 双摇，不少于500个。

结束部分 3~5分钟（情绪稳定与调整），运动负荷小、小强度，预估心率80~100次/分钟。

场地器材： 羽毛球场4片、自备羽毛球拍与羽毛球。

教学反思与评价：

1. 学生学习态度良好。
2. 学生正反手握拍已经能够熟练掌握。
3. 学生能够初步掌握正手发高远球基本的技术动作。
4. 学生在球性上还是有所欠缺，导致发球的失误率较高。

第二次课

教学内容：1. 单球练习：后场高远球。2. 多球练习：平高球和正手吊球训练。3. 多球练习：前场网前球技术练习。

学习目标：1. 认知目标：通过探究学习、实践操作、趣味练习等，学生能够正确认识和理解技术运用的合理性和规范性，提高认知水平。2. 技能目标：要求学生在多球练习的时候注意力集中、及时准备、打好每一个球。要求学生进行网前球练习的时候手指手腕放松击球。3. 身心发展目标：提高自主学习能力，培养创新思维能力，提高身体协调性、灵敏性及团结协作精神。

教学内容与组织教法

准备部分　同第一次课。

时间分配：准备部分15～20分钟（导入情绪调动），运动负荷小、小强度，预估心率100～120次/分钟。

基本部分　60～75分钟（进入状态体验），负荷适中、中等强度，预估心率120～140次/分钟。

一、单球练习：后场高远球（练习时间：20～25分钟）

（一）教学目的

通过制定的练习方法，使学生的高远球技术得到提升，包括球速、落点、出手动作一致性。

（二）练习方法

1. 原地直线高远球：两人一组分别站在底线对击高远球。
2. 一点打两点：A分别以直线和斜线击高远球打到B的左右后场区，B每次击完后回到中心位置A基本不动，相互交换。

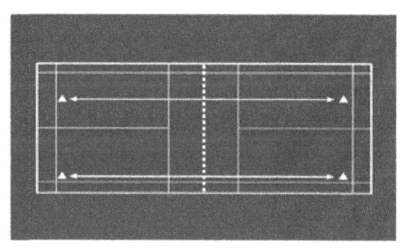
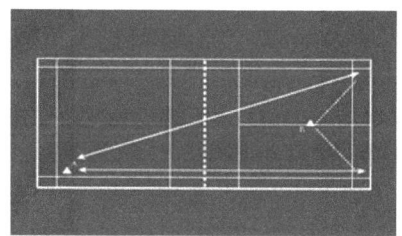

（三）重点

1. 准备动作：右手握拍屈臂举拍于右侧，左手自然上举，眼睛向上注视来球，使拍面对着球网。
2. 挥拍动作：主要依靠前臂、手腕和中指的协调用力，取得最佳速度；击球点在右肩上方，持拍手臂在几乎伸直的情况下，以正拍面击中球托底部，将球击出。

（四）难点

1. 学生在击球之前的准备过程中会因为击球动作的不熟练导致过分紧张，导致最后转身速度变慢。
2. 学生在判断来球落点的时候经常会出现击球点偏后的情况，导致整体的发力不能够很好地向前向上发力，导致最终的回球质量偏低。

3. 学生在最终击球的一瞬间会出现拍面不够正,手指手腕握得不够紧,导致最终传递到球上的力量不够,导致最终回球的质量偏低。

(五)要求

击球点要高,控制好拍面角度,充分运用身体各部分的力量。

二、多球练习:平高球及正手吊球训练(练习时间:20~25分钟)

(一)教学目的

通过制定的练习方法,使学生的吊球技术得到提升,包括球速、落点、出手动作一致性。

(二)练习方法

1. 教师示范:教师正手发高远球到后场,学生在后场击球,两个后场高远球,一个正手吊球,多球练习,24个球为一组。

2. 分组练习:学生两人一组按照教师示范要求互相练习。

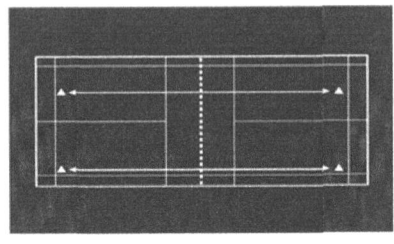 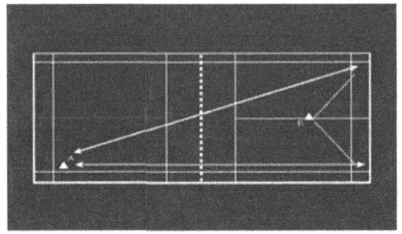

(三)重点

1. 在学生练习的过程中,要让学生养成迅速起动及把击球点放在身体右前上方的习惯。

2. 在学生刚开始学习吊球的时候,一定要让学生找到切击球的感觉,不是"打"而是"切击"球。

3. 在学生练习的时候,要让学生规范动作,一定是转身之后在身体的前方击球,而不是在身体的侧面或者是在身体的后面捞球击打。

(四)难点

1. 学生在初次学习吊球的时候,会因为之前学习正手高远球的影响,在击球的一瞬间手腕手指过于紧张,导致在击球的时候发力过多以致球过网的时候过高、过远达不到吊球调动对手的战术作用。

2. 学生的手腕过于紧张,会导致学生在进行吊球练习的时候,没有切击球托的动作,而过多地正面击打球托,导致学生打出来的吊球过网没有减速和下坠的效果。

(五)要求

1. 高远球击球点要高,控制好拍面角度,充分运用身体各部分的力量。

2. 快吊对角时须切击球托右侧后下部,而不是正击。

3. 快吊直线时须切击球托正面后下部,而不是正击。

三、多球练习：前场网前球技术练习（练习时间：20~25分钟）

（一）教学目的

通过制定的练习方法，使学生的网前球技术得到提升，包括落点、出手动作一致性。

（二）练习方法

1. 教师示范：学生后场步法挥拍击打高远球后上网，教师抛网前球，学生上网根据球自行选择搓球、勾球、扑球、推球、挑球，完成后回场地中间，24个球为一组。
2. 分组练习：学生两人一组按照教师示范要求互相练习。

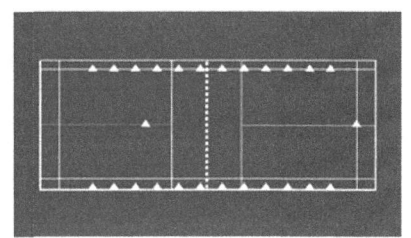 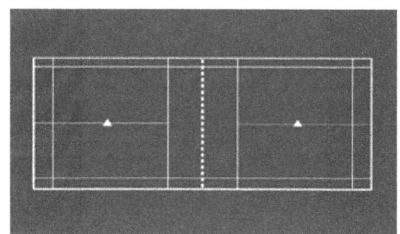

（三）重点

1. 学生在网前球练习的时候一定要时刻保持低重心准备的姿态，加快起动的速度及完成击球之后回动的速度。
2. 学生在进行网前球练习的时候，一定要保证自己在击球之前引拍动作的一致性。
3. 学生在击球瞬间的动作要尽可能地小，要熟练掌握手指手腕发力的技巧。

（四）难点

1. 学生在完成击球之后，拍头会习惯性地指向地面，这会导致下一拍击球的时间变慢。
2. 学生在完成击球之后没有及时回中准备，这会导致学生在回击重复落点的球的情况下无法完成最高点出球。

（五）要求

1. 手指握拍放松，手臂不能伸得太直。
2. 起动要快，准确到位，击球点要高。
3. 击球后，球拍要收至胸前，而不是垂向下，步法回动要快。

课后作业：
1. 观看正手吊球教学视频，不少于30分钟。
2. 正反手颠球，不少于1000个。
3. 双摇，不少于500个。

结束部分 同第一次课。运动负荷小、小强度，预估心率100~120次/分钟。

第三次课

同第二次课。

第四次课

教学内容：单球练习：后场高远球。单球练习：三人平高球和正手吊球训练。多球练习：前场网前球技术练习。

学习目标：1. 认知目标：通过探究学习、实践操作、趣味练习等，学生能够正确认识和理解技术运用的合理性和规范性，提高认知水平。2. 技能目标：要求学生在练习单球以及简单球路的时候积极移动及及时准备、保证练习时的回合数。要求学生在网前小球的练习时要注重手指手腕的发力。3. 身心发展目标：提高自主学习能力，培养创新思维能力，提高身体协调性、灵敏性及团结协作精神。

教学内容与组织教法

准备部分 同第一次课。

时间分配：准备部分15～20分钟（导入情绪调动），运动负荷小、小强度，预估心率100～120次/分钟。

基本部分 60～75分钟（进入状态体验），运动负荷小、小强度，预估心率100～120次/分钟。

一、单球练习：后场高远球（练习时间：20～25分钟）

（一）教学目的

通过制定的练习方法，使学生的高远球技术得到提升，包括球速、落点、出手动作一致性。

（二）练习方法

同第二次课单球练习后场高远球练习方法。

（三）重点

1. 进一步和学生强调步法移动的重要性，并对学生的步法移动提出更高的要求。
2. 进一步向学生说明羽毛球运动中步法的重要性，羽毛球项目的本质特征即脚不到、手不到。

（四）难点

1. 学生的脚步移动不够快，经常是左脚拖在右脚的后面，双脚没有同时发力。
2. 学生在移动的过程中会因为核心力量的缺乏导致移动过程中架拍出现晃动，导致最后击球的瞬间没有形成稳定且高效的挥拍机制。
3. 学生在击球之前的准备过程中会因为击球动作的不熟练导致过分紧张，导致最后转身速度变慢。
4. 学生在判断来球落点的时候经常会出现击球点偏后的情况，导致整体的发力不能够很好地向前向上发力，导致最终的回球质量偏低。
5. 学生在最终击球的一瞬间会出现拍面不够正，手指手腕握得不够紧，导致最终传递到球上的力量不够，导致最终回球的质量偏低。

（五）要求

击球点要高，控制好拍面角度，充分运用身体各部分的力量。

二、单球练习：三人平高球和正手吊球训练（练习时间：20~25分钟）

（一）教学目的

通过制定的练习方法，使学生的平高球、吊球技术得到提升，包括球速、落点、出手动作一致性。

（二）练习方法

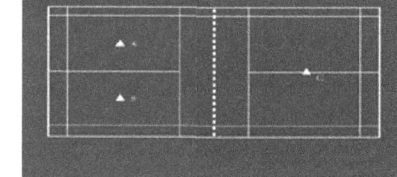

三人一组一个球，C击球给A两个直线平高球，第三个球正手吊球给B，B上网放网前球，C回搓球给B，B对角线挑后场球，C退回后场两个直线平高球给A，重复上述球路练习。

15分钟一轮，三人轮换，A换C，B换A，C换B，以此类推。

（三）重点、难点

同第二次课多球练习平高球及正手吊球训练。

（四）要求

控制好球，尽量保证不下网；保证来回，步法正确。

三、多球练习：前场网前球技术练习（练习时间：20~25分钟）

同第二次课多球练习前场网前球技术对应内容。

要求：

1. 认真观看教师讲解示范。
2. 完成每一项练习，确保动作正确率，确保球的成功率。
3. 手指握拍放松，手臂不能伸得太直。
4. 起动要快，准确到位，击球点要高。
5. 击球后，球拍要收至胸前，而不是垂向下，步法回动要快。

课后作业：

1. 正反手颠球，不少于1000个。
2. 双摇，不少于500个。
3. 高远球挥拍，不少于300个。

结束部分 同第一次课。3~5分钟，运动负荷小、小强度，预估心率100~120次/分钟。

第五次课

理论课

第六次课

同第四次课。

第七次课

教学内容：单球练习：后场高远球。多球练习：平高球和反手吊球训练。多球练习：前场网前球技术练习。

学习目标：1. 认知目标：通过探究学习、实践操作、趣味练习等，学生能够正确认识和理解技术运用的合理性和规范性，提高认知水平。2. 技能目标：要求学生在练习过程中积极准备、保证自己动作的稳定性、减少自己在练习中的失误率。3. 身心发展目标：提高自主学习能力，培养创新思维能力，提高身体协调性、灵敏性及团结协作精神。

教学内容与组织教法

准备部分　同第一次课。

时间分配：准备部分15～20分钟（导入情绪调动），运动负荷小、小强度，预估心率100～120次/分钟。

基本部分　60～75分钟（进入状态体验），负荷适中、中等强度，预估心率120～140次/分钟。

一、单球练习：后场高远球（练习时间：20～25分钟）

（一）教学目的

通过制定的练习方法，使学生的高远球技术得到提升，包括球速、落点、出手动作一致性。

（二）练习方法

同第二次课单球练习后场高远球练习方法。

（三）重点

1. 学生在进行底线直线高远球对拉的过程中，处于头顶位击球的学生需要注意起动转身第一步的速度及第一步的步幅，这样有利于头顶区高远球的发力。

2. 学生在进行两边高远球练习的时候，需要注意完成一个击球之后的回动及准备动作，重心要保持低姿态，切记不要击完球之后就站在原地看。

（四）难点

1. 学生在进行头顶区高远球挥拍的时候，会因为第一步侧身及步幅不够大导致最后挥拍距离短，无法形成有效的挥拍机制，导致最终出现回球质量差的情况。

2. 学生在击球之前的准备过程中会因为击球动作的不熟练导致过分紧张，导致最后转身速度变慢。

3. 学生在判断来球落点的时候经常会出现击球点偏后的情况，导致整体的发力不能够很好地向前向上发力，导致最终的回球质量偏低。

4. 学生在最终击球的一瞬间会出现拍面不够正，手指手腕握得不够紧，导致最终传递到球上的力量不够，导致最终回球的质量偏低。

（五）要求

击球点要高，控制好拍面角度，充分运用身体各部分的力量。

二、多球练习：平高球及反手吊球训练（练习时间：20～25分钟）

（一）教学目的

通过制定的练习方法，使学生的高远球技术得到提升，包括球速、落点、出手动作一致性。同时能够初步掌握反手吊球的技术动作。

（二）练习方法

1. 教师示范：教师正手发高远球到后场，学生在后场击球，两个后场高远球，一个反手吊球，多球练习，24个球为一组。

2. 分组练习：学生两人一组按照教师示范要求互相练习。

反手吊球（图A～图D）：

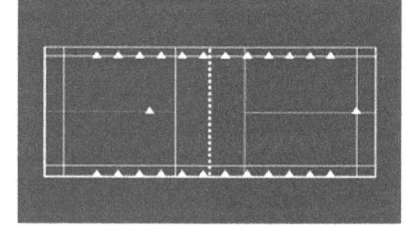

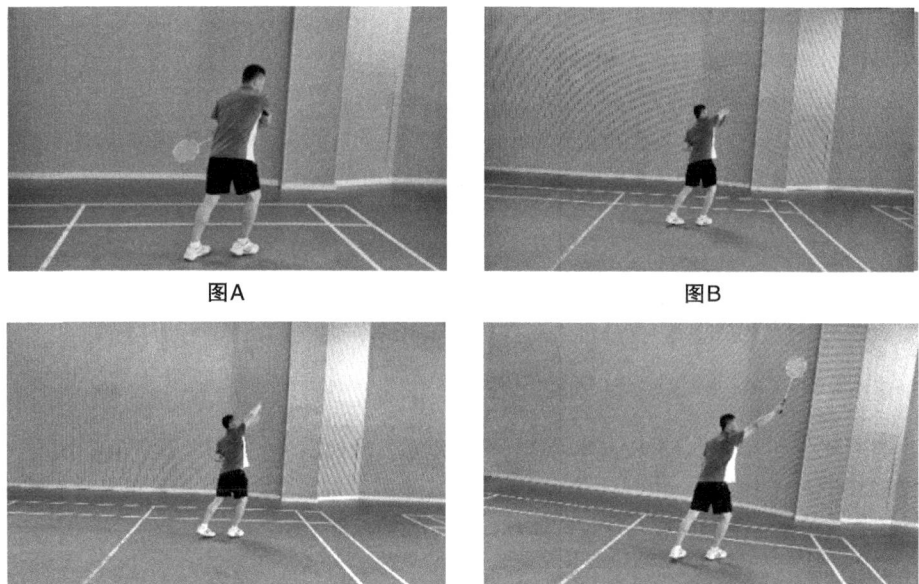

图A　　　　　　　　　　　图B

图C　　　　　　　　　　　图D

（三）重点

1. 要让学生意识到动作一致性的重要性，反手高远球和反手吊球在准备及引拍的时候应该是完全一致的，较高的动作一致性在技战术上有更高的作用，让对方无法预判到自己的回球路线，从而更好地完成自己的球路组织来达成更高的进攻效率。

2. 在教学过程中一定要让学生注意击球时要用手指手腕来进行发力，手臂过大的动作都会导致吊球过网的时候太远或者太高，导致自己的球路组织失去效果，或者直接使自己在对抗中落入下风。

（四）难点

1. 反手吊球与正手吊球一样在技战术中的意义都是通过落点来调动对手的位置，从而进一步组织自己的进攻,来达到最终取得胜利的目的。

2. 学生在一开始学习反手吊球的时候容易出现击球点靠身体太近,以及太想发力导致的引拍过于紧张的情况,这都会导致在最后击球的一瞬间没有办法很好地集中自己的力量完成高质量的回球。

(五)要求

1. 高远球击球点要高,控制好拍面角度,充分运用身体各部分的力量。
2. 快吊对角时须切击球托右侧后下部,而不是正击。
3. 快吊直线时须切击球托正面后下部,而不是正击。

三、多球练习:前场网前球技术练习(练习时间:20~25分钟)

(一)教学目的

通过制定的练习方法,使学生的网前球技术得到提升,包括落点、出手动作一致性,同时能够基本掌握网前小球手指手腕的击球感。

(二)练习方法

1. 教师示范:学生后场步法挥拍高远球动作后上网,教师抛网前球,学生上网根据球自行选择搓球、勾球、扑球、推球、挑球,完成后回场地中间,24个球为一组。
2. 分组练习:学生两人一组按照教师示范要求互相练习。

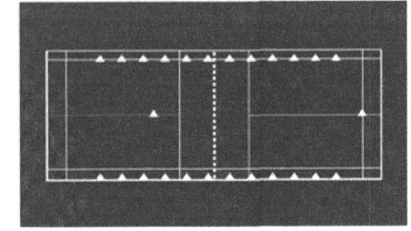

(三)重点

在进行综合练习的时候,要求学生在进行移动的时候,一定要抢到最高的击球点并且击球之前的准备动作都要求做到一致,来进一步提升自己在实际对抗中的水平。

(四)难点

1. 学生在综合练习中可能会出现击球动作转换不熟悉,造成最终的回球质量不高的情况。
2. 学生在移动过程中可能会出现启动速度慢、到位不及时的情况。最终导致在最后击球的一瞬间无法形成有效的挥拍机制,无法完成高质量的回球,训练效果出现下降。

(五)要求

1. 手指握拍放松,手臂不能伸得太直。
2. 起动要快,准确到位,击球点要高。
3. 击球后,球拍要收至胸前,而不是垂向下,步法回动要快。

课后作业:

1. 正反手颠球,不少于1000个。
2. 高远球挥拍,不少于300个。
3. 双摇,不少于500个。

结束部分 同第一次课。运动负荷小、小强度,预估心率80~100次/分钟。

第八次课

教学内容：学习理论羽毛球专项体能的训练。
<div align="center">**教学内容与组织教法**</div>
准备部分　同第一次课。 时间分配：准备部分15~20分钟（导入情绪调动），运动负荷小、小强度，预估心率100~120次/分钟。

基本部分

羽毛球选手的体能包括基础身体素质和专项身体素质两个方面。基础身体素质是专项身体素质的基础，专项身体素质是提高运动成绩的基础。基础身体素质指完成运动时所需要的各种素质，通常包括力量、速度、耐力、灵敏和柔韧等方面。专项身体素质指依据羽毛球运动的方式及动作结构特点所需要的专门的力量、速度、耐力、灵敏和柔韧等素质，其中力量是基础，速度为核心。

体能是选手承担激烈训练与比赛的基础。羽毛球运动快速、灵活、对抗激烈、变化多端等特点，决定了选手良好的身体素质是承担大负荷训练和激烈比赛的基础。体能是提高运动技、战术水平的基础。体能是提高、发挥和保持竞技能力的先决条件。体能对防范运动损伤与延长运动寿命起到积极作用和意义。

羽毛球运动项目的特点，决定了选手机体在训练和比赛中要承担极大的运动负荷。通常身体在负荷后出现疲劳，其薄弱部位就容易受到损伤，从而影响运动寿命。加强体能训练，提高体能水平，增强抗疲劳能力，就能减少和防范运动损伤的发生。

专项力量素质训练：以发展速度力量和耐力力量素质为主，以保证在长时间的比赛中能够完成各种技术动作。

上肢力量：哑铃操练习、拉皮筋练习、网球拍挥拍练习、实心球投掷练习。

下肢练习：沙衣或沙袋负重下肢跳跃练习、跳绳练习、杠铃负重练习。

躯干专项力量练习：实心球练习、发展腰部肌肉练习。

专项速度素质练习：注重发展快速反应能力、快速启动变向移动以及快速完成各种击球技术动作的能力。

专项视听反应速度：听或看信号后做步法或挥拍的练习。

专项动作速度训练：多球练习、快速跳绳练习、对墙抽球练习、快速挥臂练习、下肢快速步频练习、跨越障碍物练习。

专项移动速度训练：直线进退跑或者左右两侧跑、杀上网步法。

专项耐力素质训练：羽毛球运动中所需要的专项耐力不同于体能类长跑运动项目所需的那种长时间的持续耐力，而是一种快速运动状态下间隔时间长短不一的速度耐力。应以发展高强度、短间歇的速度耐力为主。冲刺跑加移动步法、长时间综合跑跳、长时间的单双脚跳绳、多球速度耐力、单打持续全场攻防。

专项灵敏素质训练：羽毛球运动击球速度快，对身体灵敏性要求很高，特别是下肢步法。灵敏素质训练包括上肢、下肢和躯干部位。

上肢灵敏性训练：手腕小臂灵敏性训练、手指灵敏性训练。

下肢灵敏性训练：小步跑、高抬腿跑、后蹬跑、后踢腿跑、垫步跑、左右侧身并步跑、前后交叉步侧向移动跑。

髋部灵敏性训练：快速转体、前后交叉跳转体、原地转髋跳、高抬腿交叉转髋、收腹跳。

专项柔韧素质训练：柔韧素质与速度素质密切相关，关节肌肉柔韧性能好，上下肢和躯干动作协调能力更强，完成运动技术动作更合理，运动速度更快。
　　发展上肢关节柔韧性伸展训练：绕肩、持拍做肩部大绕环。
　　发展下肢各关节韧带伸展训练：后仰前屈、拉跟腱、踢腿、弓箭步跨步。
　　发展腰部伸展性训练：绕环、转腰。
　　结束部分　同第一次课。运动负荷小、小强度，预估心率80～100次/分钟。

第九至第十一次课

同第七次课。

第十二次课

　　教学内容：单球练习：后场高远球。多球练习：边线接杀练习。多球练习：前场网前球技术练习。
　　学习目标：1. 认知目标：通过探究学习、实践操作、趣味练习等，学生能够正确认识和理解技术运用的合理性和规范性，提高认知水平。2. 技能目标：要求学生在练习的过程中要积极准备、及时发现自己存在的问题、及时与教师进行沟通。3. 身心发展目标：提高自主学习能力，培养创新思维能力，提高身体协调性、灵敏性及团结协作精神。

教学内容与组织教法

　　准备部分　同第一次课。
　　时间分配：准备部分15～20分钟（导入情绪调动），运动负荷小、小强度，预估心率100～120次/分钟。
　　基本部分　60～75分钟（进入状态体验），负荷适中、中等强度，预估心率120～140次/分钟。

一、单球练习：后场高远球（练习时间：20～25分钟）

同第二次课对应内容。

二、多球练习：边线接杀练习（练习时间：20～25分钟）

（一）教学目的

通过制定的练习方法，使学生能够基本掌握边线接杀球的技术动作。

（二）练习方法

1. 教师示范：在中场放一高凳，发球者站在高凳上，用力将球扣杀到左、右中场边线附近。练习者由中心位置准备，判断启动后向左或向右移动用接杀球技术进行接杀球，多球练习，24个球为一组。

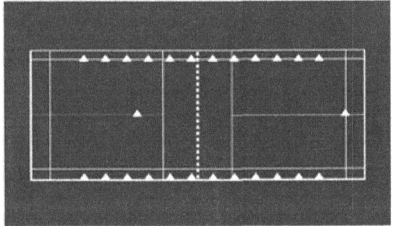

2. 分组练习：学生两人一组按照教师示范要求互相练习。

接杀放直线小球：将对方击来的杀球，回击网前小球至对方区域为接杀放直线小球。同其他接杀球技术配合使用，可调动对方前后奔跑，有效地限制其连续进攻。接杀放直线小球在单打竞赛中较为常用。

反手接杀放直线小球：击球点必须控制在身体左侧平行面以前的位置。将持拍手完全放松，手指控制球拍面，由展腕至手腕微发力，以一定的斜拍面仰角向前推送切击球托的底部，使球呈直线飞行，贴网落入对方前场区域。

（三）重点

1. 使学生建立起关于接杀挡网正确的战术作用和意义的理解。
2. 通过本节课的练习，使学生能够初步运用两边接杀球的移动步法及掌握好接杀时的拍面和击球点的距离与高度。

（四）难点

1. 学生在初次学习两边接杀球时容易出现重心过高、脚不动、光伸手去够球的情况。
2. 学生在初次练习两边接杀球的时候容易出现拍面不对，手腕和手臂过于紧张，导致挡网过高或过远的情况。

（五）要求

1. 注意力集中，接完球回到中心位置准备。
2. 步法到位，保证质量。
3. 控制好拍面和用力。

三、多球练习：前场网前球技术练习（练习时间：20~25分钟）

同第七次课。

课后作业：

1. 高远球挥拍，不少于300次。
2. 正反手颠球，不少于1000个。
3. 两边接杀步法，练习4组，每组15个来回。

结束部分 同第一次课。运动负荷小、小强度，预估心率80~100次/分钟。

第十三次课

同第十二次课。

第十四次课

教学内容：单球练习：后场高远球。多球练习：平高球和正反手杀球训练。多球练习：前场网前球技术练习。

学习目标：1. 认知目标：通过探究学习、实践操作、趣味练习等，学生能够正确认识和理解技术运用的合理性和规范性，提高认知水平。2. 技能目标：要求学生认真听讲、在练习的时候要积极准备、注意力高度集中、体会自己在学习过程中的心得。3. 身心发展目标：提高自主学习能力，培养创新思维能力，提高身体协调性、灵敏性及团结协作精神。

教学内容与组织教法

准备部分 同第一次课。

时间分配：准备部分15~20分钟（导入情绪调动），运动负荷小、小强度，预估心率100~120次/分钟。

基本部分 60~75分钟（进入状态体验），运动负荷小、小强度，预估心率100~120次/分钟。

一、单球练习：后场高远球

（一）教学目的

通过制定的练习方法，使学生的高远球技术得到提升，包括球速、落点、出手动作一致性。同时能够熟练掌握直线、斜线高远球拍面的变化。

（二）练习方法

同第二次课后场高远球练习方法。

（三）重点

1. 学生在完成击球动作的时候，应该用支撑脚用力向前向上蹬转，肩膀带动手臂向前完成鞭打的发力动作。
2. 完成击球动作之后，重心快速回动，并降低重心做准备姿势，以便完成下一拍高远球的击球动作。
3. 肩膀和肘关节的方向决定了最后出球的方向，肘关节向上打开才能更加高效得完成高质量的高远球。

（四）难点

1. 学生在进行两边高远球练习的时候，挥完拍之后没有及时调整重心向前回动，导致下一拍移动的时候不能够及时到位，导致发力挥拍的动作不充分，不能完成质量较高的击球。
2. 在进行头顶区高远球挥拍的时候，第一步侧身步幅不够大，导致后续的移动变慢，步法不到位无法充分利用身体的力量完成击球动作，降低回球的质量及增加回球的难度和体能的消耗。

（五）要求

击球点要高，控制好拍面角度，充分运用身体各部分的力量。

二、多球练习：平高球及正反手杀球训练（练习时间：20~25分钟）

（一）教学目的

通过制定的练习方法，使学生的平高球、正反手杀球技术得到提升，包括球速、落点、出手动作一致性，同时能够初步掌握正反手杀球的技术动作。

（二）练习方法

1. 教师示范：教师正手发高远球到后场，学生在后场击球，两个后场高远球，一个正手杀球，两个后场高远球，一个反手杀球，多球练习，24个球为一组。

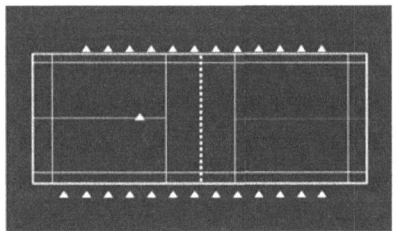

2. 分组练习：学生两人一组按照教师示范要求互相练习。

（三）重点

1. 学生在练习平高球的时候步法的移动速度一定要快。准备充分，随时都要保持低重心准备的姿态，第一步蹬转的速度一定要快。
2. 平高球的击球点要比高远球的击球点更加靠近身体前面，动作要小，小臂及手腕的闪动鞭打要比高远球更加快。

3. 平高球击球时拍面与水平面的角度要小于90°。

4. 反手杀球练习的过程中要注意在步法移动的时候把击球点让在身体的侧面，大臂支撑住，用身体转腰的力量带动小臂及手腕的力量快速完成鞭打下压的动作。

（四）难点

1. 学生在进行杀球训练的时候拍面容易过分内收，导致击球的瞬间拍面并没有正面击打到球托，以致出现球速慢、容易出界的情况。

2. 学生在进行反手杀球训练的时候，在想发力的情况下，过多地使用大臂的力量，导致最后击球瞬间的力量并不集中，甚至出现受伤。

（五）要求

1. 高远球击球点要高，控制好拍面角度，充分运用身体各部分的力量。

2. 正反手杀球的时候要保证架拍的稳定性及利用好腰部转体的力量。

三、多球练习：前场网前球技术练习（练习时间：20~25分钟）

同第七次课。

课后作业：

1. 正反手颠球，不少于1200个。

2. 双摇，不少于500个。

3. 两边边线接杀步法，四组，每组15个来回。

结束部分 同第一次课。运动负荷小、小强度，预估心率80~100次/分钟。

第十五至第二十一次课

同第十四次课（不包含第十七次课）。

第十七次课

理论课

第二十二次课

理论课

第二十三次课

教学内容：单球练习：后场高远球。单球练习：全场三人平高球和吊球训练。多球练习：前场网前球技术练习。

学习目标：1. 认知目标：通过探究学习、实践操作、趣味练习等，学生能够正确认识和理解技术运用的合理性和规范性，提高认知水平。2. 技能目标：要求学生进一步掌握平高球及吊球的技术动作，并且要求学生进一步提高自己吊球的稳定性、减少自己网前球的失误率。3. 身心发展目标：提高自主学习能力，培养创新思维能力，提高身体协调性、灵敏性及团结协作精神。

教学内容与组织教法

准备部分 同第一次课。

时间分配：准备部分15~20分钟（导入情绪调动），运动负荷小、小强度，预估心率100~120次/分钟。

基本部分 60~75分钟（进入状态体验），负荷适中、中等强度，预估心率120~140次/分钟。

一、单球练习：后场高远球（练习时间：20~25分钟）

（一）教学目的

通过制定的练习方法，使学生的高远球技术得到提升，包括球速、落点、出手动作一致性，同时能够基本掌握直线、斜线高远球拍面的变化。

（二）练习方法

同第二次课后场高远球练习方法。

（三）重点

1. 学生在练习高远球的时候，要求大臂带动小臂及拍面向上挥拍。
2. 击球瞬间拍面与水平面的夹角应当适当大于90°。
3. 学生在进行挥拍的时候，起跳挥拍完成之后一定要将重心从后面向回球方向转移并立马用并步或者垫步向场地中间进行回动。

（四）难点

1. 学生在移动过程中，步幅不够大，导致到位不及时，击球点不在身体的前面而是在侧面，以致挥拍的时候手臂从外向里横扫挥拍，导致发力不集中，回球质量出现明显的下降。
2. 学生在击球之前的准备过程中会因为击球动作的不熟练导致过分紧张，导致最后转身速度变慢。
3. 学生在判断来球落点的时候经常会出现击球点偏后的情况，整体的发力不能够很好地向前向上发力，导致最终的回球质量偏低。
4. 学生在最终击球的一瞬间会出现拍面不够正，手指手腕握得不够紧，最终传递到球上的力量不够，导致最终回球的质量偏低。

（五）要求

击球点要高，控制好拍面角度，充分运用身体各部分的力量。

二、单球练习：全场三人平高球和吊球训练（练习时间：20~25分钟）

（一）教学目的

通过制定的练习方法，使学生的平高球、吊球技术得到提升，包括球速、落点、出手动作一致性，同时能够基本掌握吊球的技术动作。

（二）练习方法

三人一组一个球，C击球给A两个直线平高球，第三个球吊球给B，B上网放网前球，C回搓球给B，B直线挑后场球，C退回

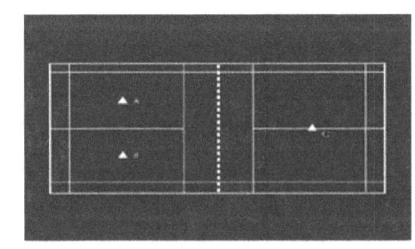

后场两个直线平高球给B，第三个球吊球给A，A上网放网前球，C回搓球给A，A直线挑后场球，C退回后场两个直线平高球给B，重复上述球路练习。

15分钟一轮，三人轮换，A换C，B换A，C换B，以此类推。

（三）重点

1. 学生在练习平高球的时候步法的移动速度一定要快。准备充分，随时都要保持低重心准备的姿态，第一步蹬转的速度一定要快。

2. 平高球的击球点要比高远球的击球点更加靠近身体前面，动作要小，小臂及手腕的闪动鞭打要比高远球更加快。

3. 平高球击球时拍面与水平面的角度要小于90°。

4. 要求学生在进行吊球挥拍的时候手指手腕适当放松，从球托的侧面切击球托，并且在切击的同时向前发力。

5. 吊球的手臂在完成击球之后不能向下发力，这会导致回球太远或者回球下网的情况出现。

（四）难点

学生在进行吊球练习的时候，没有在身体转正的情况下完成击球动作，而是在球托的后面进行捞球，这会导致回球过网太远及回动不及时的情况出现。

（五）要求

控制好球，尽量保证不下网；保证来回，步法正确。

三、多球练习：前场网前球技术练习（练习时间：20～25分钟）

同第七次课。

课后作业：

1. 正反手颠球，不少于1200个。
2. 高远球和反手杀球技术动作练习，四组，每组30个。
3. 双摇，不少于600个。

结束部分 同第一次课。运动负荷小、小强度，预估心率80～100次/分钟。

第二十四次课

同第二十三次课。

第二十五次课

教学内容： 单球练习：后场高远球。单球练习：全场三人平高球和吊球训练。多球练习：前场网前球技术练习。

学习目标： 1. 认知目标：通过探究学习、实践操作、趣味练习等，学生能够正确认识和理解技术运用的合理性和规范性，提高认知水平。2. 技能目标：要求学生积极准备、时刻保持低重心准备、减少自身的失误、进一步体会手指手腕的发力、网前小球的引拍要提前打开。3. 身心发展目标：提高自主学习能力，培养创新思维能力，提高身体协调性、灵敏性及团结协作精神。

教学内容与组织教法

准备部分 同第一次课。

时间分配：准备部分15~20分钟（导入情绪调动），运动负荷小、小强度，预估心率100~120次/分钟。

基本部分 60~75分钟（进入状态体验），负荷适中、中等强度，预估心率120~140次/分钟。

一、单球练习：后场高远球（练习时间：20~25分钟）

同第二十三次课第一部分。

二、单球练习：全场三人平高球和吊球训练（练习时间：20~25分钟）

同第二十三次课第二部分。

三、多球练习：前场网前球技术练习（练习时间：20~25分钟）

（一）教学目的

通过制定的练习方法，使学生的网前球技术得到提升，包括落点、出手动作一致性，同时能够基本掌握网前小球手指手腕的击球感。

（二）练习方法

1. 教师示范：学生后场步法挥拍高远球动作后上网，教师抛网前球，学生上网根据球自行选择搓球、勾球、扑球、推球、挑球，完成后回场地中间，24个球为一组。

2. 分组练习：学生两人一组按照教师示范要求互相练习。

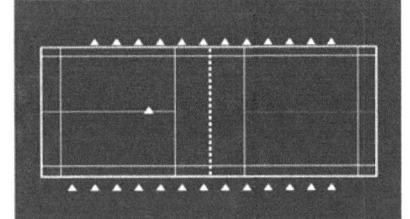

（三）重点

1. 网前球的击球需要手指手腕适当放松，体会手指的发力。
2. 在面对不同高度过网的球的时候要选择适当的回球方式。
3. 启动要快，蹬跨步要撑住，击球动作一致性要高。

（四）难点

1. 学生需要在短暂的时间内选择最适当的击球动作。
2. 学生要在快速的移动中保持手臂的稳定性。

（五）要求

1. 手指握拍放松，手臂不能伸得太直。
2. 起动要快，准确到位，击球点要高。
3. 击球后，球拍要收至胸前，而不是垂向下，步法回动要快。

课后作业：

1. 正反手颠球，不少于1200个。
2. 高远球以及吊球挥拍练习，共四组，每组30次。
3. 双摇，不少于600个。

结束部分 同第一次课。运动负荷小、小强度，预估心率80~100次/分钟。

第二十六次课

教学内容： 单球练习：后场高远球。单球练习：全场三人平高球和杀球训练。多球练习：前场网前球技术练习。

学习目标： 1.认知目标：通过探究学习、实践操作、趣味练习等，学生能够正确认识和理解技术运用的合理性和规范性，提高认知水平。2.技能目标：要求学生的杀球落点要靠近边线，进一步掌握平高球的手指手腕的集中发力。3.身心发展目标：提高自主学习能力，培养创新思维能力，提高身体协调性、灵敏性及团结协作精神。

教学内容与组织教法

准备部分 同第一次课。
时间分配：准备部分15～20分钟（导入情绪调动），运动负荷小、小强度，预估心率100～120次/分钟。

基本部分 60～75分钟（进入状态体验），负荷适中、中等强度，预估心率120～140次/分钟。

一、单球练习：后场高远球（练习时间：20～25分钟）

同第二十三次课第一部分。

二、单球练习：全场三人平高球和杀球训练（练习时间：20～25分钟）

同第二十三次课第二部分。

三、多球练习：前场网前球技术练习（练习时间：20～25分钟）

（一）教学目的

通过制定的练习方法，使学生的网前球技术得到提升，包括落点、出手动作一致性，同时能够基本掌握网前小球手指手腕的击球感。

（二）练习方法

1. 教师示范：学生后场步法挥拍高远球动作后上网，教师抛网前球，学生上网根据情况选择击球动作。
2. 分组练习：学生两人一组按照教师示范要求互相练习。

重点、难点、要求、课后作业同第二十五次第三部分。

结束部分 同第一次课。运动负荷小、小强度，预估心率80～100次/分钟。

第二十七次课

教学内容： 单球练习：后场高远球。多球练习：前场网前球技术练习。单打综合练习。

学习目标： 1.认知目标：通过探究学习、实践操作、趣味练习等，学生能够正确认识和理解技术运用的合理性和规范性，提高认知水平。2.技能目标：要求学生积极准备、减少自身的失误、在单打综合练习过程中要灵活运用所学的技术动作及战术、综合检验自身的学习情况。3.身心发展目标：提高自主学习能力，培养创新思维能力，提高身体协调性、灵敏性及团结协作精神。

教学内容与组织教法

准备部分 同第一次课。

时间分配：准备部分15～20分钟（导入情绪调动），运动负荷小、小强度，预估心率100～120次/分钟。

基本部分 60～75分钟（进入状态体验），负荷适中、中等强度，预估心率120～140次/分钟。

一、单球练习：后场高远球（练习时间：20～25分钟）

同第二十三次课第一部分。

二、多球练习：前场网前球技术练习（练习时间：20～25分钟）

同第二十五次课第三部分。

三、单打综合练习（练习时间：20～25分钟）

（一）教学目的

通过一对一的实战对抗，全面地检查学生之前技术动作的学习情况及将技术串联起来连贯地使用出来，形成一定实际对抗的能力。

（二）练习方法

两人一组进行全场综合单打练习。

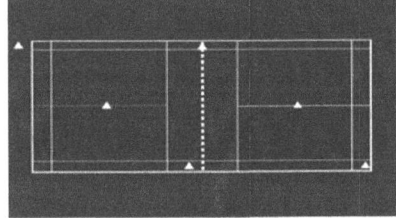

（三）重点

1. 学生在进行实战的过程中首要保证自己的失误率不能太高。
2. 学生在进行实战的时候，要认真对待每一分，球没落地就不能轻易地放球。
3. 学生在实战过程中要有针对性地出球，要把自己的想法打出来。

（四）难点

1. 学生在对抗的过程中步法会出现慌乱。
2. 学生在对抗的过程中会出现不及时回中、不积极准备的情况。
3. 学生在对抗的过程中会出现缺乏球路组织的情况，导致自己的进攻不顺畅、效率低下。

（五）要求

保证动作、步法的正确性。

课后作业：

1. 正反手颠球，不少于1200个。
2. 高远球挥拍练习，不少于300个。
3. 网前技术动作练习，四组，每组30个。
4. 双摇，不少于600个。

结束部分 同第一次课。运动负荷小、小强度，预估心率80～100次/分钟。

第二十八次课

同第二十七次课。

第二十九次课

理论课

第三十次课

教学内容：教学比赛暨学生羽毛球单打的裁判实习。

学习目标：1. 认知目标：通过探究学习、实践操作、趣味练习等，学生能够正确认识和理解技术运用的合理性和规范性，提高认知水平。2. 技能目标：要求学生进一步掌握羽毛球的裁判规则、培养自身的规则意识。3. 身心发展目标：提高自主学习能力，培养创新思维能力，提高身体协调性、灵敏性及团结协作精神。

教学内容与组织教法

准备部分 同第一次课。

时间分配：准备部分15~20分钟（导入情绪调动），运动负荷小、小强度，预估心率100~120次/分钟。

基本部分 60~75分钟（进入状态体验），运动负荷大、高强度，预估心率大于160次/分钟。

教学比赛暨学生羽毛球单打的裁判实习（练习时间：20~25分钟）

（一）**教学目的**

通过实际的比赛裁判练习，考验学生对于单打规则的掌握和理解程度，以及临场应对各种突发情况的能力。

（二）**练习方法**

1. 简要回顾羽毛球竞赛规则。
2. 简要回顾羽毛球单打裁判法。
3. 6人一组，2名作运动员行单打比赛，4名作裁判员，2名司线员，1名主裁判，1名发球裁判员。进行15分制的比赛，然后轮换练习。

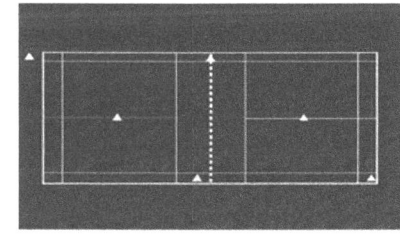

（三）**重点**

1. 要使学生在执裁的过程中控制场上出现的任何突发情况。
2. 要使学生明白裁判在场上是最大的，需要具备不怕场上队员抱怨的能力。

（四）**难点**

学生对于各种违例的判罚缺乏判断及当机立断判罚的信心。

（五）要求

1. 裁判员宣报时声音洪亮、记分准确，裁判视觉位置正确。
2. 发球裁判员注意观察的准确性和角度。
3. 司线员注意力集中，位置正确。

课后作业：

1. 双摇，不少于600个。
2. 全场步法练习，四组，每组10个上网。
3. 背诵熟悉裁判法，不少于三遍。

结束部分 同第一次课。运动负荷小、小强度，预估心率80～100次/分钟。

第三十一次课

教学内容： 单球练习：后场高远球。单球练习：全场三人平高球和杀吊球训练。多球练习：平抽球平挡练习。

学习目标： 1. 认知目标：通过探究学习、实践操作、趣味练习等，学生能够正确认识和理解技术运用的合理性和规范性，提高认知水平。2. 技能目标：要求学生注意力集中、积极准备，减少练习过程中的失误，注重听教师讲解平抽平挡的技术要领，带着要求进行练习。3. 身心发展目标：提高自主学习能力，培养创新思维能力，提高身体协调性、灵敏性及团结协作精神。

教学内容与组织教法

准备部分 同第一次课。

时间分配： 准备部分15～20分钟（导入情绪调动），运动负荷小、小强度，预估心率100～120次/分钟。

基本部分 60～75分钟（进入状态体验），负荷适中、中等强度，预估心率120～140次/分钟。

一、单球练习：后场高远球（练习时间：20～25分钟）

同第二十三次课第一部分。

二、单球练习：全场三人平高球和杀吊球训练（练习时间：20～25分钟）

同第二十三次课第二部分。

三、多球练习：平抽球练习（练习时间：20～25分钟）

（一）教学目的

通过制定的练习方法，使学生初步掌握中场平抽球的技术动作。

（二）练习方法

1. 教师示范：在中场放一高凳，发球者站在高凳上，用力将球扣杀到左、右中场边线附近。练习者由中心位置准备，判断起动后向左或向右移动用抽球技术进行接杀球，多球练习，24个球为一组。

2. 分组练习：学生两人一组按照教师示范要求互相练习。

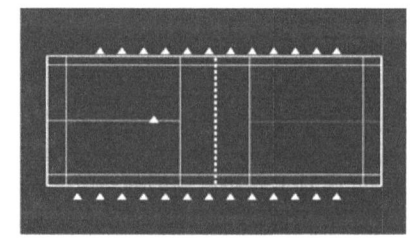

（三）重点

1. 无论是正手还是反手平抽球，击球都应该争取在身体的侧前方，这样有利于手臂的发力。向前的发力是比较顺的发力，更容易击打出高质量的回球来。

2. 在准备的时候，一定要把重心放低，拍头一定要竖着准备。因为平抽球速度快，来回间隔时间短，拍头掉在地上的话，会大幅增加回球的时间，并增加回球的难度。

（四）难点

1. 学生在进行平抽球练习的时候，会因为太想发力而导致引拍动作过大，这会增加回球的时间，错过最佳的击球点，从而使回击的平抽球出现过网太高的情况，增加自己防守的难度。

2. 学生在进行平抽球练习的时候，手臂的支撑会出现晃动的情况，这就导致学生在出球的时候挥拍机制不稳，从而增加回球的不稳定性。

（五）要求

1. 击球点选择在左、右两侧前方，抽击直线球或对角线球。
2. 抽击时，拍面稍向前提压。
3. 击球后，球拍随身体的回动而回收。

课后作业：

1. 正反手颠球，不少于1200个。
2. 高远球、杀球、吊球挥拍练习，每个动作四组，每组30个。
3. 双摇，不少于600个。

结束部分　同第一次课。运动负荷小、小强度，预估心率80～100次/分钟。

第三十二、三十三次课

同第三十一次课。

第三十四次课

教学内容： 单球练习：后场高远球。单球练习：任意球路三人平高球和杀吊球训练。单球练习：平抽球平挡练习。

学习目标： 1. 认知目标：通过探究学习、实践操作、趣味练习等，学生能够正确认识和理解技术运用的合理性和规范性，提高认知水平。2. 技能目标：要求学生在进行任意球路练习的时候组织好自己进攻的球路，防守的学生积极准备，时刻保持重心准备的姿势。3. 身心发展目标：提高自主学习能力，培养创新思维能力，提高身体协调性、灵敏性及团结协作精神。

教学内容与组织教法

准备部分　同第一次课。

时间分配：准备部分15～20分钟（导入情绪调动），运动负荷小、小强度，预估心率100～120次/分钟。

基本部分 60～75分钟（进入状态体验），负荷适中、中等强度，预估心率120～140次/分钟。

一、单球练习：后场高远球（练习时间：20～25分钟）

教学目的

通过制定的练习方法，使学生的高远球技术得到提升，包括球速、落点、出手动作一致性，要求学生在被动的情况下也要有反击的能力。

其他同第二十三次课第一部分对应内容。

二、单球练习：任意球路三人平高球和杀吊球训练（练习时间：20～25分钟）

（一）教学目的

通过制定的练习方法，使学生的平高球、杀球、吊球技术得到提升，包括球速、落点、出手动作一致性，同时能够熟练掌握正反手杀球及吊球的技术动作，并能够灵活运用。

（二）练习方法

三人一组一个球，C击两个后场平高球随意给A或B，第三个球杀球或吊球给A或B，A或B上网放网前球，C上网回搓，A或B任意直线或对角线挑后场球，C退回后场两个直线平高球给A或B，重复上述球路练习。

15分钟一轮，三人轮换，A换C，B换A，C换B，以此类推。

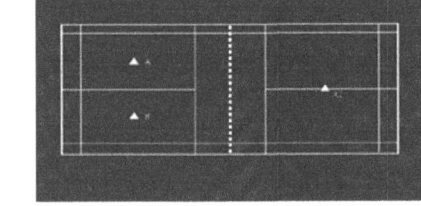

（三）重点、难点、要求

同第二十三次课第二部分对应内容。

三、单球练习：平抽球平挡练习（练习时间：20～25分钟）

（一）教学目的

通过制定的练习方法，使学生能够初步掌握中场平抽球的技术动作。

（二）练习方法

两人一个球，运用正手或反手击球姿势，将对方击至肩部高度附近的球，以齐网的飞行弧线还击至对方中后场区域，或者快挡过网的球。

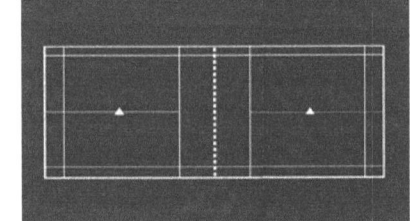

（三）重点

1. 无论是正手还是反手平抽球，击球都应该争取在身体的侧前方，这样有利于手臂的发力。向前的发力是比较顺的发力，更容易击打出高质量的回球来。

2. 在准备的时候，一定要把重心放低，拍头一定要竖着准备。因为平抽球速度快，来回间隔时间短，拍头掉在地上的话，会大幅增加回球的时间，并增加回球的难度。

（四）难点

1. 学生在进行平抽球练习的时候，会因为太想发力而导致引拍动作过大，这会增加回球的时间，错过最佳的击球点，从而使回击的平抽球出现过网太高的情况，增加自己防守的难度。

2. 学生在进行平抽球练习的时候，手臂的支撑会出现晃动，这就导致学生在出球的时候挥拍机制不稳，从而增加回球的不稳定性。

（五）要求

1. 抽击时，拍面稍向前提压。
2. 击球后，球拍随身体的回动而回收。

课后作业：

1. 正反手颠球练习，不少于1200个。
2. 高远球、杀球、吊球、平抽球挥拍练习，四组，每组30个。
3. 双摇，不少于600个。
4. 俯卧撑，四组，每组30个。

结束部分 同第一次课。运动负荷小、小强度，预估心率80～100次/分钟。

第三十五次课

同第三十四次课。

第三十六次课

理论课

第三十七次课

同第三十四次课。

第三十八次课

教学内容： 观摩省优秀运动队训练。

学习目标： 1. 认知目标：通过探究学习、实践操作、趣味练习等，学生能够正确认识和理解技术运用的合理性和规范性，提高认知水平。2. 技能目标：要求学生通过观摩，找出自己在学习过程中的不足之处，并制订下一阶段的学习计划。3. 身心发展目标：提高自主学习能力，培养创新思维能力，提高身体协调性、灵敏性及团结协作精神。

教学内容与组织教法

准备部分 同第一次课。

时间分配：准备部分15～20分钟（导入情绪调动），运动负荷小、小强度，预估心率100～120次/分钟。

基本部分 60~75分钟（进入状态体验），运动负荷小、小强度，预估心率100~120次/分钟。

观摩省优秀运动队训练

（一）教学目的

1. 通过本节课的观摩，使学生的出球意识、移动意识等得到提升，提高自身的运动智能，努力提升自身的综合能力水平。
2. 要求学生学习态度端正、精神饱满、注意力集中及善于发现自身存在的问题，积极地自主查漏补缺。要求教师授课认真严肃、及时纠正学生练习过程中出现的问题。

（二）讲解

讲解观摩重点。

（三）要求

听从教师指挥，服从教师安排，不影响运动员训练。

课后作业：

写一篇观后感，包含各种技战术的使用情况、制胜分的分析、领先、落后时的打法变化。

结束部分 同第一次课。运动负荷小、小强度，预估心率80~100次/分钟。

第三十九次课

教学内容：单球练习：后场高远球。多球练习：网前发球、接发球练习。单球练习：平抽球连续对打练习。

学习目标：1. 认知目标：通过探究学习、实践操作、趣味练习等，学生能够正确认识和理解技术运用的合理性和规范性，提高认知水平。2. 技能目标：要求学生在练习的时候要带着问题去练习、有疑问要及时和教师进行沟通。3. 身心发展目标：提高自主学习能力，培养创新思维能力，提高身体协调性、灵敏性及团结协作精神。

教学内容与组织教法

准备部分 同第一次课。

时间分配：准备部分15~20分钟（导入情绪调动），运动负荷小、小强度，预估心率100~120次/分钟。

基本部分 60~75分钟（进入状态体验），负荷适中、中等强度，预估心率120~140次/分钟。

一、单球练习：后场高远球（练习时间：20~25分钟）

同第二十三次课第一部分。

二、多球练习：网前发球、接发球练习（练习时间：20~25分钟）

（一）教学目的

通过制定的练习方法，使学生的发球和接发球技术得到提升，包括落点、出手动作一致性，同时能够基本掌握网前小球手指手腕的击球感。

（二）练习方法

1. 教师示范：教师网前发球，学生做接发球准备，根据球自行选择搓球、勾球、扑球、推球、挑球，完成后回场地中间，24个球为一组。

2. 分组练习：学生两人一组按照教师示范要求互相练习，一组网前正手发球另一组网前反手发球，轮换。

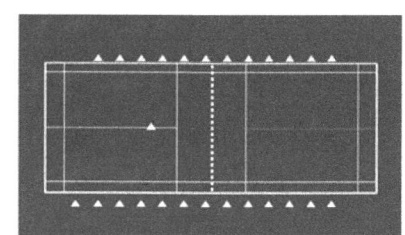

（三）重点

1. 学生在进行发球和接发球练习的时候，一定要注意充分做好准备动作。
2. 学生在接发球的时候，一定要把重心向来球方向跟进，不能在原地等球过来。
3. 准备的时候，注意身体的姿势，要侧身准备接发球，时刻准备着对手偷发后场球。

（四）难点

在接偷发后场球的时候，第一步蹬转的速度及身体的支撑都是学生在练习过程中需要时刻注意的。

（五）要求

1. 手指握拍放松，手臂不能伸得太直。
2. 起动要快，准确到位，击球点要高。
3. 击球后，球拍要收至胸前，而不是垂向下，步法回动要快。

三、单球练习：平抽球连续对打练习（练习时间：20~25分钟）

（一）教学目的

通过制定的练习方法，使学生能够基本掌握中场平抽球的技术动作。

（二）练习方法

两人一个球，直线定点平抽平挡练习，15分钟轮换不固定点平抽平挡练习。

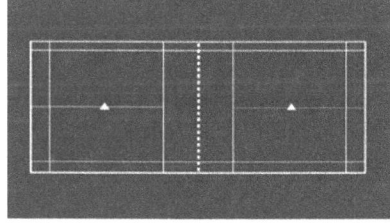

（三）重点、难点

同第三十四课第三部分对应内容。

（四）要求

1. 抽击时，拍面稍向前提压。
2. 击球后，球拍随身体的回动而回收。
3. 只能采用平球进行全力快速平抽平挡球练习。
4. 迎球快打、近打和平打。

课后作业：

1. 正反手颠球，不少于1200个。
2. 双摇，不少于600个。

3. 高远球挥拍，不少于300个。

4. 对墙平抽球练习，不少于10分钟。

结束部分　同第一次课。运动负荷小、小强度，预估心率80～100次/分钟。

第四十、四十一次课

同第三十九次课。

第四十二次课

教学内容：单球练习：后场高远球。复习羽毛球双打战术。双打综合练习。

学习目标：1. 认知目标：通过探究学习、实践操作、趣味练习等，学生能够正确认识和理解技术运用的合理性和规范性，提高认知水平。2. 技能目标：要求学生在练习双打的时候要体现出学习的球路、做好轮换、积极准备、时刻保持低重心的准备。3. 身心发展目标：提高自主学习能力，培养创新思维能力，提高身体协调性、灵敏性及团结协作精神。

教学内容与组织教法

准备部分　同第一次课。

时间分配：准备部分15～20分钟（导入情绪调动），运动负荷小、小强度，预估心率100～120次/分钟。

基本部分：60~75分钟（进入状态体验），负荷适中、中等强度，预估心率120~140次/分钟。

一、单球练习：后场高远球（练习时间：20～25分钟）

同第二十三次课第一部分。

二、复习羽毛球双打战术（练习时间：20～25分钟）

（一）教学目的

1. 通过讲解，使学生基本了解羽毛球双打的战术。

2. 通过本节课的学习过程，使学生的出球意识、移动意识等得到提升，提高自身的运动智能，努力提升自身的综合能力水平。

（二）练习方式

1. 六名学生一组，四名学生互相配对进行实战对抗。另外两名学生分别担任裁判及司线员。

2. 教师在一旁监督，如果出现明显的战术配合问题，及时叫停比赛，就发现的问题进行讲解。

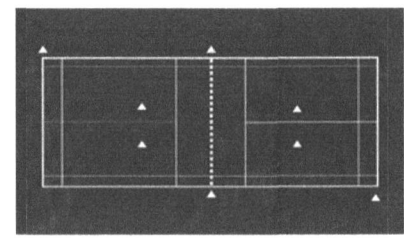

（三）重点

1. 学生在进行实际对抗的时候，要求注意力高度集中，不能够轻易放过每一分。

2. 学生在进行接发环节的时候，战术意识一定要明确，不能出现随意的回球。

3. 学生在进行进攻或者防守的时候，进攻及防守的任务分配要明确，轮转流畅。

（四）难点

学生在进行进攻的时候，过分追求一拍打死对方，而导致在场上的进攻出现进攻手段单一、缺少变化的情况，违背了双打连贯、快速的进攻指导思想。

（五）要求

学会将所学的技战术运用到比赛中。

三、双打综合练习（练习时间：20～25分钟）

（一）教学目的

通过实际的对抗，加深学生对羽毛球双打战术的理解。

（二）练习方法

四人一组进行双打综合练习。

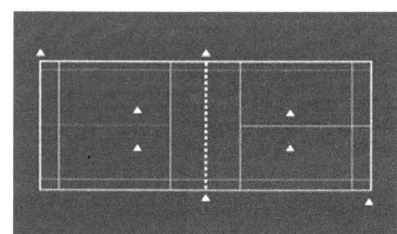

（三）重点

1. 学生要注意和队友的配合，尽量避免出现抢球的情况。
2. 学生注意和队友之间的轮转配合，形成连贯的进攻。

（四）难点

1. 在进行防守的时候，直线和斜线的球要做好分工，尽量避免出现抢球的情况。
2. 在进行进攻的时候要注意和队友的配合，打出高效连贯的进攻。

（五）要求

基本了解羽毛球双打战术，学会运用到比赛中。

课后作业：

1. 高远球挥拍，不少于300个。
2. 双摇，不少于600个。
3. 正反手颠球，不少于1200个。
4. 观看双打比赛视频，不少于30分钟。

结束部分 同第一次课。运动负荷小、小强度，预估心率80～100次/分钟。

第四十三次课

同第四十二次课。

第四十四次课

教学内容： 教学比赛暨学生羽毛球双打的裁判实习。

学习目标： 1. 认知目标：通过探究学习、实践操作、趣味练习等，学生能够正确认识和理解技术运用的合理性和规范性，提高认知水平。2. 技能目标：要求学生进一步熟悉双打裁判的规则并通过教学比赛培养学生的规则意识。3. 身心发展目标：提高自主学习能力，培养创新思维能力，提高身体协调性、灵敏性及团结协作精神。

教学内容与组织教法

准备部分　同第一次课。

时间分配：准备部分15~20分钟（导入情绪调动），运动负荷小、小强度，预估心率100~120次/分钟。

基本部分　60~75分钟（进入状态体验），运动负荷小、小强度，预估心率100~120次/分钟。

教学比赛暨学生羽毛球双打的裁判实习（练习时间：20~25分钟）

（一）教学目的

通过实际的比赛执裁，加深学生对于双打规则的理解及临场应对突发状况的能力。

（二）练习方法

1. 简要回顾羽毛球竞赛规则。
2. 简要回顾羽毛球双打裁判法。
3. 8人一组，4名进行双打比赛，4名裁判，1名裁判员，2名司线裁判员，1名发球裁判员。进行15分制的比赛，然后轮换练习。

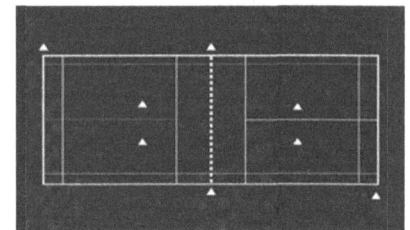

（三）重点

1. 双打的发球与接发球的队员的站位是教师讲解中的重点。
2. 双打中接发球与发球人的违例是判罚中的重点。

（四）难点

学生在对抗中会出现轮转不流畅及接发球站位有误的情况。

（五）要求

1. 裁判员对运动员的场上位置和比分掌握正确。
2. 发球线裁判员注意发球方和接发球方的脚误、发球过腰、发球过手、提前移动。
3. 司线员注意发球时球是否超过第二发球线。

课后作业：

1. 熟悉并学习羽毛球双打的规则，不少于30分钟。
2. 回顾本节课的执裁，记录下自己出现错误的地方，并加以改正。

结束部分　同第一次课。运动负荷小、小强度，预估心率80~100次/分钟。

第四十五次课

同第四十四次课。

第四十六次课

理论课

第四十七次课

教学内容：综合复习。

学习目标：1. 认知目标：通过探究学习、实践操作、趣味练习等，学生能够正确认识和理解技术运用的合理性和规范性，提高认知水平。2. 技能目标：要求学生通过综合复习进一步检查自己在本学期学习过程中存在的问题，制订下学期的学习计划。3. 身心发展目标：提高自主学习能力，培养创新思维能力，提高身体协调性、灵敏性及团结协作精神。

教学内容与组织教法

准备部分　同第一次课。

时间分配：准备部分15~20分钟（导入情绪调动），运动负荷小、小强度，预估心率100~120次/分钟。

基本部分　60~75分钟（进入状态体验），负荷适中、中等强度，预估心率120~140次/分钟。

综合复习（练习时间：60~75分钟）

（一）教学目的

1. 检查学生一学期的学习情况及技术动作的掌握情况。
2. 要求学生学习态度端正、精神饱满、注意力集中及善于发现自身存在的问题，积极地自主查漏补缺。要求教师授课认真严肃、及时纠正学生练习过程中出现的问题。

（二）练习方法

两人一组，全场综合练习。

（三）重点：

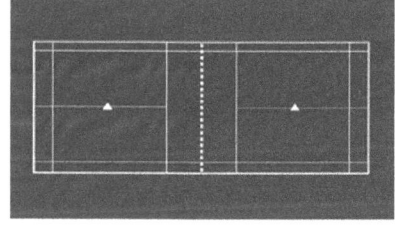

1. 本节课重点在于检查学生这一学期的技战术学习情况。
2. 检查学生在对抗中遇到问题之后解决问题的能力。
3. 检查学生在被动情况下处理球的能力。
4. 检查学生的战术丰富程度及战术的执行能力。

（四）难点

1. 学生在对抗过程中由于体力的问题会出现失误率上升的情况。
2. 学生在遇到问题之后解决问题的能力是技战术及体能的综合体现，对学生的能力是比较大的考验。

（五）要求

体现出所学习的球路。

课后作业：

1. 高远球挥拍、杀球、吊球挥拍，四组，每组30个。
2. 全场综合步法练习，四组，每组20个。
3. 双摇，不少于600个。
4. 俯卧撑，四组，每组30个。

结束部分　同第一次课。运动负荷小、小强度，预估心率80~100次/分钟。

第四十八次课

教学内容：技术测试。

学习目标：1. 认知目标：通过探究学习、实践操作、趣味练习等，学生能够正确认识和理解技术运用的合理性和规范性，提高认知水平。2. 技能目标：要求学生通过技术测试找出自己存在的问题、制订下学期的学习计划、有针对性地进行补强练习。3. 身心发展目标：提高自主学习能力，培养创新思维能力，提高身体协调性、灵敏性及团结协作精神。

教学内容与组织教法

准备部分　同第一次课。

时间分配：准备部分15~20分钟（导入情绪调动），运动负荷小、小强度，预估心率100~120次/分钟。

基本部分　60~75分钟（进入状态体验），运动负荷大、高强度，预估心率大于160次/分钟。

技术测试（练习时间：60~75分钟）

（一）教学目的

1. 以抽签对抗的形式综合检验学生一学期的学习情况。
2. 通过本节课的学习过程，使学生的出球意识、移动意识等得到提升，提高自身的运动智能，努力提升自身的综合能力水平。
3. 要求学生学习态度端正、精神饱满、注意力集中及善于发现自身存在的问题，积极地自主查漏补缺。要求教师授课认真严肃、及时纠正学生练习过程中出现的问题。

（二）要求

1. 全班男女分组，按照单循环赛制进行男子单打、女子单打比赛。
2. 最终排名成绩纳入期末总成绩中。

结束部分　同第一次课。运动负荷小、小强度，预估心率80~100次/分钟。

大二下学期羽毛球专修课课程进度及教案

周次	课次	任务	课次	任务	课次	任务
一	1	恢复训练，综合练习。	2	1. 单球练习：后场高远球。 2. 多球练习：平高球和正手吊球训练。 3. 多球练习：前场网前球技术练习。	3	1. 单球练习：后场高远球。 2. 单球练习：三人平高球和正手吊球训练。 3. 多球练习：前场网前球技术练习。
二	4	1. 单球练习：后场正手吊球。 2. 多球练习：平高球和反手吊球训练。	5	1. 单球练习：后场正手吊球。 2. 单球练习：三人平高球和反手吊球训练。	6	理论课。
三	7	1. 多球练习：中场杀球。 2. 单球练习：二一式二点打四点练习。 3. 多球练习：一点打六点练习。	8	1. 多球练习：中场杀球。 2. 单球练习：二一式二点打四点练习。 3. 多球练习：一点打六点练习。	9	1. 多球练习：中场杀球。 2. 单球练习：二一式二点打四点练习。 3. 多球练习：一点打六点练习。
四	10	1. 多球练习：中场杀球。 2. 单球练习：二一式二点打四点练习。 3. 多球练习：一点打六点练习。	11	理论课。	12	1. 网前搓球技术复习。 2. 多球练习：一点打六点练习。
五	13	1. 单球练习：后场高远球。 2. 单球练习：二一式全场进攻和防守练习。	14	1. 多球练习：中场杀球。 2. 单球练习：二一式全场进攻和防守练习。	15	1. 网前搓球技术复习。 2. 单球练习：二一式全场进攻和防守练习。
六	16	1. 单球练习：后场高远球。 2. 单球练习：二一式二点打四点练习。	17	1. 单球练习：后场高远球。 2. 单球练习：二一式全场进攻和防守练习。	18	1. 单球练习：后场正手吊球。 2. 单球练习：三一式进攻和防守练习。
七	19	1. 单球练习：后场高远球。 2. 单球练习：三人平高球和正手吊球训练。	20	1. 单球练习：后场吊球上网练习。 2. 单球练习：三一式进攻和防守练习。	21	理论课。

（续表）

周次	课次	任务	课次	任务	课次	任务
八	22	1. 单球练习：任意球路三人平高球和杀吊球训练。 2. 单球练习：平抽球平挡练习。	23	1. 单球练习：任意球路三人平高球和杀吊球训练。 2. 单球练习：平抽球平挡练习。	24	1. 单球练习：后场高远球。 2. 复习羽毛球单打战术。 3. 单打综合练习。
九	25	1. 单球练习：平高球和正手杀球训练。 2. 复习羽毛球单打战术。	26	理论课。	27	教学比赛暨学生羽毛球单打的裁判实习。
十	28	教学比赛暨学生羽毛球单打的裁判实习。	29	1. 单球练习：平高球和正手杀球训练。 2. 多球练习：网前发球、接发球练习。 3. 单球练习：平抽球连续对打练习。	30	1. 多球练习：后场高远球结合上网。 2. 多球练习：网前发球、接发球练习。 3. 多球练习：边线接杀练习。
十一	31	理论课。	32	1. 多球练习：后场高远球结合上网。 2. 多球练习：网前发球、接发球练习。 3. 单球练习：平抽球连续对打练习。	33	1. 多球练习：网前发球、接发球练习。 2. 单球练习：平抽球连续对打练习。
十二	34	1. 多球练习：网前发球、接发球练习。 2. 单球练习：平抽球连续对打练习。	35	1. 多球练习：后场高远球结合上网。 2. 多球练习：网前发球、接发球练习。 3. 多球练习：边线接杀练习。	36	1. 单球练习：全场三人平高球和杀吊球训练。 2. 单球练习：四二式防守练习。
十三	37	1. 单球练习：后场高远球。 2. 多球练习：边线接杀练习。	38	理论课。	39	1. 单球练习：全场三人平高球和杀吊球训练。 2. 单球练习：四二式防守练习。
十四	40	观摩省优秀运动队训练。	41	1. 多球练习：平高球和反手吊球训练。 2. 单球练习：三一式进攻和防守练习。	42	1. 单球练习：后场高远球。 2. 单球练习：三一式进攻和防守练习。

（续表）

周次	课次	任务	课次	任务	课次	任务
十五	43	1. 多球练习：平高球和反手吊球训练。 2. 单球练习：三一式进攻和防守练习。	44	1. 单球练习：三人平高球和反手吊球训练。 2. 单球练习：四二式防守练习。	45	1. 单球练习：后场高远球。 2. 单球练习：四二式防守练习。
十六	46	1. 单球练习：三人平高球和反手吊球训练。 2. 单球练习：四二式防守练习。	47	1. 复习羽毛球双打战术。 2. 双打综合练习。	48	1. 复习羽毛球双打战术。 2. 双打综合练习。
十七	49	教学比赛暨学生羽毛球双打的裁判实习。	50	理论课。	51	教学比赛暨学生羽毛球双打的裁判实习。
十八	52	综合复习。	53	技术测试。	54	技术测试。

第一次课

教学内容：恢复训练，综合练习。

学习目标：1. 认知目标：通过探究学习、实践操作、趣味练习等，学生能够正确认识和理解技术运用的合理性和规范性，提高认知水平。2. 技能目标：要求学生进入训练的状态，按照上学期制订的学习补强计划，有目的性地进行练习。3. 身心发展目标：提高自主学习能力，培养创新思维能力，提高身体协调性、灵敏性及团结协作精神。

教学内容与组织教法

准备部分 同大一上第二次课准备部分。

基本部分 60~75分钟（进入状态运动体验）。

一、综合步法练习（练习时间：20~25分钟）运运动负荷大，预估心率大于160次/分钟。

（一）教学目的

通过制定的练习方法，使学生掌握基本站位、跨步上网、垫步上网、侧身并步后退、交叉步后退等基本步法。

（二）练习方法

1. 集体练习：徒手练习，根据教师口令场下集体练习，12个一组，每组动作3~5组。
2. 分组练习：徒手练习，两人一组场上自主练习，一个喊口令一个练习，12个一组，每组动作3~5组，完成后交换。

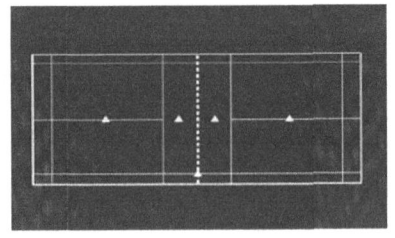 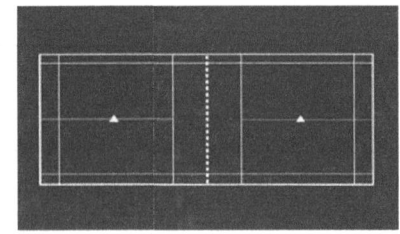

（三）重点

1. 反手上网步法：前冲力不要太大，避免身体失去平衡；击球后应尽快采用后退跨步、垫步或交叉步退回中心位置。

2. 头顶后退步法：上体和髋部侧转要快，右脚后退至左脚的后方横侧位，蹬跳方向应向左后方跳起，使上体向后仰。

（四）难点

学会运用所学上网步法、后退步法，学会何时选用何种步法才能更有效率。

（五）要求

1. 学生步法反应快、移动快，配合协调，动作规范到位、积极。
2. 教师口令洪亮清晰，精神饱满。

二、正手击高远球技术练习（练习时间：20~25分钟）运运动负荷大，预估心率120~160次/分钟。

（一）教学目的

通过制定的练习方法，使学生进一步巩固正手击高远球技术，包括球速、落点、出手动作一致性。

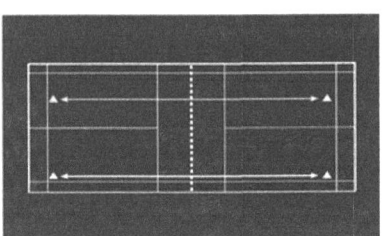

（二）练习方法

1. 原地挥拍练习。
2. 原地直线高远球：两人一组分别站在底线对击高远球。

（三）重点

1. 准备动作：右手握拍屈臂举拍于右侧，左手自然上举，眼睛向上注视来球，使拍面对着球网。

2. 挥拍动作：主要依靠前臂、手腕和中指的协调用力取得最佳速度；击球点在右肩上方，持拍手臂在几乎伸直的情况下，以正拍面击中球托底部，将球击出。

（四）难点

1. 准备姿势易犯的错误：握拍太紧，手臂伸得太直，两脚平站，身体正面对网，以致无法产生侧身转体的连贯发力动作。

2. 引拍动作易犯错误：身体太直，拍框无法在身后下摆，而是立即上举，肘部未屈，伸得太直，无法形成挥拍动作的最长距离，也无法产生更大的爆发力。

3. 挥拍击球易犯的错误：由于前两个环节的错误，必然造成挥拍击球时只能以肩为轴，靠"推"的动作击球，无法产生而且不会利用肩、肘、腕及腰、髋、膝相继发力产生的"鞭打"爆发力。

4. 随前动作易犯的错误：击球后，球拍不是顺惯性向左下方挥动并回收至体前，而是向右下后方挥动，影响身体重心的回动，步法上也无法回动。

（五）要求

击球点要高，控制好拍面角度，充分运用身体各部分的力量。

三、反手发网前球、网前球技术、正反手放网前球技术和正反手挑高球技术的综合复习（练习时间：20~25分钟）运运动负荷大，预估心率120~160次/分钟。

（一）教学目的

通过制定的练习方法，使学生的网前球技术得到提升，包括落点、出手动作一致性，同时能够基本掌握反手发网前球、网前球技术、正反手放网前球技术和正反手挑高球技术动作。

（二）练习方法

两人一组，20个球为一组，一人反手发网前球，一人做：
1. 网前球技术动作练习（搓球、勾球、推球、扑球各一组）；
2. 正反手挑高球技术动作练习（正反手各一组）；
3. 正反手放网前球技术动作练习（正反手各一组）；
4. 完成后轮换。

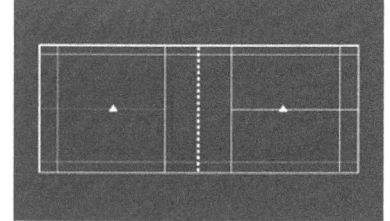

（三）重点

1. 击球点高、一致性好。一般要求击球点在离网顶30厘米左右，或更高些。击球前期动作一致性要强，握拍要放松、灵活，以便在击球瞬间利用手腕、手指的灵活性进行突变击球。

2. 准备判断，反应快，步法准备到位。这是为击球点高创造先决的条件，步法起动、移动快且准确到位，才能完成高点击球。

3. 出手击球快，控制能力强。除步法准确、快速到位、抢到较高击球点外，前臂要迅速往前上方举起，球拍略前伸，这是击搓、推、勾前期动作的一致性。在击球瞬间，根据战术需要，灵活、快速地出手击球，再结合搓、推、勾技术，威力无穷。

搓、推、勾、扑击球技术，对击球力量和拍面击球角度要求较高，必须掌握得恰到好处。力量大小主要靠身体前冲力、手臂、手腕和手指来控制，而拍面击球角度主要靠手腕和手指来调整。控制能力强和落点准确，取决对于击球技术、力量和拍面角度的控制。

4. 战术意识强，变化机动灵活。要正确适时、机动灵活地结合搓、推、勾、扑等击球技术，必须有很强的战术意识。当对方回击网前球之后急于回退时，我方应采用搓球；当对方回击网前球之后回动慢，或想抓住我方反复搓球时，应采用推球等动作。

（四）难点

1. 搓球易犯错误：

（1）准备姿势易犯的错误：手指握拍太紧，手臂伸得太直，两脚平站，身体太直立，影响起动速度和手腕灵活发力。

（2）引拍动作易犯的错误：起动太慢，不能准确到位，前臂未伸向前上方，导致击球点太低。

（3）挥拍击球动作易犯的错误：由于引拍动作错误，在高点搓球时，拍框头部高于拍框与拍柄交接处，拍面搓球时角度不对，造成搓球不过网而失误。

（4）随前动作易犯的错误：击球后，球拍未回收至胸前，而是垂向下，步法回动太慢。

2. 正手挑高球易犯错误：

（1）准备、引拍动作易犯的错误：起动和移动太慢，蹬跨步太小，右脚尖朝内，造成移动不到位，引拍动作未能形成挥拍的最长距离，不利产生爆发力。

（2）击球动作易犯的错误：握拍太紧，不能产生较好的爆发力，未以正拍面击球。

（3）随前动作易犯的错误：击球之后，球拍未制动，挥得太高，未能迅速回动而是向前跟进。

3. 反手挑高球易犯错误：

（1）准备、引拍易犯的错误：起动、移动太慢，左脚未先移一小步，右脚立即向前蹬跨一大步，造成移动不到位，引拍动作未能形成挥拍的最长距离。拍面不是向上，而是向网。手腕形成明显的屈腕动作，不利于产生爆发力。上体太直。

（2）击球动作易犯的错误：由于引拍动作的错误，造成击球时发力不佳。来球近网时，提拉动作向上不够，造成下网。

（3）随前动作易犯的错误：左脚跟近一大步，身体重心上提不够，造成向前太多，回位太慢。

（五）要求

1. 认真观看教师讲解示范。
2. 完成每一项练习，确保动作正确率，确保球的成功率。

课后作业：

1. 高远球挥拍、杀球、挑球挥拍，四组，每组30个。
2. 全场综合步法练习，四组，每组20个。
3. 双摇，不少于200个。
4. 俯卧撑，四组，每组20个。

结束部分　同大一上第二次课结束部分。

场地器材： 羽毛球场4片、自备羽毛球拍与羽毛球。

教学反思与评价：

1. 学生学习态度良好。
2. 学生正反手握拍已经能够熟练掌握。
3. 学生能够初步掌握正手发高远球基本的技术动作。
4. 学生在球性上还是有所欠缺，导致发球的失误率较高。

第二次课

教学内容： 1. 单球练习：后场高远球。2. 多球练习：平高球和正手吊球训练。3. 多球练习：前场网前球技术练习。

学习目标： 1. 认知目标：通过探究学习、实践操作、趣味练习等，学生能够正确认识和理解技术运用的合理性和规范性，提高认知水平。2. 技能目标：要求学生进一步提高自己击球的稳定性、减少失误率，在进行单球练习的时候要学会控制自己球拍的拍面、击球动作、回球的落点、弧度及速度。3. 身心发展目标：提高自主学习能力，培养创新思维能力，提高身体协调性、灵敏性及团结协作精神。

教学内容与组织教法

准备部分 同第一次课。
时间分配：15~20分钟（导入情绪调动），运动负荷小、小强度，预估心率100~120次/分钟。

基本部分 60~75分钟（进入状态运动体验）。

一、单球练习：后场高远球（练习时间：30~35分钟）运动负荷中，预估心率130~150次/分钟。

（一）教学目的

通过制定的练习方法，使学生的高远球技术得到提升，包括球速、落点、出手动作一致性，同时能够在被动情况下拥有将球反击出去的能力。

（二）练习方法

1. 原地直线高远球：两人一组分别站在底线对击高远球。
2. 一点打两点：A分别以直线和斜线击高远球打到B的左右后场区，B每次击完后回到中心位置A基本不动，相互交换。

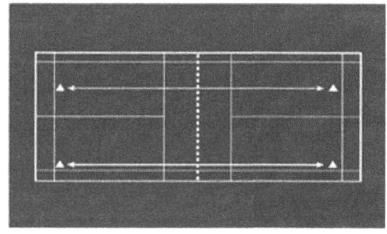 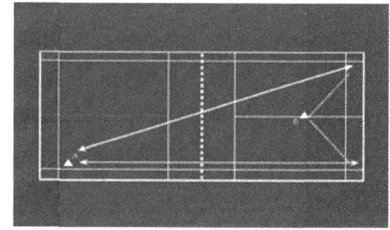

（三）重点

1. 准备动作：右手握拍屈臂举拍于右侧，左手自然上举，眼睛向上注视来球，使拍面对着球网。
2. 挥拍动作：主要依靠前臂、手腕和中指的协调用力，取得最佳速度；击球点在右肩上方，持拍手臂在几乎伸直的情况下，以正拍面击中球托底部，将球击出。

（四）难点

1. 准备姿势易犯的错误：握拍太紧，手臂伸得太直，两脚平站，身体正面对网，以致无法产生侧身转体的连贯发力动作。
2. 引拍动作易犯错误：身体太直，拍框无法在身后下摆，而是立即上举，肘部未屈，伸得太直，无法形成挥拍动作的最长距离，也无法产生更大的爆发力。
3. 挥拍击球易犯的错误：由于前两个环节的错误，必然造成挥拍击球时只能以肩为轴，靠"推"的动作击球，无法产生而且不会利用肩、肘、腕，以及腰、髋、膝相继发力产生的"鞭打"爆发力。
4. 随前动作易犯的错误：击球后，球拍不是顺惯性向左下方挥动并回收至体前，而是向右下后方挥动，影响身体重心的回动，步法上也无法回动。

（五）要求

击球点要高，控制好拍面角度，充分运用身体各部分的力量，提高击出高质量高远球的概率。落点好，弧度适中，速度快，基本能击出高质量的高远球。

二、多球练习：平高球及正手吊球训练（练习时间：25~30分钟）运动负荷中，预估心率130~150次/分钟。

（一）教学目的

通过制定的练习方法，使学生的平高球技术得到提升，包括球速、落点、出手动作一致性，同时能够自如控制回球的落点。

（二）练习方法

吊球与击高远球的动作要领基本一致，只是在击球的一瞬间改变拍面的运行角度，如快吊对角网前，使拍面向对角线的方向减速挥动，并切击球托的右侧后下部，使球向对角网前直线快速飞行。

1. 教师示范：教师正手发高远球到后场，学生在后场击球，两个后场高远球，一个正手吊球，多球练习，24个球为一组。
2. 分组练习：学生两人一组按照教师示范要求互相练习。

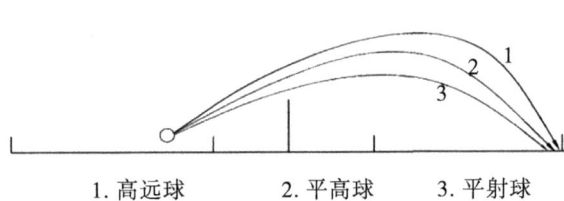
1. 高远球　　2. 平高球　　3. 平射球

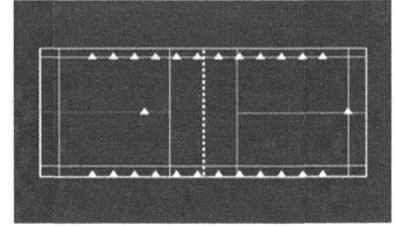

（三）重点

1. 平高球重点：
（1）平高球可分为上手正手击平高球、上手反手击平高球和上手头顶击平高球3种。
（2）平高球击球动作要领：准备、引拍、随前的动作要领与高远球击球动作基本一致，只是在击球瞬间拍面与地面几乎成垂直，并击球托的后下部，使球飞行速度快、抛物线平。

2. 吊球重点：
（1）在学生练习的过程中，要让学生养成迅速起动及把击球点放在身体右前上方的习惯。
（2）在学生刚开始学习吊球的时候，一定要让学生找到切击球头的感觉，不是"打"而是"切"击球托。
（3）在学生练习的时候，要让学生规范动作，一定是转身之后在身体的前方击球，而不是在身体的侧面或者身体的后面捞球击打。

（四）难点

1. 平高球难点：平高球击球易犯的错误：由于平高球击球动作要领与高远球击球动作要领基本一致，因此易犯的错误也有共同点。另外，平高球还会出现飞行速度慢和抛物线稍高等情况。

2. 吊球难点：
（1）学生在初次学习吊球的时候，会受之前学习正手高远球的影响，在击球的一瞬间手腕手指过于紧张，导致在击球的时候发力过多以致球过网的时候过高、过远达不到吊球调动对手的战术作用。
（2）学生的手腕过于紧张，在进行吊球练习的时候没有切击球托的动作，而过多地正面击打球托，导致学生打出来的吊球过网没有减速和下坠的效果。

（五）要求

1. 平高球击球点要高，控制好拍面角度，充分运用身体各部分的力量。
2. 快吊对角时须切击球托右侧后下部，而不是正击。
3. 快吊直线时须切击球托正面后下部，而不是正击。

三、多球练习：前场网前球技术练习（练习时间：25～30分钟）运动负荷中，预估心率120～140次/分钟。

（一）教学目的

通过制定的练习方法，使学生的网前球技术得到提升，包括落点、出手动作一致性，同时能够自如掌握网前小球手指手腕的击球感。

（二）练习方法

网前球基本技术动作主要包括正反手挑高球、正反手搓球、正反手放网前球、正反手推扑球。

1. 教师示范：学生后场步法挥拍高远球后上网，教师抛网前球，学生上网根据球自行选择搓球、勾球、扑球、推球、挑球，完成后回场地中间，24个球为一组。
2. 分组练习：学生两人一组按照教师示范要求互相练习。

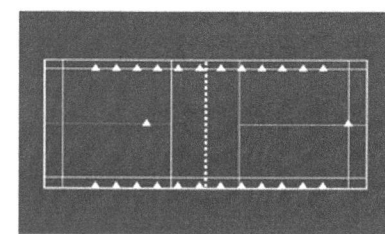

（三）重点

1. 学生在网前练习的时候一定要时刻保持低重心准备的姿态，如快启动的速度及完成击球后回动的速度。
2. 学生在进行网前球练习的时候，一定要保证自己在击球之前引拍动作的一致性。
3. 学生在击球瞬间的动作要尽可能的小，要熟练掌握手指手腕发力的技巧。

（四）难点

1. 学生在完成击球之后，拍头会习惯性地指向地面，这会导致学生下一拍击球变慢。
2. 学生在完成击球之后没有及时回中准备，这会导致学生在回击重复落点的球时无法完成最高点击球。

（五）要求

1. 手指握拍放松，手臂不能伸得太直。
2. 起动要快，准确到位，击球点要高。
3. 击球后，球拍要收至胸前，而不是垂向下，步法回动要快。

课后作业：

1. 观看正手吊球教学视频，不少于30分钟。
2. 正反手颠球，不少于800个。
3. 双摇，不少于500个。

结束部分 同第一次课。3～5分钟（情绪稳定与调整）、运动负荷小，预估心率80～100次/分钟。

第三次课

教学内容：1. 单球练习：后场高远球。2. 单球练习：三人平高球和正手吊球训练。3. 多球练习：前场网前球技术练习。

学习目标：1. 认知目标：通过探究学习、实践操作、趣味练习等，学生能够正确认识和理解技术运用的合理性和规范性，提高认知水平。2. 技能目标：要求学生在进行单球练习的时候积极准备、时刻保持低重心、平高球练习时要加快脚下移动及挥拍的速度。3. 身心发展目标：提高自主学习能力，培养创新思维能力，提高身体协调性、灵敏性及团结协作精神。

教学内容与组织教法

准备部分　同第一次课。

时间分配：15~20分钟（导入情绪调动），运动负荷小、小强度，预估心率100~120次/分钟。

基本部分　60~75分钟（进入状态运动体验）。

一、单球练习：后场高远球（练习时间：20~25分钟）运动负荷中，预估心率130~150次/分钟。

同第二次课第一部分。

二、单球练习：三人平高球和正手吊球训练（练习时间：20~25分钟）运动负荷大，预估心率大于160次/分钟。

（一）教学目的

通过制定的练习方法，使学生的平高球及正手吊球技术得到提升，包括球速、落点、出手动作一致性，同时能够基本掌握正手吊球的技术动作。

（二）练习方法

三人一组一个球，C击球给A两个直线平高球，第三个球正手吊球给B，B上网放网前球，C回搓球给B，B对角线挑后场球，C退回后场两个直线平高球给A，重复上述球路练习。

15分钟一轮，三人轮换，A换C，B换A，C换B，以此类推。

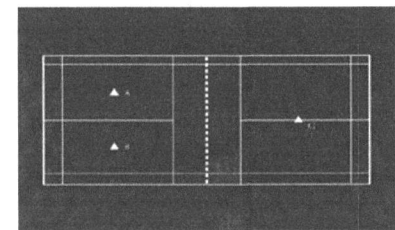

（三）重点

主练：

1. 要注意后场两边移动的速度，及时准备，拍子在完成上一次击球之后要迅速举起准备。
2. 注意平高球击球时是手指手腕的集中发力，切记击球动作不宜过大。
3. 在吊球的时候注意手指手腕要适当放松完成击球动作，找准击球点，在球后方向前向下用手指手腕完成吊球的击球动作。

陪练：

1. 注意在完成一次后场击球之后也要积极回中准备，保证自己回球的稳定性。
2. 注意主练的吊球，积极准备，保证练习的回合数。

（四）难点

1. 平高球难点：平高球击球易犯的错误：由于平高球击球动作要领与高远球击球动作要领基本一致，因此易犯的错误也有共同点。另外，平高球还会出现飞行速度慢和抛物线稍高等情况。

2. 吊球难点

（1）学生在初次学习吊球的时候，会因为之前学习正手高远球的影响，在击球的一瞬间手腕手指过于紧张，导致在击球的时候发力过多以致球过网的时候过高、过远达不到吊球调动对手的战术作用。

（2）学生的手腕过于紧张，会导致学生在进行吊球练习的时候，没有切击球托的动作，而过多地正面击打球托，导致学生打出来的吊球过网时没有减速和下坠的效果。

（五）要求

控制好球，尽量保证不下网；保证来回，步法正确。

结束部分　同第一次课。3~5分钟（情绪稳定与调整）、运动负荷小，预估心率80~100次/分钟。

第四次课

教学内容：1. 单球练习：后场正手吊球。2. 多球练习：平高球和反手吊球训练。

教学目标：1. 认知目标：通过探究学习、实践操作、趣味练习等，学生能够正确认识和理解技术运用的合理性和规范性，提高认知水平。2. 技能目标：要求学生进一步掌握反手吊球的技术动作，减少自己在练习反手吊球时的失误率。3. 身心发展目标：提高自主学习能力，培养创新思维能力，提高身体协调性、灵敏性及团结协作精神。

教学内容与组织教法

准备部分　同第一次课。

时间分配：15~20分钟（导入情绪调动），运动负荷小、小强度，预估心率100~120次/分钟。

基本部分　60~75分钟（进入状态运动体验）。

一、单球练习：后场正手吊球（练习时间：30~40分钟）运动负荷中，预估心率120~140次/分钟。

（一）教学目的

通过制定的练习方法，能够进一步巩固正手吊球的技术动作。使学生的吊球技术得到提升，包括球速、落点、出手动作一致性。

（二）练习方法

后场正手吊球包括正手快吊（劈吊），正手慢吊（轻吊、近网吊）。

1. 正手后场吊球技术挥拍练习。
2. 分组练习：两人半片场地，一人发高远球一人站在后场吊球20次一组轮换。

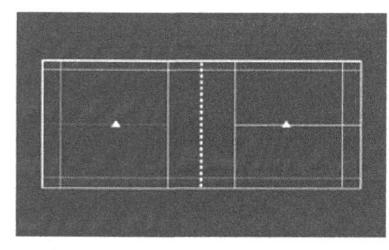

(三)重点

击球一瞬间改变拍面的角度,如快吊对角网前,则使拍面向对角的方向减速挥动,并切击球托的右侧后下部,使球向对角网前直线快速飞行。

(四)难点

快吊对角时须切击球托右侧后下部,而不是正击,手腕动作若下压不明显也是错误的;快吊直线时须切击球托正面后下部,而不是正击。

易击球过重。因此,最主要的是击球瞬间用力要轻,过重就达不到拦吊的目的。

(五)要求

1. 快吊对角时须切击球托右侧后下部,而不是正击。
2. 手腕动作若下压不明显也是错误的。
3. 快吊直线时须切击球托正面后下部,而不是正击。

二、多球练习:平高球及反手吊球训练(练习时间:25~30分钟)运动负荷大,预估心率大于160次/分钟。

(一)教学目的

通过制定的练习方法,使学生的平高球技术得到提升,包括球速、落点、出手动作一致性。

(二)练习方法

1. 教师示范:教师正手发高远球到后场,学生在后场击球,两个后场高远球,一个正手吊球,多球练习,24个球为一组。
2. 分组练习:学生两人一组按照教师示范要求互相练习。

(三)重点

主练:

1. 要注意后场两边移动的速度,及时准备,拍子在完成上一次击球之后要迅速举起准备。
2. 注意平高球击球时是手指手腕的集中发力,切记击球动作不宜过大。
3. 在吊球的时候注意手指手腕要适当放松完成击球动作,找准击球点,在球后方向前向下用手指手腕完成吊球的击球动作。

陪练:

1. 注意在完成一次后场击球之后也要积极回中准备,保证自己回球的稳定性。
2. 注意主练的吊球,积极准备,保证练习的回合数。

(四)难点

1. 平高球难点:平高球击球易犯的错误:由于平高球击球动作要领与高远球击球动作要领基本一致,因此易犯的错误也有共同点。另外,平高球还会出现飞行速度慢和抛物线稍高等情况。
2. 反手吊球难点

(1)反手吊球对学生各方面能力的要求比较高,很多学生在击球的一瞬间手腕手指过于紧张,导致在击球的时候发力过多以致球过网的时候过高、过远达不到吊球调动对手的战术作用。

（2）学生的手腕过于紧张，会导致学生在进行吊球练习的时候，没有切击球托的动作，而过多地正面击打球托，导致学生打出来的吊球过网没有减速和下坠的效果。

（五）要求

1. 平高球击球点要高，控制好拍面角度，充分运用身体各部分的力量。
2. 快吊对角时须切击球托右侧后下部，而不是正击。
3. 快吊直线时须切击球托正面后下部，而不是正击。

结束部分　同第一次课。运动负荷小、小强度、预估心率80～100次/分钟。

第五次课

教学内容：1. 单球练习：后场正手吊球。2. 单球练习：三人平高球和反手吊球训练。

教学目标：1. 认知目标：通过探究学习、实践操作、趣味练习等，学生能够正确认识和理解技术运用的合理性和规范性，提高认知水平。2. 技能目标：要求学生在练习步法的时候积极准备、积极移动。要求学生练习正手发高远球的时候不能有失误、将球击打到位，练习的时候不要太着急、充分准备后再进行击球。3. 身心发展目标：提高自主学习能力，培养创新思维能力，提高身体协调性、灵敏性及团结协作精神。

教学内容与组织教法

准备部分　同第一次课。

时间分配：15～20分钟（导入情绪调动），运动负荷小、小强度，预估心率100～120次/分钟。

基本部分　60～75分钟（进入状态运动体验）。

一、单球练习：后场正手吊球（练习时间：30～40分钟）运动负荷中，预估心率120～140次/分钟。

同第四次课第一部分。

二、单球练习：三人平高球和反手吊球训练（练习时间：30～35分钟）运动负荷大，预估心率大于160次/分钟。

（一）教学目的

通过制定的练习方法，使学生的平高球及反手吊球技术得到提升，包括球速、落点、出手动作一致性。

（二）练习方法

反手吊球：迅速将身体转向左后方，右脚向左脚并一步，然后左脚向后迈一步，紧接着右脚向左前跨一大步即到位。此时，身体背对球网，身体重心在右脚上，步法移动到位时，球在右肩上方。

三人一组一个球，C击球给B两个直线平高球，第三个球反手吊球给A，A上网放网前球，C回搓球给A，A对角线挑后场球，C退回后场两个直线平高球给B，重复上述球路练习。

15分钟一轮，三人轮换，A换C，B换A，C换B，以此类推。

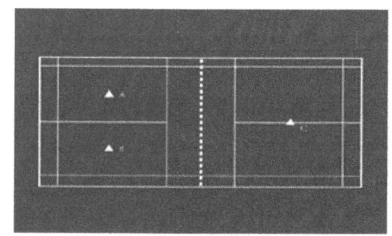

（三）重点、难点

同第四次课第二部分对应内容。

（四）要求

控制好球，尽量保证不下网；保证来回，步法正确。

结束部分　同第一次课。3~5分钟（情绪稳定与调整），运动负荷小，预估心率80~100次/分钟。

第六次课

理论课。

第七次课

教学内容：1.多球练习：中场杀球。2.单球练习：二一式二点打四点练习。3.多球练习：一点打六点练习。

学习目标：1.认知目标：通过探究学习、实践操作、趣味练习等，学生能够正确认识和理解技术运用的合理性和规范性，提高认知水平。2.技能目标：要求学生进一步掌握杀球的连贯发力、单球练习的时候要积极准备、减少主动失误，要求学生控制好拍面、回球要有落点上的要求。3.身心发展目标：提高自主学习能力，培养创新思维能力，提高身体协调性、灵敏性及团结协作精神。

教学内容与组织教法

准备部分　同第一次课。

时间分配：15~20分钟（导入情绪调动），运动负荷小、小强度，预估心率100~120次/分钟。

基本部分　60~75分钟（进入状态运动体验）。

一、多球练习：中场杀球练习（练习时间：15~20分钟）运动负荷中，预估心率130~150次/分钟。

（一）教学目的

通过多球练习，学习并了解中场杀球技术动作，教师规范纠正动作。

（二）练习方法

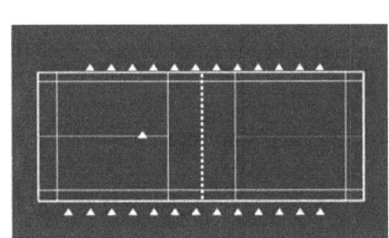

1.教师示范：教师正手发高远球到后场两边，学生在后场击球，两个后场正手杀球，两个后场反手杀球，多球练习，24个球为一组。

2.分组练习：学生两人一组按照教师示范要求互相练习。

（三）重点

挥拍击球时，拍面与水平面所形成的夹角稍小于90°。随前动作中，随着惯性回收球拍于胸前，落地时应右脚在后、左脚在前，并迅速回动。

（四）难点

易犯错误与高远球动作相似，但高远球的击球点是在肩的前上方，而突击杀球的击球点是在肩的右侧斜上方。另外，手腕的压腕动作应使拍面从后向前挥动，不应有切击的动作。

（五）要求

1. 注意转肩发力和鞭打动作的连贯性。
2. 与正手击高远球基本相同，不同的是击球瞬间球拍与水平面的夹角，高远球应大于90°，杀球应小于90°。

二、单球练习：二一式二点打四点练习（练习时间：20～30分钟）运动负荷中，预估心率130～150次/分钟。

（一）教学目的

通过制定的练习方法，使学生的整体技术得到提升，包括球速、落点、出手动作一致性。

（二）练习方法

C一人从后场不固定的两个点上进行高、吊击球练习，A和B两人左右半场接高球和吊球。也可C一人前场两个点和后场两个点接高球、吊球，A和B两人分别站在后场二个点上击高球和吊球。

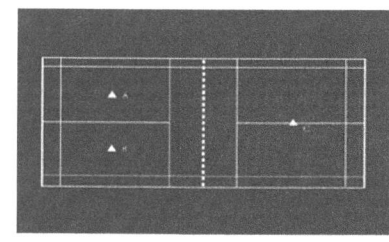

（三）重点

二一式练习提高了练习难度，对学生的正手直线、斜线高远球，以及反手直线、斜线高远球，正反手吊球，吊直线、吊斜线等各个角度的高远球、吊球都给予了充分练习。后场步法的综合运用体现在练习过程中。

（四）难点

1. 二一式练习，对一人练习的步法稳定性、正确性的要求有所提高，要注意对方球速增快，步法不能凌乱。
2. 对重复落点的高远球转身要快，才能保证击球点的高度。

（五）要求

1. 球路要有来回，保证动作、步法的成功率。
2. 15分钟一轮换，C换A，A换B，以此类推。

三、多球练习：一点打六点练习（练习时间：20～35分钟）运动负荷大，预估心率大于160次/分钟。

（一）教学目的

通过多球训练，使学生巩固击球技术动作，多点练习以提高综合运用能力。

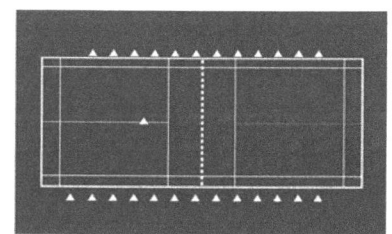

（二）练习方法

1. 教师示范：发球者发六点多球，练习者从中心位置起动，向来球方向移动，完成击球后向中心位置回动，再重复以上动作,反复练习。

2. 分组练习:学生两人一组按照教师示范要求互相练习。

(三)重点

一点发六点的多球练习,重点在于锻炼学生全场步法的综合运用,一开始,教师发定点固定顺序的六点发球,后面随着学生的适应,可以对掌握情况较好的学生进行六点不定向发球。

(四)难点

学生一开始进行全场六点击球时,因为脚步不到位,步法不熟练,导致步法速度跟不上球速,击球质量难免不高。一点发六点的多球练习,难点还是提高学生全场步法速度,以及后场、前场步法的灵活运用。

(五)要求

注意力集中,回中准备;步法到位,保证质量;控制好拍面和用力。

结束部分 同第一次课。3~5分钟(情绪稳定与调整),运动负荷小,预估心率80~100次/分钟。

第八次至第十次课

同第七次课。

第十一次课

理论课。

第十二次课

教学内容:1. 网前搓球技术复习。2. 多球练习:一点打六点练习。
学习目标:1. 认知目标:通过探究学习、实践操作、趣味练习等,学生能够正确认识和理解技术运用的合理性和规范性,提高认知水平。2. 技能目标:要求学生进一步学会控制球拍的拍面,对回球的落点有更进一步的要求。3. 身心发展目标:提高自主学习能力,培养创新思维能力,提高身体协调性、灵敏性及团结协作精神。

教学内容与组织教法

准备部分 同第一次课。
时间分配:15~20分钟(导入情绪调动),运动负荷小、小强度,预估心率100~120次/分钟。
基本部分 60~75分钟(进入状态运动体验)。

一、网前搓球技术练习(练习时间:30~35分钟)运运动负荷中,预估心率120~140次/分钟。

(一)教学目的

通过制定的练习方法,使学生进一步掌握网前搓球技术。

（二）练习方法

将对方击至网前高手位的球，用斜拍面以"搓""切"等动作击球，使球在摩擦力的作用下旋转飞行，擦网而过，这种同样落至对方网前的球称为网前搓小球。

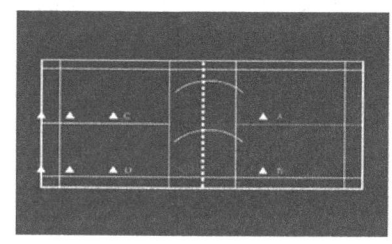

1. 网前搓球技术挥拍练习。
2. 分组练习：分成两组，A和B发网前球，C和D网前搓球，轮流进行。

（三）重点

1. 正手搓球击球的瞬间，前臂外旋，手腕向后伸至稍向前内收闪动，握拍手的食指和拇指夹住拍柄，中指、无名指和小指紧握拍柄，使球拍在手腕和手指的用力下搓切来球的右下底部，使球翻滚过网。
2. 反手搓球击球的瞬间，主要靠前臂的前伸并外旋，手腕由内收至外展，搓切球托的右侧后底部，拍面应有一定的斜度。

（四）难点

提高搓球的质量，球的旋转、落点及过网时的高度，如果高度过高，则会被拦扑。

（五）要求

1. 手指握拍放松，手臂不能伸得太直。
2. 起动要快，准确到位，击球点要高。
3. 击球后，球拍要收至胸前，而不是垂向下，步法回动要快。

二、多球练习：一点打六点练习（练习时间：30～40分钟）运动负荷大，预估心率大于160次/分钟。

同第七次课第三部分。

结束部分　同第一次课。3～5分钟（情绪稳定与调整），运动负荷小，预估心率80～100次/分钟。

第十三次课

教学内容：1. 单球练习：后场高远球。2. 单球练习：二一式全场进攻和防守练习。
学习目标：1. 认知目标：通过探究学习、实践操作、趣味练习等，学生能够正确认识和理解技术运用的合理性和规范性，提高认知水平。2. 技能目标：要求学生要有不轻易放弃的精神，全力准备，脚下积极移动。3. 身心发展目标：提高自主学习能力，培养创新思维能力，提高身体协调性、灵敏性及团结协作精神。

教学内容与组织教法

准备部分　同第一次课。
时间分配：15～20分钟（导入情绪调动），运动负荷小、小强度，预估心率100～120次/分钟。

基本部分　60~75分钟（进入状态运动体验）。

一、单球练习：后场高远球（练习时间：10~15分钟）　运动负荷中，预估心率130~150次/分钟。

同第二次课第一部分。

二、单球练习：二一式全场进攻和防守练习（练习时间：50~60分钟）　运动负荷大，预估心率大于160次/分钟。

（一）教学目的

通过制定的练习方法，使学生进一步加强自己组织进攻的能力及防守的能力。

（二）练习方法

C一人全场进攻时，可根据需要选择高吊、杀、上网搓、推与勾控制网前，进行全场进攻。A和B两人在左右半场分别站位。C防守时，A和B一人站网前、一人站后场，以不固定线路全力进攻。C根据来球情况和场上所处位置选择适当的击球方式，全力防守。

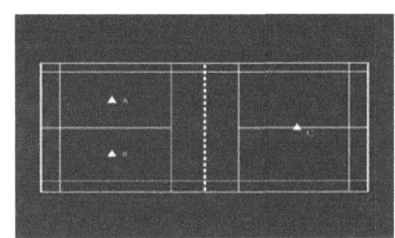

（三）重点

将学生所学的进攻战术与防守战术根据自身的情况和打球特点灵活运用起来。

进攻战术包括发球、接发球的抢攻，还有单个技术的进攻战术，包含重复平高球进攻战术、拉开两边平高球进攻战术、重复吊球、慢吊结合快吊、重复杀球战术等。

（四）难点

防守战术的原则是"积极防守""守中反攻"，而不是"消极防守"。因此，要达到"积极防守""守中反攻"的目的，就要在自己处于防守的被动情况下，通过调整战术来化解对方的攻势、夺回失去的主动权。这就必须具备较好的防守能力（包法手法、步法），如较好地回击后场高远球的能力、起动反应快、步法到位、有较好的反挡底线的能力、勾对角球的能力、挡及反抽的能力等，才能运用"守中反攻"和"积极防守"的战术。

（五）要求

1. 球路要有来回，保证动作、步法的成功率。
2. 15分钟一轮换，C换A，A换B，以此类推。

课后作业：

观看正手吊球教学视频，不少于30分钟；正反手颠球，不少于800个；双摇，不少于500个。

结束部分　同第一次课。3~5分钟（情绪稳定与调整），运动负荷小，预估心率80~100次/分钟。

第十四次课

教学内容：1.多球练习：中场杀球。2.单球练习：二一式全场进攻和防守练习。

学习目标：1.认知目标：通过探究学习、实践操作、趣味练习等，学生能够正确认识和理解技术运用的合理性和规范性，提高认知水平。2.技能目标：要求学生进一步掌握杀球的连贯发力、进行全场进攻和防守练习的时候要积极准备、不轻易放弃。3.身心发展目标：提高自主学习能力，培养创新思维能力，提高身体协调性、灵敏性及团结协作精神。

教学内容与组织教法

准备部分 同第一次课。

时间分配：15~20分钟（导入情绪调动），运动负荷小、小强度，预估心率100~120次/分钟。

基本部分 60~75分钟（进入状态运动体验）。

一、多球练习：中场杀球练习（练习时间：25~30分钟）运动负荷中，预估心率130~150次/分钟。

同第七次课第一部分。

二、单球练习：二一式全场进攻和防守练习（练习时间：35~45分钟）运动负荷大，预估心率大于160次/分钟。

同第十三次课第二部分。

课后作业：

1. 复习所学基本技术动作，每种动作挥拍100次。
2. 保持球感，累计颠球500个。
3. 锻炼身体素质，跳绳单摇500个，双摇200个。

结束部分 同第一次课。3~5分钟（情绪稳定与调整），运动负荷小，预估心率80~100次/分钟。

第十五次课

教学内容：1.网前搓球技术练习。2.单球练习：二一式全场进攻和防守练习。

学习目标：1.认知目标：通过探究学习、实践操作、趣味练习等，学生能够正确认识和理解技术运用的合理性和规范性，提高认知水平。2.技能目标：要求学生进一步掌握网前小球手指手腕发力的技术动作，同时要求学生要有不轻易放弃的精神，练习的时候要时刻准备、脚步积极移动。3.身心发展目标：提高自主学习能力，培养创新思维能力，提高身体协调性、灵敏性及团结协作精神。

教学内容与组织教法

准备部分 同第一次课。

时间分配：15~20分钟（导入情绪调动），运动负荷小、小强度，预估心率100~120次/分钟。

基本部分 60~75分钟（进入状态运动体验）。

一、网前搓球技术练习（练习时间：10~15分钟）运动负荷中，预估心率120~140次/分钟。

同第十二次课第一部分。

二、单球练习：二一式全场进攻和防守练习（练习时间：50～60分钟）运动负荷大，预估心率大于160次/分钟。

同第十三次课第二部分。

课后作业：

1. 复习所学基本技术动作，每种动作挥拍100次。
2. 保持球感，累计颠球500个。
3. 锻炼身体素质，跳绳单摇500个，双摇200个。

结束部分 同第一次课。3～5分钟（情绪稳定与调整），运动负荷小，预估心率80～100次/分钟。

第十六次课

教学内容：1. 单球练习：后场高远球。2. 单球练习：二一式二点打四点练习。

学习目标：1. 认知目标：通过探究学习、实践操作、趣味练习等，学生能够正确认识和理解技术运用的合理性和规范性，提高认知水平。2. 技能目标：要求学生要有不轻易放弃的精神，要学会控制自己的拍面。3. 身心发展目标：提高自主学习能力，培养创新思维能力，提高身体协调性、灵敏性及团结协作精神。

教学内容与组织教法

准备部分 同第一次课。

时间分配：15～20分钟（导入情绪调动），运动负荷小、小强度，预估心率100～120次/分钟。

基本部分 60～75分钟（进入状态运动体验）。

一、单球练习：后场高远球（练习时间：20～25分钟）运动负荷中，预估心率130～150次/分钟。

同第二次课第一部分。

二、单球练习：二一式二点打四点练习（练习时间：40～50分钟）运动负荷大，预估心率大于160次/分钟。

（一）教学目的

通过制定的练习方法，使学生的整体技术得到提升，包括球速、落点、出手动作一致性。

（二）练习方法

C一人从后场不固定的两个点上进行高、吊击球练习，A和B两人左右半场接高球和吊球。也可C一人前场两个点和后场两个点接高球、吊球，A和B两人分别站在后场二个点上击高球和吊球。

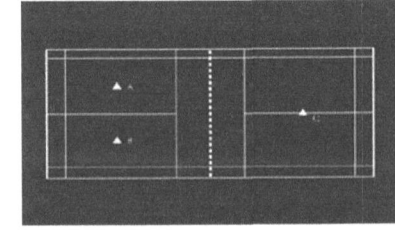

（三）重点

二一式练习提高了练习难度，对学生的正手直线、斜线高远球，以及反手直线、斜线高远球，正反手吊球，吊直线、吊斜线等各个角度的高远球、吊球都进行了充分练习。后场步法的综合运用体现在了练习过程中。

（四）难点

1. 二一式练习对步法稳定性、正确性的要求有所提高，要注意对方球速增快自己步法不能凌乱。
2. 对重复落点的高远球，转身要快，才能保证击球点的高度。

（五）要求

1. 球路要有来回，保证动作、步法的成功率。
2. 15分钟一轮换，C换A，A换B，以此类推。

课后作业：

1. 高远球挥拍、杀球、挑球挥拍，四组，每组30个。
2. 全场综合步法练习，四组，每组20个上网。
3. 双摇，不少于200个。
4. 俯卧撑，四组，每组20个。

结束部分 同第一次课。3~5分钟（情绪稳定与调整），运动负荷小，预估心率80~100次/分钟。

第十七次课

教学内容：1.单球练习：后场高远球。2.单球练习：二一式全场进攻和防守练习。

学习目标：1.认知目标：通过探究学习、实践操作、趣味练习等，学生能够正确认识和理解技术运用的合理性和规范性，提高认知水平。2.技能目标：要求学生组织好自己的进攻球路，防守球员要积极准备、脚步积极移动。3.身心发展目标：提高自主学习能力，培养创新思维能力，提高身体协调性、灵敏性及团结协作精神。

教学内容与组织教法

准备部分 同第一次课。

时间分配：15~20分钟（导入情绪调动），运动负荷小、小强度，预估心率100~120次/分钟。

基本部分 60~75分钟（进入状态运动体验）。

一、**单球练习：后场高远球（练习时间：10~15分钟）** 运动负荷中，预估心率130~150次/分钟。

同第二次课第一部分。

二、**单球练习：二一式全场进攻和防守练习（练习时间：50~60分钟）** 运动负荷大，预估心率大于160次/分钟。

同第十三次课第二部分。

结束部分 同第一次课。3~5分钟（情绪稳定与调整），运动负荷小，预估心率80~100次/分钟。

第十八次课

教学内容：1. 单球练习：后场正手吊球。2. 单球练习：三一式进攻和防守练习。

学习目标：1. 认知目标：通过探究学习、实践操作、趣味练习等，学生能够正确认识和理解技术运用的合理性和规范性，提高认知水平。2. 技能目标：要求学生积极准备、注意力高度集中、脚步积极移动。3. 身心发展目标：提高自主学习能力，培养创新思维能力，提高身体协调性、灵敏性及团结协作精神。

教学内容与组织教法

准备部分　同第一次课。

时间分配：15~20分钟（导入情绪调动），运动负荷小、小强度，预估心率100~120次/分钟。

基本部分　60~75分钟（进入状态运动体验）。

一、单球练习：后场正手吊球（练习时间：10~15分钟）运动负荷中，预估心率120~140次/分钟。

同第四次课第二部分。

二、单球练习：三一式进攻和防守练习（练习时间：50~60分钟）运动负荷大，预估心率大于160次/分钟。

（一）教学目的

通过制定的练习方法，使学生大幅度提升自己防守的能力。

（二）练习方法

C主练全场防守时，后场A和B两人进攻，前场D一人控制网前。双打主练方C半场防守，后场A和B两人大力进攻、前场D一人积极封网。

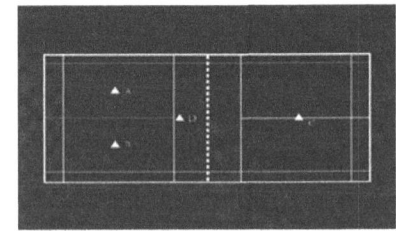

（三）重点

三一式进攻防守练习让防守方的难度加大，对防守能力的要求更高。防守战术的原则是"积极防守""守中反攻"，而不是"消极防守"。好的防守必须具备较好的防守能力（包法手法、步法），如较好地回击后场高远球的能力、起动反应快、步法到位、有较好的反挡底线的能力、勾对角球的能力、挡及反抽的能力。

（四）难点

进攻方人数变多，进攻球速和节奏加快，对防守方的步法速度、步法节奏、步法准确性、防守动作技术及反应能力等多项个人能力有着极高的要求，也是极大的锻炼。

（五）要求

1. 球路要有来回，保证动作、步法的成功率。
2. 15分钟一轮换，C换A，A换B，B换D，D换C，以此类推。

结束部分　同第一次课。3~5分钟（情绪稳定与调整），运动负荷大，预估心率大于160次/分钟。

第十九次课

教学内容：1. 单球练习：后场高远球。2. 单球练习：三人平高球和正手吊球训练。

学习目标：1. 认知目标：通过探究学习、实践操作、趣味练习等，学生能够正确认识和理解技术运用的合理性和规范性，提高认知水平。2. 技能目标：要求学生脚步积极移动、减少自身的失误。3. 身心发展目标：提高自主学习能力，培养创新思维能力，提高身体协调性、灵敏性及团结协作精神。

教学内容与组织教法

准备部分　同第一次课。

时间分配：15~20分钟（导入情绪调动），运动负荷小、小强度，预估心率100~120次/分钟。

基本部分　60~75分钟（进入状态运动体验）。

一、单球练习：后场高远球（练习时间：30~35分钟）　运动负荷中，预估心率130~150次/分钟。

同第二次课第一部分。

二、单球练习：三人平高球和正手吊球训练（练习时间：30~40分钟）运动负荷大，预估心率大于160次/分钟。

（一）教学目的

通过制定的练习方法，使学生的平高球、吊球技术得到提升，包括球速、落点、出手动作一致性，同时能够熟练掌握正手吊球的技术动作。

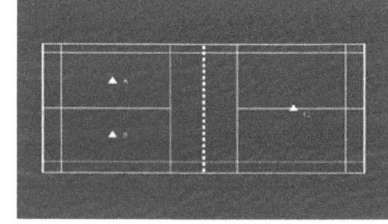

（二）练习方法

15分钟一轮，三人轮换，A换C，B换A，C换B，以此类推。

（三）重点

1. 在学生练习的过程中，要让学生养成迅速起动及把击球点放在身体右前上方的习惯。

2. 在学生刚开始学习吊球的时候，一定要让学生找到切击球头的感觉，不是"打"而是"切"击球托。

3. 在学生练习的时候，要让学生规范动作，一定是转身之后在身体的前方击球，而不是在身体的侧面或者身体的后面捞球击打。

（四）难点

1. 平高球击球易犯的错误：由于平高球击球动作要领与高远球击球动作要领基本一致，因此易犯的错误也有共同点。另外，平高球还会出现飞行速度慢和抛物线稍高等情况。

2. 学生在初次学习吊球的时候，会因为之前学习正手高远球的影响，在击球的一瞬间手腕手指过于紧张，导致在击球的时候发力过多以致球过网的时候过高、过远达不到吊球调动对手的战术作用。

3. 学生的手腕过于紧张，会导致学生在进行吊球练习的时候没有切击球托的动作，而过多正面击打球托，导致学生打出来的吊球过网时没有减速和下坠的效果。

（五）要求

控制好球，尽量保证不下网；保证来回，步法正确。

结束部分　同第一次课。3~5分钟（情绪稳定与调整），运动负荷小，预估心率80~100次/分钟。

第二十次课

教学内容：1.单球练习：后场吊球上网练习。2.单球练习：三一式进攻和防守练习。

学习目标：1.认知目标：通过探究学习、实践操作、趣味练习等，学生能够正确认识和理解技术运用的合理性和规范性，提高认知水平。2.技能目标：要求学生做好前后场之间的准备与衔接、减少自身的失误。3.身心发展目标：提高自主学习能力，培养创新思维能力，提高身体协调性、灵敏性及团结协作精神。

教学内容与组织教法

准备部分　同第一次课。

时间分配：15~20分钟（导入情绪调动），运动负荷小、小强度，预估心率100~120次/分钟。

基本部分　基本部分60~75分钟（进入状态运动体验）。

一、单球后场吊球上网练习（练习时间：30~40分钟）运动负荷中，预估心率130~150次/分钟。

同大一下第十六次课第二部分。

二、单球练习：三一式进攻和防守练习（练习时间：30~35分钟）运动负荷大，预估心率大于160次/分钟。

同第十八次课第二部分。

结束部分　同第一次课。3~5分钟（情绪稳与调整），运动负荷小，预估心率80~100次/分钟。

第二十一次课

理论课。

第二十二次课

教学内容：1.单球练习：任意球路三人平高球和杀吊球训练。2.单球练习：平抽球平挡练习。

学习目标：1.认知目标：通过探究学习、实践操作、趣味练习等，学生能够正确认识和理解技术运用的合理性和规范性，提高认知水平。2.技能目标：要求学生组织好自己进攻的球路、减少平抽平挡的失误。3.身心发展目标：提高自主学习能力，培养创新思维能力，提高身体协调性、灵敏性及团结协作精神。

教学内容与组织教法

准备部分　同第一次课。

时间分配：15~20分钟（导入情绪调动），运动负荷小、小强度，预估心率100~120次/分钟。

基本部分 60~75分钟（进入状态运动体验）。

一、单球练习：任意球路三人平高球和杀吊球训练（练习时间：35~40分钟）运动负荷大，预估心率大于160次/分钟。

（一）教学目的

通过制定的练习方法，使学生的平高球及吊球技术得到提升，包括球速、落点、出手动作一致性。

（二）练习方法

三人一组一个球，C击两个后场平高球随意给A或B，第三个球杀球或吊球给A或B，A或B上网放网前球，C上网回搓，A或B任意直线或对角线挑后场球，C退回后场两个直线平高球给A或B，重复上述球路练习。15分钟一轮，三人轮换，A换C，B换A，C换B，以此类推。

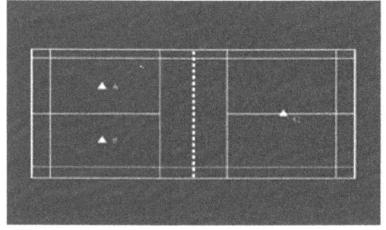

（三）重点

1. 在学生练习的过程中，要让学生养成迅速起动及把击球点放在身体右前上方的习惯。
2. 在学生刚开始学习吊球的时候，一定要让学生找到切击球头的感觉，不是"打"而是"切"击球托。
3. 在学生练习的时候，要让学生规范动作，一定是转身之后在身体的前方击球，而不是在身体的侧面或者身体的后面捞球击打。

（四）难点

1. 学生在进行二一式高远球练习的时候，主练的同学需要两边积极移动，在每完成一次击球之后都要在第一时间向球场中心点回动。
2. 陪练的同学也需要在完成每一次击球之后向球场中间回动。
3. 二一式高远球的目的在于减少回动的时间，增加主练学生回球时的难度，进一步提高学生高远球的能力。

（五）要求

控制好球，尽量保证不下网；保证来回，步法正确。

二、单球练习：平抽球平挡练习（练习时间：25~35分钟） 运动负荷中，预估心率130~150次/分钟。

（一）教学目的

通过制定的练习方法，使学生能够熟练掌握中场平抽球的技术动作。

（二）练习方法

两人一个球，运用正手或反手击球姿势，将对方击至肩部高度附近的球，以齐网的飞行弧线还击至对方中后场区域，或者快

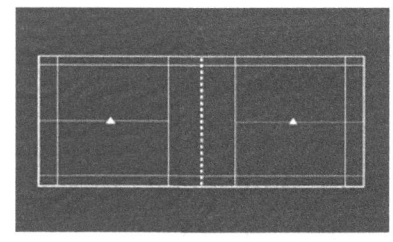

挡过网的球。

（三）重点

1. 无论是正手还是反手平抽球，击球都应该争取在身体的侧前方，这样有利于手臂的发力。向前的发力是比较顺的发力，更容易击打出高质量的回球来。

2. 在准备的时候，一定要把重心放低，拍头一定要竖着准备。因为平抽球速度快，来回间隔时间短，拍头掉在地上的话，会大幅增加回球的时间，并增加回球的难度。

（四）难点

1. 学生在进行平抽球练习的时候，会因为太想发力而导致引拍动作过大，这会增加回球时间，错过最佳击球点，从而使回击的平抽球出现过网太高的情况，增大自己的防守难度。

2. 学生在进行平抽球练习的时候，手臂的支撑会出现晃动，这就导致了学生在出球的时候挥拍不稳，从而增加回球的不稳定性。

（五）要求

1. 抽击时，拍面稍向前提压。
2. 击球后，球拍随身体的回动而回收。

课后作业：
1. 复习所学基本技术动作，每种动作挥拍100次。
2. 保持球感，累计颠球500个。
3. 锻炼身体素质，跳绳单摇500个，双摇200个。

结束部分 同第一次课。3~5分钟（情绪稳与调整），运动负荷小，预估心率80~100次/分钟。

第二十三次课

同第二十二次课。

第二十四次课

教学内容：1. 单球练习：后场高远球。2. 复习羽毛球单打战术。3. 单打综合练习。

学习目标：1. 认知目标：通过探究学习、实践操作、趣味练习等，学生能够正确认识和理解技术运用的合理性和规范性，提高认知水平。2. 技能目标：要求学生在单打对抗中灵活运用所学的技战术，积极移动、减少自身的失误。3. 身心发展目标：提高自主学习能力，培养创新思维能力，提高身体协调性、灵敏性及团结协作精神。

教学内容与组织教法

准备部分 同第一次课。
时间分配：15~20分钟（导入情绪调动），运动负荷小、小强度，预估心率100~120次/分钟。

基本部分 60~75分钟（进入状态运动体验）。

一、单球练习：后场高远球（练习时间：10~15分钟）运动负荷中，预估心率120~140次/分钟。

教学目的、练习方法、重点、要求同第二次课第二部分。

难点

1. 学生在进行二一式高远球练习的时候，主练的同学需要两边积极移动，在每完成一次击球之后都要在第一时间向球场中心点回动。

2. 陪练的同学也需要在完成每一次击球之后向球场中间回动。

3. 二一式高远球的目的在于减少回动的时间，增加主练学生回球时的难度，进一步提高学生高远球的能力。

二、复习羽毛球单打战术（练习时间：20~25分钟）运动负荷大，预估心率大于160次/分钟。

同大一下第四十五次课。

三、单打综合练习（练习时间：30~35分钟）运动负荷大，预估心率大于160次/分钟。

（一）教学目的

通过一对一的实际对抗，全面检验学生技术动作的学习情况及对抗中调整的能力，并为下一阶段的教学提供指导。

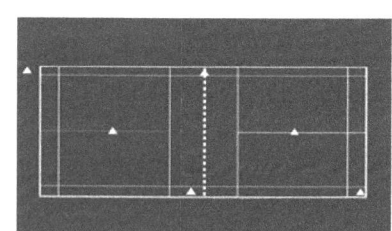

（二）练习方法

两人一组进行全场综合单打练习。

（三）要求

保证动作、步法的正确性。

结束部分　同第一次课。3~5分钟（情绪稳与调整），运动负荷小，预估心率80~100次/分钟。

第二十五次课

教学内容：1. 单球练习：平高球和正手杀球训练。2. 复习羽毛球单打战术。

学习目标：1. 认知目标：通过探究学习、实践操作、趣味练习等，学生能够正确认识和理解技术运用的合理性和规范性，提高认知水平。2. 技能目标：要求学生进一步掌握杀球的连贯发力动作，进一步加深对于单打战术的理解并要求学生在实战中有所体现。3. 身心发展目标：提高自主学习能力，培养创新思维能力，提高身体协调性、灵敏性及团结协作精神。

教学内容与组织教法

准备部分　同第一次课。

时间分配：15~20分钟（导入情绪调动），运动负荷小、小强度，预估心率100~120次/分钟。

基本部分　60~75分钟（进入状态运动体验）。

一、多球练习：平高球及正反手杀球训练（练习时间：25~30分钟）运动负荷中，预估心率130~150次/分钟。

（一）教学目的

通过制定的练习方法，使学生的平高球技术得到提升，包括球速、落点、出手动作一致性，同时能够熟练掌握正反手杀球的技术动作。

（二）练习方法

1. 教师示范：教师正手发高远球到后场，学生在后场击球，两个后场高远球，一个正手杀球，两个后场高远球，一个反手杀球，多球练习，24个球为一组。
2. 分组练习：学生两人一组按照教师示范要求互相练习。

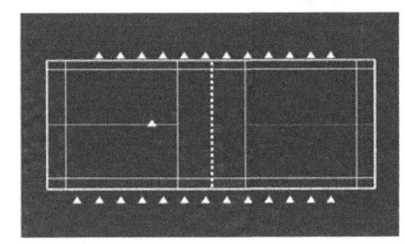

（三）重点

1. 无论是正手还是反手平抽球，击球都应该争取在身体的侧前方，这样有利于手臂的发力。向前的发力是比较顺的发力，更容易击打出高质量的回球来。
2. 在准备的时候，一定要把重心放低，拍头一定要竖着准备。因为平抽球速度快，来回间隔时间短，拍头掉在地上的话，会大幅增加回球的时间，并增加回球的难度。

（四）难点

1. 学生在进行平抽球练习的时候，会因为太想发力而导致引拍动作过大，这会增加回球时间，错过最佳击球点，从而使回击的平抽球出现过网太高的情况，增大自己的防守难度。
2. 学生在进行平抽球练习的时候，手臂的支撑会出现晃动，这就导致了学生在出球的时候挥拍不稳，从而增加回球的不稳定性。

（五）要求

1. 抽击时，拍面稍向前提压。
2. 击球后，球拍随身体的回动而回收。
3. 杀球的击球瞬间球拍与水平面的夹角，高远球应大于90°，杀球应小于90°。

二、复习羽毛球单打战术（练习时间：35~45分钟）运动负荷大，预估心率大于160次/分钟。

（一）教学目的

通过一对一的实际对抗，全面检验学生技术动作的学习情况及对抗中调整的能力，同时加深学生对于战术的理解能力。

（二）练习方法

单打进攻与防守技术的学习，需要综合运用所学基础技术动作和步法，需要将前面所学的技术动作和步法的动作进行回忆和巩固。

两人一组进行单打教学比赛，教师声音洪亮有力、精神饱满。

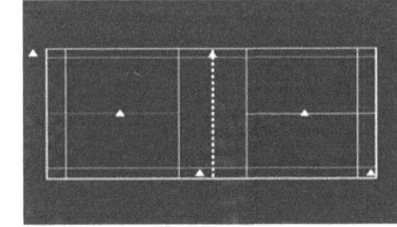

（三）重点

在了解单打战术取位的基础上，进行单打进攻战术与单打防守战术的学习。

（四）难点

羽毛球单打的进攻与防守战术，凡是谈及原则的应变方法，必须注意战术、球路是千变万化的，不可能一成不变，应根据自己的具体情况、对手的情况，以及临场的具体情况去制定应变策略并采用更为切合实际的战术与球路。不能生搬硬套，最为关键的是能灵活运用。

（五）要求

基本了解羽毛球单打进攻与防守战术，学会运用到比赛中。

结束部分　同第一次课。3~5分钟（情绪稳与调整），运动负荷小，预估心率80~100次/分钟。

第二十六次课

理论课。

第二十七次课

教学内容：教学比赛暨学生羽毛球单打的裁判实习。
学习目标：1. 认知目标：通过探究学习、实践操作、趣味练习等，学生能够正确认识和理解技术运用的合理性和规范性，提高认知水平。2. 技能目标：要求学生熟练掌握单打的规则，并养成良好的规则意识。3. 身心发展目标：提高自主学习能力，培养创新思维能力，提高身体协调性、灵敏性及团结协作精神。

教学内容与组织教法

准备部分　同第一次课。
时间分配：15~20分钟（导入情绪调动），运动负荷小、小强度，预估心率100~120次/分钟。
基本部分　60~75分钟（进入状态运动体验）。

教学比赛暨学生羽毛球单打的裁判实习（练习时间：60~75分钟）运动负荷中，预估心率120~140次/分钟。

（一）教学目的

1. 通过实际的执裁，加深学生对于单打规则的理解及应对突发状况的应变能力。
2. 要求学生学习态度端正、精神饱满、注意力集中及善于发现自身存在的问题，积极地自主查漏补缺。要求教师授课认真严肃、及时纠正学生练习过程中出现的问题。

（二）练习方法

1. 简要回顾羽毛球竞赛规则。
2. 简要回顾羽毛球单打裁判法。
3. 6人一组，2名作运动员行单打比赛，4名作裁判员，2名司线员，1名主裁判，1名发球裁判员。进行15分制的比赛，然后轮换练习。

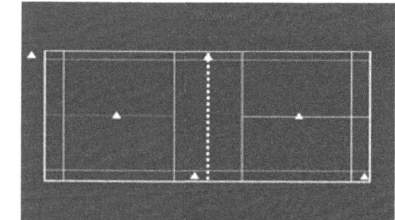

（三）重点

1. 要使学生学会在执裁过程中控制场上出现的任何突发情况。
2. 要使学生明白裁判在场上是最大的，需要具备不怕场上队员、教练员抱怨的能力。

（四）难点

在比赛的氛围下，学生对于各种违例的判罚缺乏自己的判断及缺少当机立断的信心。

（五）要求

1. 裁判员宣报时声音宏亮，记分准确，裁判视觉位置正确。
2. 发球裁判员注意观察的准确性和角度。
3. 司线员注意力集中，位置正确。

结束部分　同第一次课。3~5分钟（情绪稳与调整），运动负荷小，预估心率80~100次/分钟。

第二十八次课

同第二十七次课。

第二十九次课

教学内容：1. 单球练习：平高球和正手杀球训练。2. 多球练习：网前发球、接发球练习。3. 单球练习：平抽球连续对打练习。

学习目标：1. 认知目标：通过探究学习、实践操作、趣味练习等，学生能够正确认识和理解技术运用的合理性和规范性，提高认知水平。2. 技能目标：要求学生接发球的时候要尽量抢高点击球，减少平抽平挡的失误。3. 身心发展目标：提高自主学习能力，培养创新思维能力，提高身体协调性、灵敏性及团结协作精神。

教学内容与组织教法

准备部分　同第一次课。

时间分配：15~20分钟（导入情绪调动），运动负荷小、小强度，预估心率100~120次/分钟。

基本部分　60~75分钟（进入状态运动体验）。

一、多球练习：平高球及正反手杀球训练（练习时间：25~30分钟）运动负荷大，预估心率大于160次/分钟。

同第二十五次课第一部分。

二、多球练习：网前发球、接发球练习（练习时间：20~25分钟）运动负荷中，预估心率120~140次/分钟。

（一）教学目的

通过制定的练习方法，使学生的网前球技术得到提升，包括落点、出手动作一致性。

（二）练习方法

1. 教师示范：教师网前发球，学生做接发球准备，根据球自行选择搓球、勾球、扑球、推球、挑球，完成后回场地中间，24

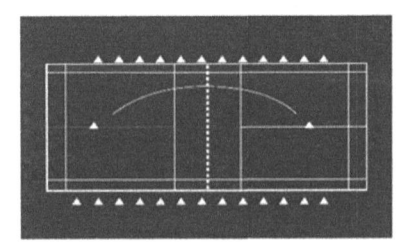

个球为一组。

2. 分组练习：学生两人一组按照教师示范要求互相练习，一组网前正手发球一组网前反手发球，轮换。

（三）重点

1. 学生在进行发球和接发球练习的时候，一定要注意充分做好准备活动。
2. 学生在接发球的时候，一定要把重心向来球方向跟进，不能在原地等球过来。
3. 准备的时候，注意身体的姿势，要侧身准备接发球，时刻准备着对手偷后场球。

（四）难点

接偷发后场球的时候，第一步蹬转的速度及身体的支撑都是学生在练习的过程中需要时刻注意的。

（五）要求

1. 手指握拍放松，手臂不能伸得太直。
2. 起动要快，准确到位，击球点要高。
3. 击球后，球拍要收至胸前，而不是垂向下，步法回动要快。

三、单球练习：平抽球平挡练习（练习时间：25~30分钟）运动负荷中，预估心率130~150次/分钟。

同第二十二次课第二部分。

结束部分 同第一次课。3~5分钟（情绪稳与调整），运动负荷小，预估心率80~100次/分钟。

第三十次课

教学内容：1. 多球练习：后场高远球结合上网。2. 多球练习：网前发球、接发球练习。3. 多球练习：边线接杀练习。

学习目标：1. 认知目标：通过探究学习、实践操作、趣味练习等，学生能够正确认识和理解技术运用的合理性和规范性，提高认知水平。2. 技能目标：要求学生做好前后场之间的准备和衔接，减少网前发接发的失误，接杀要求学生时刻保持低重心的准备姿势。3. 身心发展目标：提高自主学习能力，培养创新思维能力，提高身体协调性、灵敏性及团结协作精神。

教学内容与组织教法

准备部分 同第一次课。

时间分配：15~20分钟（导入情绪调动），运动负荷小、小强度，预估心率100~120次/分钟。

基本部分 60~75分钟（进入状态运动体验）。

一、多球练习：后场高远球结合上网（练习时间：20~30分钟）运动负荷中，预估心率130~150次/分钟。

（一）教学目的

通过多球练习，熟练掌握高远球结合上网步法，同时巩固击高远球技术，将步法与击球相结合。

（二）练习方法

1. 教师示范：教师正手发两个高远球到后场两边，学生在后场击高远球，教师第三个球抛网前球，学生上网搓球，24个球为一组。

2. 分组练习：学生两人一组按照教师示范要求互相练习。

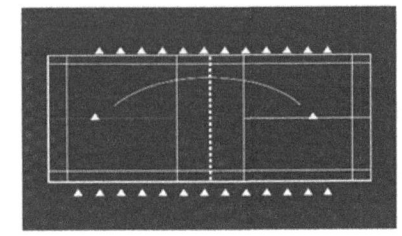

（三）重点

提高高远球击球动作、网前击球动作的稳定性，提高击球质量。提升动作、上网步法及后退步法的连贯性。

（四）难点

1. 对高远球的击球质量要求有所提高，要求学生对高远球击球发力的掌控能力更强。
2. 注意上网步法的稳定性，发多球的球速适当增快，注意上网步法不能凌乱。

（五）要求

1. 动作正确规范，保证步法正确。
2. 高远球质量要求较高，包括弧度、落点、速度等。
3. 上网放球、挑球或搓球的质量有所提高。

二、多球练习：网前发球、接发球练习（练习时间：20～25分钟）运动负荷小，预估心率80～100次/分钟。

同第二十九次课第二部分。

三、多球练习：边线接杀练习（练习时间：20～30分钟）运动负荷中，预估心率130～150次/分钟。

（一）教学目的

通过制定的练习方法，使学生能够进一步掌握边线接杀球的技术动作。

（二）练习方法

接杀放直线小球：将对方击来的杀球，回击网前小球至对方区域为接杀放直线小球。同其他接杀球技术配合使用，可调动对方前后奔跑，有效地限制其连续进攻。接杀放直线小球在单打竞赛中较为常用。

反手接杀放直线小球：击球点必须控制在身体左侧平行面以前的位置。

将持拍手完全放松，手指控制球拍面，由展腕至手腕微发力，以一定的斜拍面仰角向前推送切击球托的底部，使球呈直线飞行，贴网落入对方前场区域。

1. 教师示范：在中场放一高凳，发球者站在高凳上，用力将球扣杀到左、右中场边线附近。练习者由中心位置准备，判断启动后向左或向右移动用接杀球技术进行接杀球，多球练习，24个球为一组。

2. 分组练习：学生两人一组按照教师示范要求互相练习。

(三)重点

接杀球的整个位置移动,要跟着出球的路线走。如果回直线球,身体应面对直线这边,侧重防对方回直线的半区,如果从右或左半场回对角线球,身体就要向左或右,半场区移动。也就是人要跟着球走,向哪个方向回击球,就应向着回击球的方向移动。

(四)难点

1. 对杀球的一方,要尽可能把球杀到边线位置,难点在于杀球时掌握好拍面的方向,才能稳定出球。

2. 对接杀的一方,要求一定要把身体重心降低,才能快速反应来进行有效防守。

(五)要求

1. 注意力集中,接完球回到中心位置准备。
2. 步法到位,保证质量。
3. 控制好拍面和用力。

结束部分 同第一次课。3~5分钟(情绪稳与调整),运动负荷小,预估心率80~100次/分钟。

第三十一次课

理论课。

第三十二次课

教学内容:1. 多球练习:后场高远球结合上网。2. 多球练习:网前发球、接发球练习。3. 单球练习:平抽球连续对打练习。

学习目标:1. 认知目标:通过探究学习、实践操作、趣味练习等,学生能够正确认识和理解技术运用的合理性和规范性,提高认知水平。2. 技能目标:要求学生进一步熟练掌握后场到前场的起动步法,减少接发及平抽平挡的失误。3. 身心发展目标:提高自主学习能力,培养创新思维能力,提高身体协调性、灵敏性及团结协作精神。

教学内容与组织教法

准备部分 同第一次课。

时间分配:15~20分钟(导入情绪调动),运动负荷小、小强度,预估心率100~120次/分钟。

基本部分 60~75分钟(进入状态运动体验)。

一、多球练习:后场高远球结合上网(练习时间:20~30分钟) 运动负荷中,预估心率130~150次/分钟。

(一)教学目的

通过多球练习,熟练掌握高远球结合上网步法,同时熟练击高远球技术,将步法与击球相结合。

（二）练习方法

1. 教师示范：教师正手发两个高远球到后场两边，学生在后场击高远球，教师第三个球抛网前球，学生上网搓球，24个球为一组。

2. 分组练习：学生两人一组按照教师示范要求互相练习。

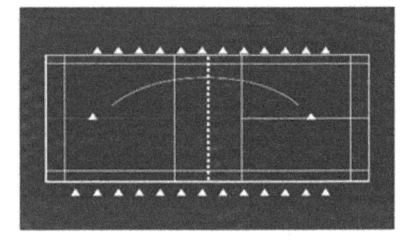

（三）重点

提高高远球击球动作、网前击球动作的稳定性，提高击球质量。提升动作、上网步法及后退步法的连贯性。

（四）难点

1. 对高远球的击球质量要有所提高，要求学生对高远球击球发力的掌控能力更强。
2. 注意上网步法的稳定性，发多球的球速适当增快，注意上网步法不能凌乱。

（五）要求

1. 动作正确规范，保证步法正确。
2. 高远球质量要求较高，包括弧度、落点、速度等。
3. 上网放球、挑球或搓球的质量有所提高。

二、多球练习：网前发球、接发球练习（练习时间：20～25分钟）运动负荷适中，预估心率80～100次/分钟。

同第二十九次课第二部分。

三、单球练习：平抽球平挡练习（练习时间：20～25分钟）运动负荷中，预估心率130～150次/分钟。

同第二十二次课第二部分。

结束部分　同第一次课。3～5分钟（情绪稳与调整），运动负荷小，预估心率80～100次/分钟。

第三十三次课

教学内容：1. 多球练习：网前发球、接发球练习。2. 单球练习：平抽球连续对打练习。

学习目标：1. 认知目标：通过探究学习、实践操作、趣味练习等，学生能够正确认识和理解技术运用的合理性和规范性，提高认知水平。2. 技能目标：要求学生积极准备、减少发接发及平抽平挡的失误。3. 身心发展目标：提高自主学习能力，培养创新思维能力，提高身体协调性、灵敏性及团结协作精神。

教学内容与组织教法

准备部分　同第一次课。

时间分配：15～20分钟（导入情绪调动），运动负荷小、小强度，预估心率100～120次/分钟。

基本部分 60~75分钟（进入状态运动体验）。

一、多球练习：网前发球、接发球练习（练习时间：40~45分钟）运动负荷适中，预估心率80~100次/分钟。

同第二十九次课第二部分。

二、单球练习：平抽球平挡练习（练习时间：20~30分钟）运动负荷中，预估心率130~150次/分钟。

同第二十二次课第二部分。

结束部分 同第一次课。3~5分钟（情绪稳与调整），运动负荷小，预估心率80~100次/分钟。

第三十四次课

同第三十三次课。

第三十五次课

同第三十次课。

第三十六次课

教学内容：1.单球练习：全场三人平高球和杀吊球训练。2.单球练习：四二式防守练习。
学习目标：1.认知目标：通过探究学习、实践操作、趣味练习等，学生能够正确认识和理解技术运用的合理性和规范性，提高认知水平。2.技能目标：要求学生积极移动、抢高点集中发力完成击球动作，减少失误，防守的时候要时刻保持低重心的准备姿势。3.身心发展目标：提高自主学习能力，培养创新思维能力，提高身体协调性、灵敏性及团结协作精神。

教学内容与组织教法

准备部分 同第一次课。
时间分配：15~20分钟（导入情绪调动），运动负荷小、小强度，预估心率100~120次/分钟。
基本部分 60~75分钟（进入状态运动体验）。

一、单球练习：全场三人平高球和杀吊球训练（练习时间：30~40分钟）运动负荷中，预估心率130~150次/分钟。

（一）教学目的

通过制定的练习方法，使学生的平高球、正反手杀球及吊球技术得到提升，包括球速、落点、出手动作一致性。

（二）练习方法

三人一组一个球，C击球给A两个直线平高球，第三个球杀球或吊球给B，B上网放网前球，C回搓球给B，B直线挑后场球，C退回后场两个直线平高球给B，第三个球杀球或吊球给A，A上网

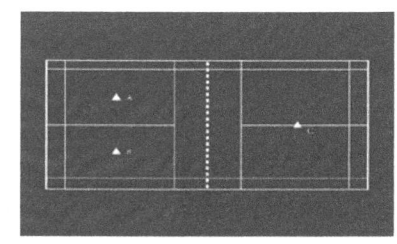

放网前球，C回搓球给A，A直线挑后场球，C退回后场两个直线平高球给B，重复上述球路练习。

15分钟一轮，三人轮换，A换C，B换A，C换B，以此类推。

（三）重点

1. 学生在练习平高球的时候，步法的移动速度一定要快。准备充分，随时都要保持低重心准备的姿态，第一步蹬转的速度一定要快。

2. 平高球的击球点要比高远球的击球点更加靠近身体前面，动作要小，小臂及手腕的闪动鞭打要比高远球更加快。

（四）难点

学生在进行杀球训练时候拍面容易过分内收，导致击球的瞬间拍面并没有正面击打球托，以致出现球速慢、容易出界的情况。

（五）要求

控制好球，尽量保证不下网；保证来回，步法正确。

二、单球练习：四二式防守练习（练习时间：30~35分钟）运动负荷大，预估心率大于160次/分钟。

（一）教学目的

通过制定的练习方法，使学生大幅度加强自己进攻和防守的能力。

（二）练习方法

用于双打防守练习，E和F模拟比赛环境进行全场防守，后场A和B大力强攻、前场C和D二人站位严密封网。

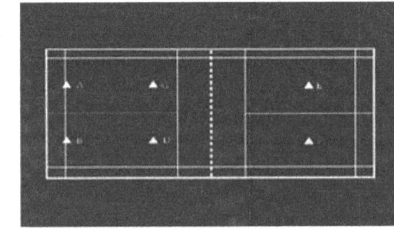

（三）重点

将学生所学的进攻战术与防守战术根据自身的情况和打球特点灵活运用起来。进攻战术包括发球、接发球的抢攻，还有单个技术的进攻战术，包含重复平高球进攻战术、拉开两边平高球进攻战术、重复吊球、慢吊结合快吊、重复杀球战术等。双打中，发球的战术具有特别重要的意义。发球质量的好坏，从战术意义上讲，直接影响场上的局势。因此，运用好发球战术，有利于控制整场局势，对获胜有重要意义。

（四）难点

实战中必须具备较好的防守能力（包括手法、步法），如较好地回击后场高远球的能力、起动反应快、步法到位、有较好的反挡底线的能力、勾对角球的能力、挡及反抽的能力等。接发球方如果判断准确，起动快，还击及时，就能在对方发球质量稍差时杀、扑得手或取得主动；反之，则会接发球失误或还击不利使自己陷入被动。

（五）要求

1. 球路要有来回，保证动作、步法的成功率。

2. 15分钟一轮换，E、F换A、C，A、C换B、D，B、D换E、F，以此类推。

结束部分　同第一次课。3~5分钟（情绪稳与调整），运动负荷小，预估心率80~100次/分钟。

第三十七次课

教学内容：1. 单球练习：后场高远球。2. 多球练习：边线接杀练习。

学习目标：1. 认知目标：通过探究学习、实践操作、趣味练习等，学生能够正确认识和理解技术运用的合理性和规范性，提高认知水平。2. 技能目标：要求学生能够熟练控制拍面的角度，积极准备，保持低重心的接杀准备姿势。3. 身心发展目标：提高自主学习能力，培养创新思维能力，提高身体协调性、灵敏性及团结协作精神。

教学内容与组织教法
准备部分　同第一次课。
时间分配：15～20分钟（导入情绪调动），运动负荷小、小强度，预估心率100～120次/分钟。
基本部分　60～75分钟（进入状态运动体验）。
一、单球练习：后场高远球（练习时间：30～35分钟）　运动负荷中，预估心率130～150次/分钟。
同第二十四次课第一部分。
二、多球练习：边线接杀练习（练习时间：30～40分钟）　运动负荷中，预估心率130～150次/分钟。
同第三十次课第三部分。
结束部分　同第一次课。3～5分钟（情绪稳与调整），运动负荷小，预估心率80～100次/分钟。

第三十八次课

理论课。

第三十九次课

教学内容：1. 单球练习：全场三人平高球和杀吊球训练。2. 单球练习：四二式防守练习。

学习目标：1. 认知目标：通过探究学习、实践操作、趣味练习等，学生能够正确认识和理解技术运用的合理性和规范性，提高认知水平。2. 技能目标：要求学生自如运用所学的技术动作组织好自己的球路，减少主动失误。3. 身心发展目标：提高自主学习能力，培养创新思维能力，提高身体协调性、灵敏性及团结协作精神。

教学内容与组织教法
准备部分　同第一次课。
时间分配：15～20分钟（导入情绪调动），运动负荷小、小强度，预估心率100～120次/分钟。
基本部分　60～75分钟（进入状态运动体验）。
一、单球练习：全场三人平高球和杀吊球训练（练习时间：30～40分钟）　运动负荷中，预估心率130～150次/分钟。
同第三十六次课第一部分。

二、单球练习：四二式防守练习（练习时间：30~35分钟）运动负荷大，预估心率大于160次/分钟。

同第三十六次课第二部分。

结束部分　同第一次课。3~5分钟（情绪稳与调整），运动负荷小，预估心率80~100次/分钟。

第四十次课

教学内容：观摩省优秀运动队训练。
学习目标：1.认知目标：通过探究学习、实践操作、趣味练习等，学生能够正确认识和理解技术运用的合理性和规范性，提高认知水平。2.技能目标：要求学生认真观摩运动队训练，学习运动员训练的态度、技术等，以进一步提高自己的综合水平。3.身心发展目标：提高自主学习能力，培养创新思维能力，提高身体协调性、灵敏性及团结协作精神。

教学内容与组织教法

准备部分　同第一次课。

时间分配：15~20分钟（导入情绪调动），运动负荷小、小强度，预估心率100~120次/分钟。

基本部分：60~75分钟（进入状态体验）。

观摩省优秀运动队训练（练习时间：60~75分钟）运动负荷小，预估心率100~120次/分钟。

（一）教学目的

1.学生观摩优秀运动队训练，使其对自己有清晰的认识，以及再往后的训练中寻找自己的目标。

2.要求学生学习态度端正、精神饱满、注意力集中及善于发现自身存在的问题，积极地自主查漏补缺。要求教师授课认真严肃、及时纠正学生练习过程中出现的问题。

（二）讲解

讲解观摩重点。

（三）要求

听从教师指挥，服从教师安排，不影响运动员训练。

结束部分　同第一次课。3~5分钟（情绪稳与调整），运动负荷小，预估心率80~100次/分钟。

第四十一次课

教学内容：多球练习：平高球和反手吊球训练。单球练习：三一式进攻和防守练习。
学习目标：1.认知目标：通过探究学习、实践操作、趣味练习等，学生能够正确认识和理解技术运用的合理性和规范性，提高认知水平。2.技能目标：要求学生进一步熟练掌握反手吊球的技术动作，减少自身失误、组织好自己进攻的球路、脚步积极移动、积极准备。3.身心发展目标：提高自主学习能力，培养创新思维能力，提高身体协调性、灵敏性及团结协作精神。

教学内容与组织教法

准备部分 同第一次课。

时间分配：15~20分钟（导入情绪调动），运动负荷小、小强度，预估心率100~120次/分钟。

基本部分 60~75分钟（进入状态运动体验）。

一、多球练习：平高球及反手吊球训练（练习时间：25~30分钟）运动负荷中，预估心率130~150次/分钟。

（一）教学目的

通过制定的练习方法，使学生的平高球、反手吊球技术得到进一步的巩固提升，包括球速、落点、出手动作一致性。

（二）练习方法

1. 教师示范：教师正手发高远球到后场，学生在后场击球，两个后场高远球，一个反手吊球，多球练习，24个球为一组。
2. 分组练习：学生两人一组按照教师示范要求互相练习。

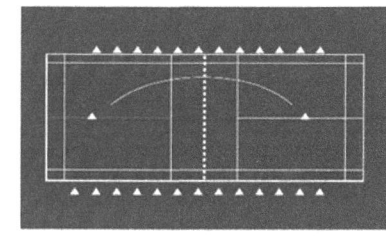

（三）重点

1. 无论是正手还是反手平抽球，击球都应该争取在身体的侧前方，这样有利于手臂的发力。向前的发力是比较顺的发力，更容易击打出高质量的回球来。
2. 在准备的时候，一定要把重心放低，拍头一定要竖着准备。因为平抽球速度快，来回间隔时间短，拍头掉在地上的话，会大幅增加回球的时间及回球的难度。

（四）难点

1. 学生在进行平抽球练习的时候，会因为太想发力而导致引拍动作过大，这会增加回球时间，错过最佳击球点，从而使回击的平抽球出现过网太高的情况，增大自己的防守难度。
2. 学生在进行平抽球练习的时候，手臂的支撑会出现晃动的情况，这就导致学生在出球的时候挥拍不稳，从而增加回球的不稳定性。

（五）要求

1. 高远球击球点要高，控制好拍面角度，充分运用身体各部分的力量。
2. 快吊对角时需切击球托右侧后下部，而不是正击。
3. 快吊直线时需切击球托正面后下部，而不是正击。

二、单球练习：三一式进攻和防守练习（时间：40~45分钟）运动负荷大，预估心率大于160次/分钟。

同第十八次课第二部分。

课后作业：

1. 复习所学基本技术动作，每种动作挥拍100次。
2. 保持球感，累计颠球500个。
3. 锻炼身体素质，跳绳单摇500个，双摇200个。

结束部分 同第一次课。3~5分钟（情绪稳与调整），运动负荷小，预估心率80~100次/分钟。

第四十二次课

教学内容：单球练习：后场高远球。单球练习：三一式进攻和防守练习。

学习目标：1. 认知目标：通过探究学习、实践操作、趣味练习等，学生能够正确认识和理解技术运用的合理性和规范性，提高认知水平。2. 技能目标：要求学生组织好自己进攻的球路、积极准备、积极移动、减少自身的失误。3. 身心发展目标：提高自主学习能力，培养创新思维能力，提高身体协调性、灵敏性及团结协作精神。

教学内容与组织教法

准备部分 同第一次课。

时间分配：15～20分钟（导入情绪调动），运动负荷小、小强度，预估心率100～120次/分钟。

基本部分 60～75分钟（进入状态运动体验）。

一、单球练习：后场高远球（练习时间：30～35分钟） 运动负荷中，预估心率130～150次/分钟。

同第二十四次课第一部分。

二、单球练习：三一式进攻和防守练习（练习时间：40～45分钟）运动负荷大，预估心率大于160次/分钟。

同第十八次课第二部分。

结束部分 同第一次课。3～5分钟（情绪稳与调整），运动负荷小，预估心率80～100次/分钟。

第四十三次课

同第四十一次课。

第四十四次课

教学内容：单球练习：三人平高球和反手吊球训练。单球练习：四二式防守练习。

学习目标：1. 认知目标：通过探究学习、实践操作、趣味练习等，学生能够正确认识和理解技术运用的合理性和规范性，提高认知水平。2. 技能目标：要求学生减少反手吊球的失误率，四一式防守要积极移动、增加回合数。3. 身心发展目标：提高自主学习能力，培养创新思维能力，提高身体协调性、灵敏性及团结协作精神。

教学内容与组织教法

准备部分 同第一次课。

时间分配：15～20分钟（导入情绪调动），运动负荷小、小强度，预估心率100～120次/分钟。

基本部分 60～75分钟（进入状态运动体验）。

一、单球练习：三人平高球和反手吊球训练（练习时间：30～35分钟） 运动负荷中，预估心率130～150次/分钟。

（一）教学目的

通过制定的练习方法，使学生的平高球及反手吊球技术得到进一步的巩固和提升，包括球速、落点、出手动作一致性。

（二）练习方法

三人一组一个球，C击球给B两个直线平高球，第三个球反手吊球给A，A上网放网前球，C回搓球给A，A对角线挑后场球，C退回后场两个直线平高球给B，重复上述球路练习。15分钟一轮，三人轮换，A换C，B换A，C换B，以此类推。

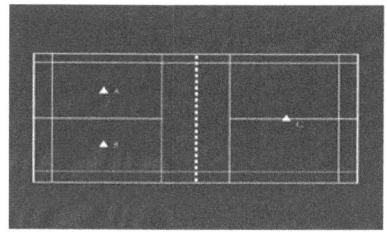

（三）重点

平高球击球动作要领：准备、引拍、随前的动作要领与高远球击球动作基本一致，只是在击球瞬间拍面与地面几乎成垂直，并击球托的后下部，使球飞行速度快、抛物线平。

反手吊球重点：

1. 在学生练习的过程中，要让学生养成迅速起动及把击球点放在身体右前上方的习惯。
2. 在学生刚开始学习吊球的时候，一定要让学生找到切击球头的感觉，不是"打"而是"切"击球托。

（四）难点

平高球难点：

平高球击球易犯的错误：由于平高球击球动作要领与高远球击球动作要领基本一致，因此易犯的错误也有共同点。另外，平高球还会出现飞行速度慢和抛物线稍高等情况。

反手吊球难点：

1. 反手吊球对学生各方面的能力要求比较高，很多学生在击球的一瞬间手腕手指过于紧张，导致在击球的时候发力过多以致球过网的时候过高、过远达不到吊球调动对手的战术作用。
2. 学生的手腕过于紧张，会导致学生在进行吊球练习的时候没有切击球托的动作，而过多正面击打球托，导致学生打出来的吊球过网没有减速和下坠的效果。

（五）要求

控制好球，尽量保证不下网；保证来回，步法正确。

二、单球练习：四二式防守练习（练习时间：30～35分钟）运动负荷大，预估心率大于160次/分钟。

（一）教学目的

通过制定的练习方法，使学生大幅度加强自己进攻和防守的能力。

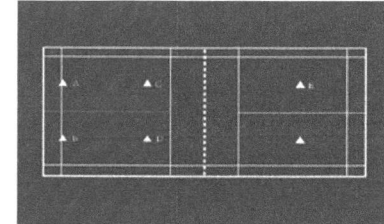

（二）练习方法

用于双打防守练习，E和F模拟比赛环境进行全场防守，后场A和B大力强攻、前场C和D二人站位严密封网。

（三）重点

将学生所学的进攻战术与防守战术根据自身的情况和打球特点灵活运用起来。进攻战术包括发球、接发球的抢攻，还有单个技术的进攻战术，包含重复平高球进攻战术、拉开两边平高球进攻战术、重复吊球、慢吊结合快吊、重复杀球战术等。双打中，发球的战术具有特别重要的意义。发球质量的好坏，从战术意义上讲，直接影响场上的局势。因此，运用好发球战术，有利于控制整场局势，对获胜有重要意义。

（四）难点

双打必须具备较好的防守能力（包括手法、步法），如较好地回击后场高远球的能力、起动反应快、步法到位，有较好的反挡底线的能力、勾对角球的能力、挡及反抽的能力等。接发球方如果判断准确，起动快，还击及时，就能在对方发球质量稍差时杀、扑得手或取得主动；反之，也会接发球失误或还击不利使自己陷入被动。

（五）要求

1. 球路要有来回，保证动作、步法的成功率。
2. 15分钟一轮换，E、F换A、C，A、C换B、D，B、D换E、F，以此类推。

结束部分　同第一次课。3~5分钟（情绪稳与调整），运动负荷小，预估心率80~100次/分钟。

第四十五、四十六次课

同第四十四次课。

第四十七次课

教学内容：复习羽毛球双打战术。双打综合练习。

学习目标：1. 认知目标：通过探究学习、实践操作、趣味练习等，学生能够正确认识和理解技术运用的合理性和规范性，提高认知水平。2. 技能目标：要求学生进一步掌握双打的战术，并在实际对抗中有所体现。3. 身心发展目标：提高自主学习能力，培养创新思维能力，提高身体协调性、灵敏性及团结协作精神。

教学内容与组织教法

准备部分　同第一次课。

时间分配：15~20分钟（导入情绪调动），运动负荷小、小强度，预估心率100~120次/分钟。

基本部分　60~75分钟（进入状态运动体验）。

一、复习羽毛球双打战术（练习时间：60~75分钟）运动负荷小，预估心率100~120次/分钟。

同大一下第四十七次课第一部分。

二、双打综合练习（练习时间：30~35分钟）运动负荷大，预估心率大于160次/分钟。

（一）教学目的

1. 通过实际的对抗，加深学生对于羽毛球双打战术的理解。
2. 通过本节课的学习过程，使学生的出球意识、移动意识等得到提升，提高自身的运动智能，努力提升自身的综合能力水平。
3. 要求学生学习态度端正、精神饱满、注意力集中及善于发现自身存在的问题，积极地自主查漏补缺。要求教师授课认真严肃、及时纠正学生练习过程中出现的问题。

（二）练习方法

四人一组进行双打综合练习。

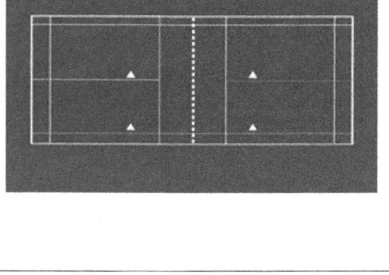

（三）要求

基本了解羽毛球双打战术，学会运用到比赛中。

结束部分 同第一次课。3～5分钟（情绪稳定与调整），运动负荷小，预估心率80～100次/分钟。

第四十八次课

同第四十七次课。

第四十九次课

教学内容：教学比赛暨学生羽毛球双打的裁判实习。
学习目标：1.认知目标：通过探究学习、实践操作、趣味练习等，学生能够正确认识和理解技术运用的合理性和规范性，提高认知水平。2.技能目标：要求学生熟练掌握双打的裁判规则，并养成规则意识。3.身心发展目标：提高自主学习能力，培养创新思维能力，提高身体协调性、灵敏性及团结协作精神。

教学内容与组织教法

准备部分 同第一次课。
时间分配：15～20分钟（导入情绪调动），运动负荷小、小强度，预估心率100～120次/分钟。
基本部分 60～75分钟（进入状态运动体验）。

教学比赛暨学生羽毛球双打的裁判实习（练习时间：60～75分钟）运动负荷小，预估心率100～120次/分钟。

（一）教学目的

通过实际的比赛执裁，加深学生对于双打规则的理解及临场应对突发状况的能力。

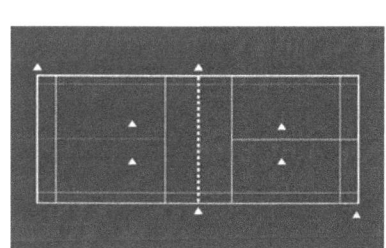

（二）练习方法

简要回顾羽毛球竞赛规则及双打裁判法。

8人一组，4名进行双打比赛，4名裁判，1名裁判员，2名司线裁判员，1名发球裁判员。进行15分制的比赛，然后轮换练习。

（三）重点

1. 双打的发球与接发球队员的站位是教师讲解中的重点。
2. 双打中接发球与发球人的违例是判罚中的重点。

（四）难点

在比赛的氛围下，学生对于各种违例的判罚缺乏自己的判断及缺少当机立断的信心。

（五）要求

1. 裁判员对运动员的场上位置和比分掌握正确。
2. 发球线裁判员注意发球方和接发球方的脚误、发球过腰、发球过手、提前移动。
3. 司线员注意发球时球是否超过第二发球线。

课后作业：

1. 高远球挥拍、杀球、挑球挥拍，四组，每组30个。
2. 全场综合步法练习，四组，每组20个上网。
3. 双摇，不少于200个。
4. 俯卧撑，四组，每组20个。

结束部分　同第一次课。3~5分钟（情绪稳定与调整），运动负荷小，预估心率80~100次/分钟。

第五十次课

理论课。

第五十一次课

同第四十九次课。

第五十二次课

教学内容：综合复习。
学习目标：1. 认知目标：通过探究学习、实践操作、趣味练习等，学生能够正确认识和理解技术运用的合理性和规范性，提高认知水平。2. 技能目标：要求学生进一步检查自己本学期的技术动作，制订好下学期的学习计划。3. 身心发展目标：提高自主学习能力，培养创新思维能力，提高身体协调性、灵敏性及团结协作精神。

教学内容与组织教法

准备部分　同第一次课。
时间分配：15~20分钟（导入情绪调动），运动负荷小、小强度，预估心率100~120次/分钟。

基本部分　60~75分钟（进入状态运动体验）。

综合复习（练习时间：60~75分钟）运动负荷大，预估心率大于160次/分钟。

（一）教学目的

检查学生一学期的学习情况及技术动作的掌握情况。

（二）练习方法

两人一组，全场综合练习。

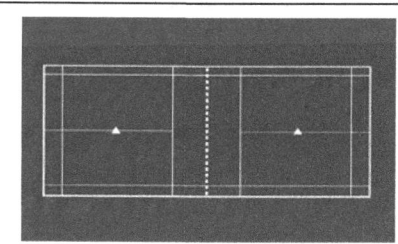

（三）重点

1. 检查学生这一学期技战术的掌握情况。
2. 检查学生在对抗中遇到问题后解决问题的能力。
3. 检查学生在被动情况下处理球的能力。
4. 检查学生的战术丰富程度及战术的执行能力。

（四）难点

1. 学生在对抗过程中由于体力的问题会出现失误率上涨的情况。
2. 学生在遇到问题之后解决问题的能力是技战术及体能的综合体现，对学生的能力是比较大的考验。

（五）要求

体现出所学习的球路。

课后作业：

1. 高远球挥拍、杀球、挑球挥拍，四组，每组30个。
2. 全场综合步法练习，四组，每组20个上网。
3. 双摇，不少于200个。
4. 俯卧撑，四组，每组20个。

结束部分　同第一次课。3~5分钟（情绪稳定与调整），运动负荷小，预估心率80~100次/分钟。

第五十三次课

教学内容： 技术测试。
学习目标： 1. 认知目标：通过探究学习、实践操作、趣味练习等，学生能够正确认识和理解技术运用的合理性和规范性，提高认知水平。2. 技能目标：全面检查学生本学期的学习情况。3. 身心发展目标：提高自主学习能力，培养创新思维能力，提高身体协调性、灵敏性及团结协作精神。

教学内容与组织教法

准备部分　同第一次课。

时间分配：15~20分钟（导入情绪调动），运动负荷小、小强度，预估心率100~120次/分钟。

基本部分　60~75分钟（进入状态运动体验）。

技术测试（练习时间：60~75分钟）运动负荷大，预估心率大于160次/分钟。

（一）教学目的

1. 以抽签对抗的形式综合检验学生一学期的学习情况。
2. 通过本节课的学习过程，使学生的出球意识、移动意识等得到提升，提高自身的运动智能，努力提升自身的综合能力水平。

3. 要求学生学习态度端正、精神饱满、注意力集中及善于发现自身存在的问题，积极地自主查漏补缺。要求教师授课认真严肃、及时纠正学生练习过程中出现的问题。

（二）检验方法

男女分组，按单循环赛制进行男子、女子单打比赛。

（三）要求

1. 全班男女分组，按照单循环赛制进行男子单打、女子单打比赛。
2. 最终排名成绩纳入期末总成绩中。

结束部分 同第一次课。3~5分钟（情绪稳定与调整），运动负荷小，预估心率80~100次/分钟。

第五十四次课

同第五十三次课。

大三上学期羽毛球专修课课程进度及教案

周次	课次	任务	课次	任务	课次	任务
一	1	恢复训练，综合练习。	2	1. 单球练习：后场高远球。 2. 多球练习：平高球和正手吊球训练。 3. 多球练习：前场网前球技术练习。	3	1. 单球练习：后场高远球。 2. 单球练习：三人平高球和正手吊球训练。 3. 多球练习：前场网前球技术练习。
二	4	1. 单球练习：后场高远球。 2. 多球练习：平高球和反手吊球训练。 3. 多球练习：前场网前球技术练习。	5	1. 单球练习：后场高远球。 2. 多球练习：平高球和反手吊球训练。 3. 多球练习：前场网前球技术练习。	6	理论课。
三	7	1. 单球练习：后场高远球。 2. 单球练习：二一式二点打四点练习。 3. 多球练习：一点打六点练习。	8	1. 单球练习：后场高远球。 2. 单球练习：二一式二点打四点练习。 3. 多球练习：一点打六点练习。	9	1. 单球练习：后场高远球。 2. 单球练习：二一式二点打四点练习。 3. 多球练习：一点打六点练习。
四	10	1. 单球练习：后场高远球。 2. 单球练习：二一式二点打四点练习。 3. 多球练习：一点打六点练习。	11	理论课。	12	1. 单球练习：后场高远球。 2. 单球练习：二一式二点打四点练习。 3. 多球练习：一点打六点练习。
五	13	1. 单球练习：后场高远球。 2. 单球练习：二一式全场进攻和防守练习。	14	1. 单球练习：后场高远球。 2. 单球练习：二一式全场进攻和防守练习。	15	1. 单球练习：后场高远球。 2. 单球练习：二一式全场进攻和防守练习。

(续表)

周次	课次	任务	课次	任务	课次	任务
六	16	1. 单球练习：后场高远球。 2. 单球练习：二一式全场进攻和防守练习。	17	1. 单球练习：后场高远球。 2. 单球练习：二一式全场进攻和防守练习。	18	1. 单球练习：后场高远球。 2. 单球练习：三一式进攻和防守练习。
七	19	1. 单球练习：后场高远球。 2. 单球练习：三一式进攻和防守练习。	20	1. 单球练习：后场高远球。 2. 单球练习：三一式进攻和防守练习。	21	理论课。
八	22	1. 单球练习：后场高远球。 2. 单球练习：三一式进攻和防守练习。	23	1. 单球练习：后场高远球。 2. 单球练习：三一式进攻和防守练习。	24	1. 单球练习：后场高远球。 2. 复习羽毛球单打战术。 3. 单打综合练习。
九	25	1. 单球练习：后场高远球。 2. 复习羽毛球单打战术。 3. 单打综合练习。	26	理论课。	27	教学比赛暨学生羽毛球单打的裁判实习。
十	28	教学比赛暨学生羽毛球单打的裁判实习。	29	1. 单球练习：后场高远球。 2. 多球练习：网前发球、接发球练习。 3. 单球练习：平抽球连续对打练习。	30	1. 单球练习：后场高远球。 2. 多球练习：网前发球、接发球练习。 3. 单球练习：平抽球连续对打练习。
十一	31	理论课	32	1. 单球练习：后场高远球。 2. 多球练习：网前发球、接发球练习。 3. 单球练习：平抽球连续对打练习。	33	1. 单球练习：后场高远球。 2. 多球练习：网前发球、接发球练习。 3. 单球练习：平抽球连续对打练习。
十二	34	1. 单球练习：后场高远球。 2. 多球练习：网前发球、接发球练习。 3. 单球练习：平抽球连续对打练习。	35	1. 单球练习：后场高远球。 2. 多球练习：网前发球、接发球练习。 3. 单球练习：平抽球连续对打练习。	36	实践课： 1. 单球练习：后场高远球。 2. 单球练习：四二式防守练习。

(续表)

周次	课次	任务	课次	任务	课次	任务
十三	37	1. 单球练习：后场高远球。 2. 单球练习：四二式防守练习。	38	理论课。	39	1. 单球练习：后场高远球。 2. 单球练习：四二式防守练习。
十四	40	观摩省优秀运动队训练。	41	1. 单球练习：后场高远球。 2. 单球练习：三一式进攻和防守练习。	42	1. 单球练习：后场高远球。 2. 单球练习：三一式进攻和防守练习。
十五	43	1. 单球练习：后场高远球。 2. 单球练习：三一式进攻和防守练习。	44	实践课： 1. 单球练习：后场高远球。 2. 单球练习：四二式防守练习。	45	实践课： 1. 单球练习：后场高远球。 2. 单球练习：四二式防守练习。
十六	46	实践课： 1. 单球练习：后场高远球。 2. 单球练习：四二式防守练习。	47	1. 单球练习：后场高远球。 2. 复习羽毛球双打战术。 3. 双打综合练习。	48	1. 单球练习：后场高远球。 2. 复习羽毛球双打战术。 3. 双打综合练习。
十七	49	教学比赛暨学生羽毛球双打的裁判实习	50	理论课。	51	教学比赛暨学生羽毛球双打的裁判实习。
十八	52	综合复习。	53	技术测试。	54	技术测试。

第一次课

教学内容：恢复训练，综合练习。

教学目标：1. 认知目标：通过探究学习、实践操作、趣味练习等，学生能够正确认识和理解技术运用的合理性和规范性，提高认知水平。2. 技能目标：进入训练状态、恢复体能、恢复球感、调整到训练状态。3. 身心发展目标：提高自主学习能力，培养创新思维能力，提高身体协调性、灵敏性及团结协作精神。

教学内容与组织教法

准备部分：同大一上第二次课准备部分。

基本部分　60~75分钟（进入状态体验），运动负荷小、小强度，预估心率80~100次/分钟。

一、综合步法练习（练习时间：10~15分钟）

（一）教学目的

通过制定的练习方法，使学生掌握基本站位、跨步上网、垫步上网、侧身并步后退、交叉步后退等基本步法。

（二）讲解、示范

讲解示范基本步法：基本站位、跨步上网、垫步上网、侧身并步后退、交叉步后退。

（三）练习方法

集体练习：徒手练习，根据教师口令场下集体练习，12个一组，每组动作3~5组。

分组练习：徒手练习，两人一组场上自主练习，一个喊口令一个练习，12个一组，每组动作3~5组，完成后交换。

（四）要求

1. 学生步法反应快、移动快，配合协调，动作规范到位、积极。
2. 教师口令洪亮清晰，精神饱满。

二、正手击高远球技术练习（练习时间：10~15分钟）

（一）教学目的

通过制定的练习方法，使学生能够自如运用正手击高远球技术，包括球速、落点、出手动作一致性。

（二）讲解、示范

讲解示范回顾正手击高远球技术。

（三）练习方法

1. 原地挥拍练习。
2. 原地直线高远球：两人一组分别站在底线对击高远球。

（四）要求

击球点要高，控制好拍面角度，充分运用身体各部分的力量。

三、反手发网前球、网前球技术、正反手放网前球技术和正反手挑高球技术的综合复习

（一）教学目的

通过制定的练习方法，使学生的网前球技术得到提升，包括落点、出手动作一致性，同时能够基本掌握反手发网前球、网前球技术、正反手放网前球技术和正反手挑高球技术动作。

（二）讲解、示范

讲解示范反手发网前球、网前球技术、正反手放网前球技术和正反手挑高球技术动作，提高成功击球的次数。

（三）练习方法

两人一组，20个球为一组，一人反手发网前球，一人做：

1. 网前球技术动作练习（搓球、勾球、推球、扑球各一组）。
2. 正反手挑高球技术动作练习（正反手各一组）。
3. 正反手放网前球技术动作练习（正反手各一组）。
4. 完成后轮换。

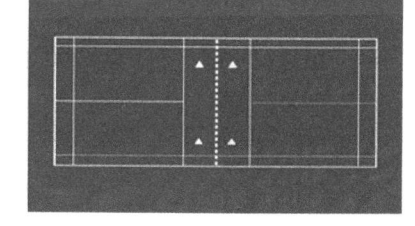

网前球技术动作练习：搓球、反手搓球、勾球、推球、扑球各练习5分钟。

正反手挑高球技术动作练习（正反手各一组）：正手挑高球、反手挑高球各练习5分钟。

正反手放网前球技术动作练习（正反手各一组）：正手放网前球、反手放网前球各练习5分钟。

（四）要求

1. 认真观看教师讲解示范。
2. 完成每一项练习，确保动作正确率，确保球的成功率。

课后作业：

1. 复习所学基本技术动作，每种动作挥拍100次。
2. 保持球感，累计颠球500个。
3. 锻炼身体素质，跳绳单摇500个，双摇200个。

结束部分	同大一上第二次课结束部分。
场地器材：	羽毛球场4片、自备羽毛球拍与羽毛球。
教学反思与评价：	

1. 评价出课的教学设计的实施效果。
2. 对课程的教学设计进行及时的修改、补充、完善。
3. 写出教学感想、心得、体会。

第二次课

教学内容： 1. 单球练习：后场高远球。2. 多球练习：平高球和正手吊球训练。3. 多球练习：前场网前球技术练习。

学习目标： 1. 认知目标：通过探究学习、实践操作、趣味练习等，学生能够正确认识和理解技术运用的合理性和规范性，提高认知水平。2. 技能目标：要求在练习半场高远球的时候做好准备、注意起动及最后挥拍时拍面的控制。要求在练习球路的时候脚下积极移动、手上保持一定的一致性。在练习网前球的时候尽量抢高点完成击球。3. 身心发展目标：提高自主学习能力，培养创新思维能力，提高身体协调性、灵敏性及团结协作精神。

教学内容与组织教法

准备部分 同第二次课。

时间分配：15~20分钟（导入情绪调动），运动负荷小、小强度，预估心率80~100次/分钟。

基本部分 60~75分钟（进入状态体验），运动负荷中等、中等强度，预估心率120~140次/分钟。

一、单球练习：后场高远球（练习时间：10~15分钟）

（一）教学目的

通过制定的练习方法，使学生能够自如运用正手击高远球技术，包括球速、落点、出手动作一致性，同时能够基本掌握直线、斜线高远球拍面的变化。

（二）讲解、示范

讲解示范正手击高远球技术。

（三）练习方法

1. 原地直线高远球：两人一组分别站在底线对击高远球。
2. 一点打两点：A分别以直线和斜线击高远球打到B的左右后场区，B每次击完后回到中心位置A基本不动，相互交换。

正手击高远球、头顶高远球各练习5~7分钟。

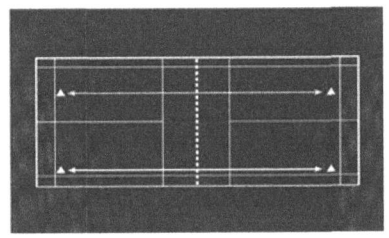 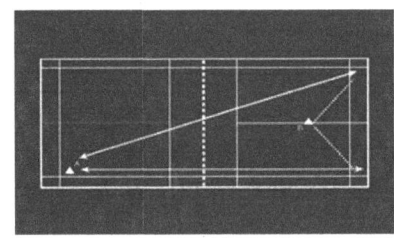

（四）要求

1. 学生在进行二一式高远球练习的时候，主练的同学需要两边积极移动，在每完成一次击球之后都要求在第一时间向球场中心点回动。
2. 陪练的同学也需要在完成每一次击球之后向球场中间回动。
3. 二一式高远球的目的在于减少回动的时间，增加主练学生回球时的难度，进一步提高学生高远球的能力。
4. 控制回球的落点，尽量靠近边线。

二、多球练习：平高球及正手吊球训练（练习时间：25~30分钟）

（一）教学目的

通过制定的练习方法，使学生的平高球及正手吊球技术得到提升，包括球速、落点、出手动作一致性。

（二）讲解、示范

讲解示范后场高远球及吊球技术。

（三）练习方法

1. 教师示范：教师正手发高远球到后场，学生在后场击球，两个后场高远球，一个正手吊球，多球练习，24个球为一组。
2. 分组练习：学生两人一组按照教师示范要求互相练习。

（四）要求

1. 高远球击球点要高，控制好拍面角度，充分运用身体各部分的力量。
2. 快吊对角时需切击球托右侧后下部，而不是正击。
3. 快吊直线时需切击球托正面后下部，而不是正击。

三、多球练习：前场网前球技术练习（练习时间：25～30分钟）

（一）教学目的

通过制定的练习方法，使学生的网前球技术得到提升，包括落点、出手动作一致性，同时能够熟练掌握网前小球手指手腕的击球感。

（二）讲解、示范

讲解示范前场网前球技术。

（三）练习方法

1. 教师示范：学生后场步法挥拍击高远球后上网，教师抛网前球，学生上网根据球自行选择搓球、勾球、扑球、推球、挑球，完成后回场地中间，24个球为一组。
2. 分组练习：学生两人一组按照教师示范要求互相练习。

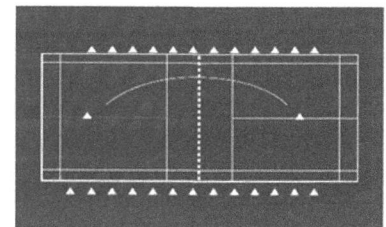

正手挑高球、反手挑高球、正手放网前球、反手放网前球、正手搓球、反手搓球、反手主动勾球、正手扑球各练习2~3分钟。

（四）要求

1. 手指握拍放松，手臂不能伸得太直。
2. 起动要快，准确到位，击球点要高。
3. 击球后，球拍要收至胸前，而不是垂向下，步法回动要快。

课后作业：

1. 复习所学基本技术动作，每种动作挥拍100次。
2. 保持球感，累计颠球500个。
3. 锻炼身体素质，跳绳单摇500个，双摇200个。

结束部分 同第一次课。运动负荷小、小强度，预估心率80~100次/分钟。

第三次课

教学内容：1. 单球练习：后场高远球。2. 单球练习：三人平高球和正手吊球训练。3. 多球练习：前场网前球技术练习。

学习目标：1. 认知目标：通过探究学习、实践操作、趣味练习等，学生能够正确认识和理解技术运用的合理性和规范性，提高认知水平。2. 技能目标：要求练习高远球做到积极准备、挥拍加快、拍面向上向前挥拍。要求三人练习球路的时候做到积极准备、保持击球稳定性、减少失误。要求练习前场球的时候做到全力抢高点完成击球。3. 身心发展目标：提高自主学习能力，培养创新思维能力，提高身体协调性、灵敏性及团结协作精神。

教学内容与组织教法

准备部分　同第二次课。

时间分配：15~20分钟（导入情绪调动），运动负荷小、小强度，预估心率80~100次/分钟。

基本部分　60~75分钟（进入状态体验），运动负荷中等、中等强度，预估心率120~140次/分钟。

一、单球练习：后场高远球

同第二次课第一部分。

二、单球练习：三人平高球和正手吊球训练（练习时间：30分钟）

（一）教学目的

通过制定的练习方法，使学生的平高球和正手吊球技术得到提升，包括球速、落点、出手动作一致性，同时能够基本掌握正手吊球的技术动作。

（二）讲解、示范

讲解示范平高球和后场吊球技术。

（三）练习方法

三人一组一个球，C击球给A两个直线平高球，第三个球正手吊球给B，B上网放网前球，C回搓球给B，B对角线挑后场球，C退回后场两个直线平高球给A，重复上述球路练习。

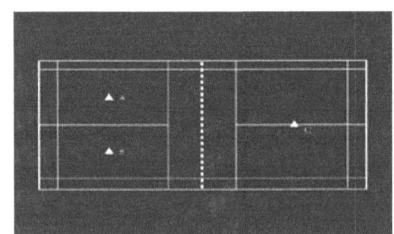

15分钟一轮，三人轮换，A换C，B换A，C换B，以此类推。

（四）要求

控制好球，尽量保证不下网；保证来回，步法正确。

三、多球练习：前场网前球技术练习（练习时间：20~30分钟）

同第二次课第三部分。

结束部分　同第一次课。运动负荷小、小强度，预估心率80~100次/分钟。

第四、五次课

教学内容：1. 单球练习：后场高远球。2. 多球练习：平高球和反手吊球训练。3. 多球练习：前场网前球技术练习。

学习目标：1. 认知目标：通过探究学习、实践操作、趣味练习等，学生能够正确认识和理解技术运用的合理性和规范性，提高认知水平。2. 技能目标：能够自如运用高远球技术、脚下积极移动、熟练掌握平高球及反手吊球的技术，积极抢网前高点完成击球动作。3. 身心发展目标：提高自主学习能力，培养创新思维能力，提高身体协调性、灵敏性及团结协作精神。

教学内容与组织教法

准备部分　同第二次课。

时间分配：15~20分钟（导入情绪调动），运动负荷小、小强度，预估心率80~100次/分钟。

基本部分　60~75分钟（进入状态体验），运动负荷中等、中等强度，预估心率120~140次/分钟。

一、单球练习：后场高远球（练习时间：10~15分钟）

同第二次课第一部分。

二、多球练习：平高球及反手吊球训练（练习时间：30分钟）

（一）教学目的

通过制定的练习方法，使学生的平高球、反手吊球技术得到进一步的巩固和提升，包括球速、落点、出手动作一致性，同时要求能够自如运动直线及斜线的球路。

（二）讲解、示范

讲解示范后场平高球及吊球技术。

（三）练习方法

1. 教师示范：教师正手发高远球到后场，学生在后场击球，两个后场高远球，一个反手吊球，多球练习，24个球为一组。
2. 分组练习：学生两人一组按照教师示范要求互相练习。

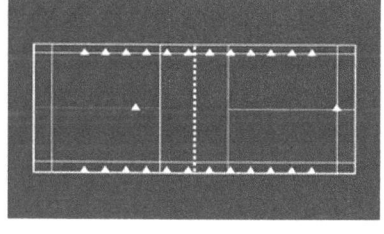

（四）要求

1. 高远球击球点要高，控制好拍面角度，充分运用身体各部分的力量。
2. 快吊对角时需切击球托右侧后下部，而不是正击。
3. 快吊直线时需切击球托正面后下部，而不是正击。

三、多球练习：前场网前球技术练习（练习时间：20~30分钟）

同第二次课第三部分。

结束部分　同第一次课。运动负荷小、小强度，预估心率80~100次/分钟。

第六次课

理论课。

第七至第十二次课（第十一次课除外）

教学内容：1.单球练习：后场高远球。2.单球练习：二一式二点打四点练习。3.多球练习：一点打六点练习。

学习目标：1.认知目标：通过探究学习、实践操作、趣味练习等，学生能够正确认识和理解技术运用的合理性和规范性，提高认知水平。2.技能目标：在脚下积极移动的基础上自如运用高远球技术，要求在进行二点打四点训练的时候做到积极准备、不放球，要求在进行一点打六点训练的时候控制好拍面，减少失误。3.身心发展目标：提高自主学习能力，培养创新思维能力，提高身体协调性、灵敏性及团结协作精神。

教学内容与组织教法

准备部分 同第二次课。

时间分配：15~20分钟（导入情绪调动），运动负荷小、小强度，预估心率80~100次/分钟。

基本部分 60~75分钟（进入状态体验），运动负荷中等、中等强度，预估心率120~140次/分钟。

一、单球练习：后场高远球（练习时间：10~15分钟）

同第二次课第一部分。

二、单球练习：二一式二点打四点练习（练习时间：30分钟）

（一）教学目的

通过制定的练习方法，使学生的各项技术得到提升，包括球速、落点、出手动作一致性，同时能够熟练掌握直线、斜线球路变化。

（二）讲解、示范

讲解示范二一式二点打四点练习球路。

（三）练习方法

C一人从后场不固定的两个点上进行高、吊击球练习，A和B二人左右半场接高球和吊球。也可C一人前场两个点和后场两个点接高球、吊球，A和B二人分别站在后场二个点上击高球和吊球。

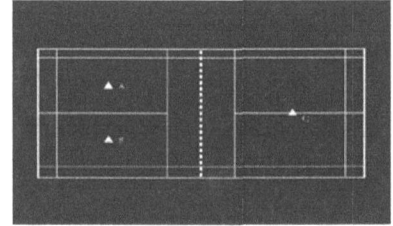

（四）要求

1.球路要有来回，保证动作、步法的成功率。
2.15分钟一轮换，C换A，A换B，以此类推。

三、多球练习：一点打六点练习（练习时间：20~30分钟）

（一）教学目的

1. 通过多球训练，使学生巩固击球技术动作，多点练习以提高综合运用能力。

2. 通过本节课的学习，使学生的出球意识、起动意识等得到提升，提高自身的运动智能，努力提升自身的综合能力水平。

（二）讲解、示范

讲解示范一点打六点练习。

（三）练习方法

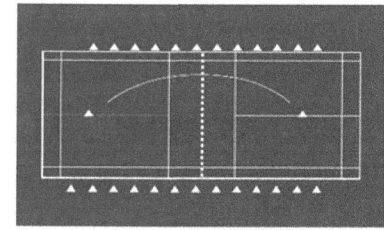

1. 教师示范：发球者发六点多球，练习者从中心位置起动向来球方向移动，完成击球后向中心位置回动，再重复以上动作，反复练习。

2. 分组练习：学生两人一组按照教师示范要求互相练习。

（四）要求

注意力集中，回中准备；步法到位，保证质量；积极移动，球不落地，不能够放弃。

课后作业：

1. 复习所学基本技术动作，每种动作挥拍100次。

2. 保持球感，累计颠球500个。

3. 锻炼身体素质，跳绳单摇500个，双摇200个。

结束部分 同第一次课。运动负荷小、小强度，预估心率80~100次/分钟。

第十一次课

理论课。

第十三至第十七次课

教学内容：1. 单球练习：后场高远球。2. 单球练习：二一式全场进攻和防守练习。

学习目标：1. 认知目标：通过探究学习、实践操作、趣味练习等，学生能够正确认识和理解技术运用的合理性和规范性，提高认知水平。2. 技能目标：能够自如使用高远球技术，在进行二一式全场进攻和防守练习的时候需要做到积极准备、每球必争。在组织进攻的时候要求灵活运用所学的技术、组织好自己进攻的球路。3. 身心发展目标：提高自主学习能力，培养创新思维能力，提高身体协调性、灵敏性及团结协作精神。

教学内容与组织教法

准备部分 同第二次课。

时间分配：15~20分钟（导入情绪调动），运动负荷小、小强度，预估心率80~100次/分钟。

基本部分 60~75分钟（进入状态体验），运动负荷中等、中等强度，预估心率120~140次/分钟。

一、单球练习：后场高远球（练习时间：10~15分钟）

同第二次课第一部分。

二、单球练习：二一式全场进攻和防守练习（练习时间：50~60分钟）

（一）教学目的

1. 通过制定的练习方法，使学生进一步加强自己组织进攻的能力及防守的能力。
2. 通过本节课的学习过程，使学生的出球意识、移动意识等得到提升，提高自身的运动智能，努力提升自身的综合能力水平。
3. 要求学生学习态度端正、精神饱满、注意力集中及善于发现自身存在的问题，积极地自主查漏补缺。要求教师授课认真严肃、及时纠正学生练习过程中出现的问题。

（二）讲解、示范

讲解示范二一式吊杀进攻和防守练习。

（三）练习方法

C一人全场进攻时，可根据需要选择高吊、杀，上网搓、推与勾控制往前，进行全场进攻。A和B二人在左右半场分别站位。C防守时，A和B一人站网前、一人站后场，以不固定线路全力进攻。C根据来球情况和场上所处位置选择适当的击球方式，全力防守。

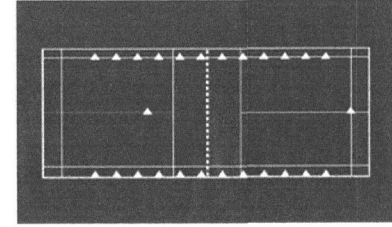

（四）要求

1. 球路要有来回，保证动作、步法的成功率。
2. 15分钟一轮换，C换A，A换B，以此类推。

课后作业：

1. 复习所学基本技术动作，每种动作挥拍100次。
2. 保持球感，累计颠球500个。
3. 锻炼身体素质，跳绳单摇500个，双摇200个。

结束部分 同第一次课。运动负荷小、小强度，预估心率80~100次/分钟。

第十八至第二十三次课（第二十一次课除外）

教学内容： 1. 单球练习：后场高远球。2. 单球练习：三一式进攻和防守练习。

学习目标： 1. 认知目标：通过探究学习、实践操作、趣味练习等，学生能够正确认识和理解技术运用的合理性和规范性，提高认知水平。2. 技能目标：要求能够自如运用高远球技术。在进行三一式进攻和防守练习的时候积极准备、每球必争，灵活运用所学技术组织好自己的球路、进攻有针对性、防守有全面性。3. 身心发展目标：提高自主学习能力，培养创新思维能力，提高身体协调性、灵敏性及团结协作精神。

教学内容与组织教法
准备部分　同第二次课。 时间分配：15~20分钟（导入情绪调动），运动负荷小、小强度，预估心率80~100次/分钟。 **基本部分**　60~75分钟（进入状态体验），运动负荷中等、中等强度，预估心率120~140次/分钟。 **一、单球练习：后场高远球（练习时间：10~15分钟）** 同第二次课第一部分。 **二、单球练习：三一式进攻和防守练习（练习时间：50~60分钟）** （一）教学目的 1. 通过制定的练习方法，使学生大幅度提升自己防守的能力。 2. 通过本节课的学习过程，使学生的出球意识、移动意识等得到提升，提高自身的运动智能，努力提升自身的综合能力水平。 （二）讲解、示范 讲解示范三一式进攻和防守练习。 （三）练习方法 C主练全场防守时，后场A和B二人进攻，前场D一人控制网前。双打主练方C半场防守，后场A和B二人大力进攻、前场D一人积极封网。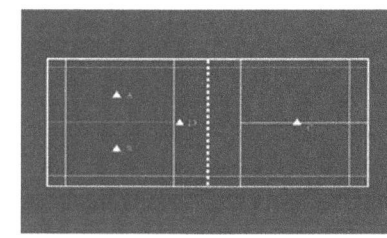 （四）要求 1. 球路要有来回，保证动作、步法的成功率。 2. 15分钟一轮换，C换A，A换B，B换D，D换C，以此类推。 3. 组织进攻的球路要清晰，减少自身的失误。 4. 在进行防守练习的时候掌握好起动的节奏及回球的落点，给自己回位防守提供充足的准备时间。 **课后作业：** 1. 复习所学基本技术动作，每种动作挥拍100次。 2. 保持球感，累计颠球500个。 3. 锻炼身体素质，跳绳单摇500个，双摇200个。 **结束部分**　同第一次课。运动负荷小、小强度，预估心率80~100次/分钟。

第二十一次课

理论课。

第二十四、二十五次课

教学内容：1. 单球练习：后场高远球。2. 复习羽毛球单打战术。3. 单打综合练习。

学习目标：1. 认知目标：通过探究学习、实践操作、趣味练习等，学生能够正确认识和理解技术运用的合理性和规范性，提高认知水平。2. 技能目标：自如运用高远球技术。按照要求认真学习单打战术并在单打综合练习中有所体现，进攻有针对性、防守有积极性。3. 身心发展目标：提高自主学习能力，培养创新思维能力，提高身体协调性、灵敏性及团结协作精神。

教学内容与组织教法

准备部分　同第二次课。

时间分配：15~20分钟（导入情绪调动），运动负荷小、小强度，预估心率80~100次/分钟。

基本部分　60~75分钟（进入状态体验），运动负荷中等、中等强度，预估心率120~140次/分钟。

一、单球练习：后场高远球（练习时间：10~15分钟）

同第二次课第二部分。

二、复习羽毛球单打战术（练习时间：20~30分钟）

（一）教学目的

1. 通过一对一的实际对抗，全面检验学生技术动作的学习情况及对抗中调整的能力，同时加深学生对于战术的理解能力。

2. 通过本节课的学习过程，使学生的出球意识、移动意识等得到提升，提高自身的运动智能，努力提升自身的综合能力水平。

3. 要求学生学习态度端正、精神饱满、注意力集中及善于发现自身存在的问题，积极地自主查漏补缺。要求教师授课认真严肃、及时纠正学生练习过程中出现的问题。

（二）讲解、示范

讲解复习羽毛球单打战术。

（三）练习方法

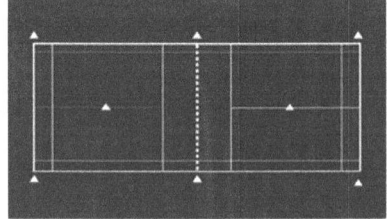

两人一组，进行一对一的模拟对抗。

（四）要求

学会将各种技术、战术灵活地运用到比赛中。

三、单打综合练习（练习时间：30分钟）

（一）教学目的

通过一对一的实际对抗，全面检验学生技术动作的学习情况及对抗中调整的能力，并为下一阶段的教学提供指导。

（二）讲解、示范

讲解示范回顾技术动作

（三）练习方法

两人一组进行全场综合单打练习。

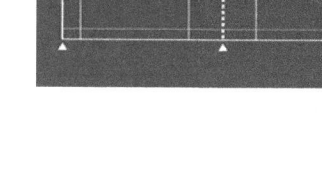

（四）要求

保证动作、步法的正确性。

课后作业：

1. 复习所学基本技术动作，每种动作挥拍100次。

2. 保持球感，累计颠球500个。

3. 锻炼身体素质，跳绳单摇500个，双摇200个。

结束部分 同第一次课。运动负荷小、小强度，预估心率80~100次/分钟。

第二十六次课

理论课。

第二十七、二十八次课

教学内容： 教学比赛暨学生羽毛球单打的裁判实习。

学习目标： 1. 认知目标：通过探究学习、实践操作、趣味练习等，学生能够正确认识和理解技术运用的合理性和规范性，提高认知水平。2. 技能目标：要求通过教学比赛找出自己在学习过程中薄弱的环节，通过实际的执裁进一步培养自身的规则意识。3. 身心发展目标：提高自主学习能力，培养创新思维能力，提高身体协调性、灵敏性及团结协作精神。

教学内容与组织教法

准备部分 同第二次课。

时间分配：15~20分钟（导入情绪调动），运动负荷小、小强度，预估心率80~100次/分钟。

基本部分 60~75分钟（进入状态体验），运动负荷中等、中等强度，预估心率120~140次/分钟。

教学比赛暨学生羽毛球单打的裁判实习（练习时间：60~75分钟）

（一）教学目的

1. 通过实际的执裁，加深学生对于单打规则的理解及应对突发状况的应变能力。

2. 要求学生学习态度端正、精神饱满、注意力集中及善于发现自身存在的问题，积极地自主查漏补缺。要求教师授课认真严肃、及时纠正学生练习过程中出现的问题。

（二）讲解、示范

1. 简要回顾羽毛球竞赛规则。

2. 简要回顾羽毛球单打裁判法。

（三）练习方法

6人一组，2名作运动员进行单打比赛，4名作裁判员，2名司线员，1名主裁判，1名发球裁判员。进行15分制的比赛，然后轮换练习。

（四）要求

1. 裁判员宣报时声音洪亮，记分准确，裁判视觉位置正确。
2. 发球裁判员注意观察的准确性和角度。
3. 司线员注意力集中，位置正确。

结束部分　同第一次课。运动负荷小、小强度，预估心率80~100次/分钟。

第二十九、三十次课

教学内容：1. 单球练习：后场高远球。2. 多球练习：网前发球、接发球练习。3. 单球练习：平抽球连续对打练习。

学习目标：1. 认知目标：通过探究学习、实践操作、趣味练习等，学生能够正确认识和理解技术运用的合理性和规范性，提高认知水平。2. 技能目标：要求能够自如运用高远球技术，要求减少发球的失误率、提高接球的积极性、减少平抽球的失误率、脚步积极移动。3. 身心发展目标：提高自主学习能力，培养创新思维能力，提高身体协调性、灵敏性及团结协作精神。

教学内容与组织教法

准备部分　同第二次课。

时间分配：15~20分钟（导入情绪调动），运动负荷小、小强度，预估心率80~100次/分钟。

基本部分　60~75分钟（进入状态体验），运动负荷中等、中等强度，预估心率120~140次/分钟。

一、单球练习：后场高远球（练习时间：10~15分钟）

同第二次课第一部分。

二、多球练习：网前发球、接发球练习（练习时间：20~30分钟）

（一）教学目的

通过制定的练习方法，使学生的网前球技术得到提升，包括落点、出手动作一致性，同时能够熟练掌握网前小球手指手腕的击球感。

（二）讲解、示范

讲解示范前场网前发球、接发球技术。

（三）练习方法

1. 教师示范：教师网前发球，学生做接发球准备，根据球自行选择搓球、勾球、扑球、推球、挑球，完成后回场地中间，24个球为一组。

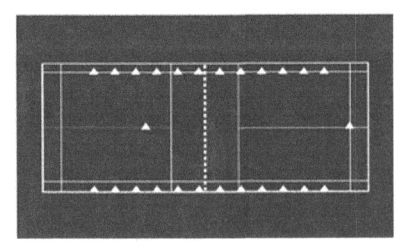

2. 分组练习：学生两人一组按照教师示范要求互相练习，一组网前正手发球一组网前反手发球，轮换。

（1）正手发网前球：

动作要领：动作要领和正手发高远球基本类似（图A、图B），因为是发网前球，球飞行距离最短，故在击球的瞬间不必用大的爆发力，而是有控制地发力即可，球拍接触球时可从右向左斜面切削击球（图C），控制好球飞行过网的弧度及落点，随前动作不必向左肩上方挥动，可以在击到球后便做制动，在胸前回收即可（图D）。

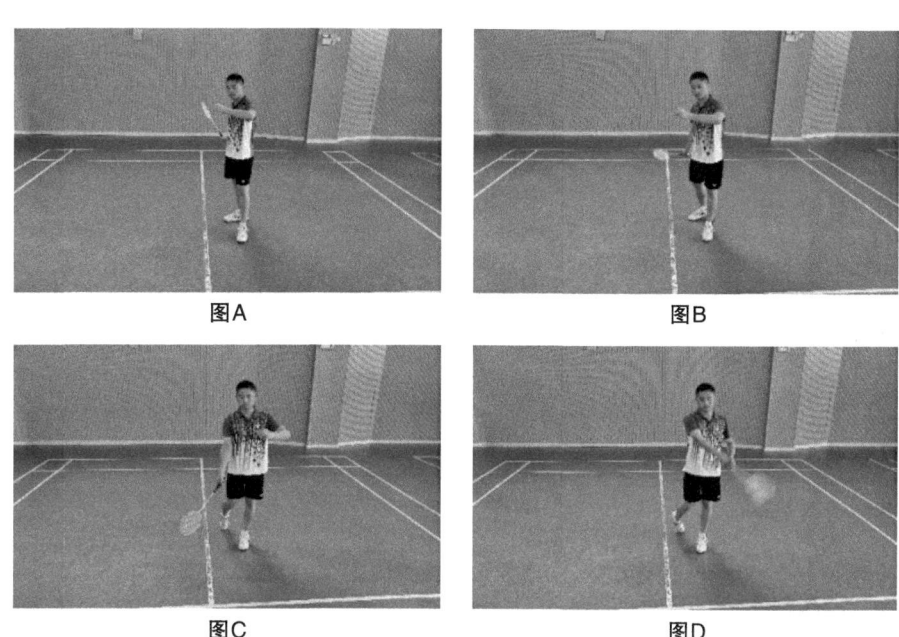

图A　　　　　　　　　　　图B

图C　　　　　　　　　　　图D

（2）反手发网前球：

发球站位：站在靠中线，距前发球线较近的位置上。

发球准备姿势：面向球网，右脚在前，左脚踮起脚后跟，身体微微前倾。右手反手握拍，左手拇指和食指捏住羽毛，球托向下，斜放在拍面前（图A）。

挥拍击球动作：挥拍击球时，球拍稍微向后摆（图B），并不停顿地接着向前挥动。前臂向斜上方推送，同时，带动手腕由屈到微伸而向前摆动，并用大拇指向前顶，轻轻地"切"击球托的侧后部。

随前动作：击球后，前臂上摆至一定高度即停止（图C、图D）。

图A　　　　　　　　　　　图B

图C　　　　　　　　　　　图D

三、单球练习：平抽球平挡练习（练习时间：30分钟）

（一）教学目的

1. 通过制定的练习方法，使学生进一步熟练掌握中场平抽球的技术动作。
2. 通过本节课的学习过程，使学生的出球意识、移动意识等得到提升，提高自身的运动智能，努力提升自身的综合能力水平。

（二）讲解、示范

讲解示范平抽球平挡球技术动作。

（三）练习方法

两人一个球，直线定点平抽平挡练习，15分钟轮换不固定点平抽平挡练习。

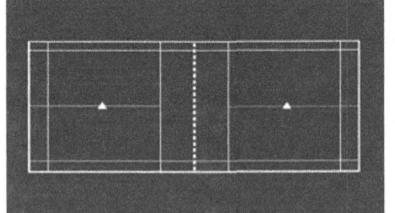

（四）要求

1. 抽击时，拍面稍向前提压。
2. 击球后，球拍随身体的回动而回收。
3. 只能采用平球，进行全力快速平抽平挡球练习。
4. 迎球快打、近打和平打。

课后作业：

1. 复习所学基本技术动作，每种动作挥拍100次。
2. 保持球感，累计颠球500个。
3. 锻炼身体素质，跳绳单摇500个，双摇200个。

结束部分　同第一次课。运动负荷小、小强度，预估心率80~100次/分钟。

第三十一次课

理论课。

第三十二至第三十五次课

教学内容：1.单球练习：后场高远球。2.多球练习：网前发球、接发球练习。3.单球练习：平抽球连续对打练习。

学习目标：1.认知目标：通过探究学习、实践操作、趣味练习等，学生能够正确认识和理解技术运用的合理性和规范性，提高认知水平。2.技能目标：要求能够自如运用高远球技术，要求高远球回球落点要靠近边线、靠近底线。要求减少发球及平抽球的失误率，提高接发球的积极性，抢高点、多变化。3.身心发展目标：提高自主学习能力，培养创新思维能力，提高身体协调性、灵敏性及团结协作精神。

教学内容与组织教法

准备部分　同第二次课。

时间分配：15~20分钟（导入情绪调动），运动负荷小、小强度，预估心率80~100次/分钟。

基本部分　60~75分钟（进入状态体验），运动负荷中等、中等强度，预估心率120~140次/分钟。

一、单球练习：后场高远球（练习时间：10~15分钟）

同第二次课第一部分。

二、多球练习：网前发球、接发球练习（练习时间：10~15分钟）

（一）教学目的

通过制定的练习方法，使学生的网前球技术得到提升，包括落点、出手动作一致性，同时能够熟练掌握网前小球手指手腕的击球感。

（二）讲解、示范

讲解示范前场网前发球、接发球技术。

（三）练习方法

1. 教师示范：教师网前发球，学生做接发球准备，根据球自行选择搓球、勾球、扑球、推球、挑球，完成后回场地中间，24个球为一组。

2. 分组练习：学生两人一组按照教师示范要求互相练习，一组网前正手发球一组网前反手发球，轮换。

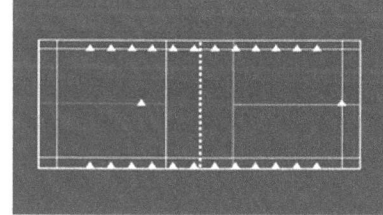

（四）要求

1. 手指握拍放松，手臂不能伸得太直。
2. 起动要快，准确到位，击球点要高。
3. 击球后，球拍要收至胸前，而不是垂向下，步法回动要快。

三、单球练习：平抽球平挡练习（练习时间：40~45分钟）

同第三十次课第三部分。

课后作业：

1. 复习所学基本技术动作，每种动作挥拍100次。
2. 保持球感，累计颠球500个。
3. 锻炼身体素质，跳绳单摇500个，双摇200个。

结束部分 同第一次课。运动负荷小、小强度，预估心率80~100次/分钟。

第三十六、三十七次课

教学内容： 1. 单球练习：后场高远球。2. 单球练习：四二式防守练习。

学习目标： 1. 认知目标：通过探究学习、实践操作、趣味练习等，学生能够正确认识和理解技术运用的合理性和规范性，提高认知水平。2. 技能目标：要求能够自如运用直线和斜线的高远球技术，在进行四二式防守练习的时候，防守一方需要积极准备，时刻降低重心，进攻的一方需要积极抢高点，减少自身的失误。3. 身心发展目标：提高自主学习能力，培养创新思维能力，提高身体协调性、灵敏性及团结协作精神。

教学内容与组织教法

准备部分 同第二次课。

时间分配：15~20分钟（导入情绪调动），运动负荷小、小强度，预估心率80~100次/分钟。

基本部分 60~75分钟（进入状态体验），运动负荷中等、中等强度，预估心率120~140次/分钟。

一、单球练习：后场高远球（练习时间：10~15分钟）

同第二次课第一部分。

二、单球练习：四二式防守练习（练习时间：50~60分钟）

（一）教学目的

1. 通过制定的练习方法，使学生大幅度加强自己进攻和防守的能力。
2. 通过本节课的学习过程，使学生的出球意识、移动意识等得到提升，提高自身的运动智能，努力提升自身的综合能力水平。
3. 要求学生学习态度端正、精神饱满、注意力集中及善于发现自身存在的问题，积极地自主查漏补缺。要求教师授课认真严肃、及时纠正学生练习过程中出现的问题。

（二）讲解、示范

讲解示范四二式防守练习。

（三）练习方法

用于双打防守练习，E和F模拟比赛环境进行全场防守，后场A和B大力强攻、前场C和D二人站位严密封网。

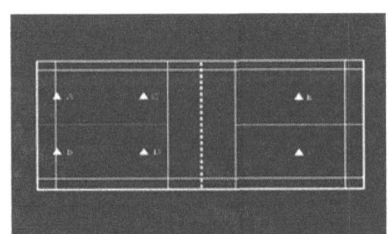

（四）要求

1. 球路要有来回，保证动作、步法的成功率。
2. 15分钟一轮换，C换A，A换B，B换D，D换C，以此类推。

3. 组织进攻的球路要清晰,减少自身的失误。

4. 在进行防守练习的时候掌握好启动的节奏以及回球的落点,给自己回位防守提供充足的准备时间。

结束部分　同第一次课。运动负荷小、小强度,预估心率80~100次/分钟。

第三十八次课

理论课。

第三十九次课

同第三十六至第三十七次课。

第四十次课

教学内容：观摩省优秀运动队训练。

学习目标：1. 认知目标：通过探究学习、实践操作、趣味练习等,学生能够正确认识和理解技术运用的合理性和规范性,提高认知水平。2. 技能目标：通过观摩优秀运动员的训练提高自己对于训练的态度,以及反思自己在平时的训练中出现的错误及短板。3. 身心发展目标：提高自主学习能力,培养创新思维能力,提高身体协调性、灵敏性及团结协作精神。

教学内容与组织教法

准备部分　同第二次课。

时间分配：15~20分钟（导入情绪调动）,运动负荷小、小强度,预估心率80~100次/分钟。

基本部分　60~75分钟（进入状态体验）,运动负荷中等、中等强度,预估心率120~140次/分钟。

观摩省优秀运动队训练（练习时间：60~70分钟）

（一）教学目的

1. 通过本节课的观摩讨程, 使学生的出球意识、移动意识等得到提升,提高自身的运动智能,努力提升自身的综合能力水平。

2. 要求学生学习态度端正、精神饱满、注意力集中及善于发现自身存在的问题,积极地自主查漏补缺。要求教师授课认真严肃、及时纠正学生练习过程中出现的问题。

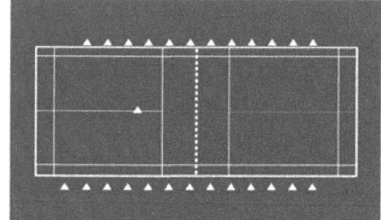

（二）讲解

讲解观摩重点。

（三）要求

听从教师指挥,服从教师安排,不影响运动员训练。

结束部分　同第一次课。运动负荷小、小强度,预估心率80~100次/分钟。

第四十一至第四十三次课

同第十八至第二十三次课（第二十一次理论课除外）。

第四十四至第四十六次课

同第三十六至第三十七次课。

第四十七次至第四十八次课

教学内容：1. 单球练习：后场高远球。2. 复习羽毛球双打战术。3. 双打综合练习。

学习目标：1. 认知目标：通过探究学习、实践操作、趣味练习等，学生能够正确认识和理解技术运用的合理性和规范性，提高认知水平。2. 技能目标：自如控制回球的弧度、落点、球速，并且要求步法清晰不拖沓。复习双打战术，要求达到轮转迅速，没有抢球、让球的情况出现，并且要求在双打综合练习中体现所学习的战术。3. 身心发展目标：提高自主学习能力，培养创新思维能力，提高身体协调性、灵敏性及团结协作精神。

教学内容与组织教法

准备部分　同第二次课。

时间分配：15~20分钟（导入情绪调动），运动负荷小、小强度，预估心率80~100次/分钟。

基本部分　60~75分钟（进入状态体验），运动负荷中等、中等强度，预估心率120~140次/分钟。

一、单球练习：后场高远球（练习时间：10~15分钟）

（一）教学目的

通过制定的练习方法，使学生的高远球技术得到进一步的巩固和提升，包括球速、落点、出手动作一致性，同时要求能够自如运动直线以及斜线的球路。

（二）讲解、示范

讲解示范正手击高远球技术。

（三）练习方法

1. 原地直线高远球：两人一组分别站在底线对击高远球。

2. 一点打两点：A分别以直线和斜线击高远球打到B的左右后场区，B每次击完后回到中心位置A基本不动，相互交换。

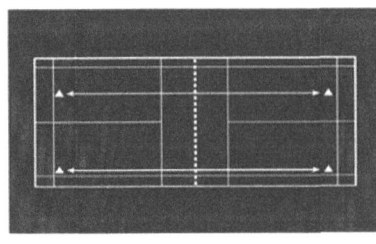 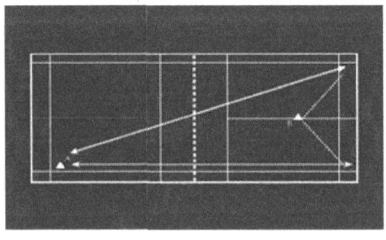

正手击高远球、头顶高远球各练习5~7分钟。

（四）要求

1. 通过制定的练习方法，使学生大幅度提升自己防守的能力。
2. 通过本节课的学习过程，使学生的出球意识、移动意识等得到提升，提高自身的运动智能，努力提升自身的综合能力水平。
3. 要求学生学习态度端正、精神饱满、注意力集中以及善于发现自身存在的问题，积极地自主查漏补缺。要求教师授课认真严肃、及时纠正学生练习过程中出现的问题。

二、复习羽毛球双打战术（练习时间：20~25分钟）

（一）教学目的

1. 通过讲解，使学生基本了解羽毛球双打的战术。
2. 通过本节课的学习过程，使学生的出球意识、移动意识等得到提升，提高自身的运动智能，努力提升自身的综合能力水平。

（二）讲解、示范

讲解复习羽毛球双打战术。

（三）要求

学会运用到比赛中。

三、双打综合练习（练习时间：30~35分钟）

（一）教学目的

1. 通过实际的对抗，加深学生对于羽毛球双打战术的理解。
2. 通过本节课的学习过程，使学生的出球意识、移动意识等得到提升，提高自身的运动智能，努力提升自身的综合能力水平。
3. 要求学生学习态度端正、精神饱满、注意力集中及善于发现自身存在的问题，积极地自主查漏补缺。要求教师授课认真严肃、及时纠正学生练习过程中出现的问题。

（二）练习方法

四人一组进行双打综合练习。

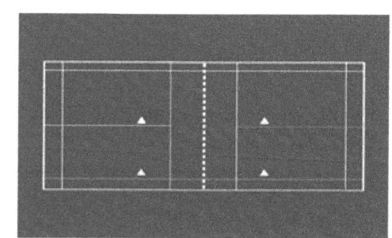

（三）要求

基本了解羽毛球双打战术，学会运用到比赛中。
课后作业：
1. 复习所学基本技术动作，每种动作挥拍100次。
2. 保持球感，累计颠球500个。
3. 锻炼身体素质，跳绳单摇500个，双摇200个。

结束部分　同第一次课。运动负荷小、小强度，预估心率80~100次/分钟。

第四十九次课

教学内容：教学比赛暨学生羽毛球双打的裁判实习。

学习目标：1. 认知目标：通过探究学习、实践操作、趣味练习等，学生能够正确认识和理解技术运用的合理性和规范性，提高认知水平。2. 技能目标：要求执裁的学生能够清楚地知道双打的规则及能够判断发球学生是否存在违例的情况。同时要求学生树立正确的规则意识，并严格按照规则进行双打对抗。3. 身心发展目标：提高自主学习能力，培养创新思维能力，提高身体协调性、灵敏性及团结协作精神。

教学内容与组织教法

准备部分　同第二次课。

时间分配：15~20分钟（导入情绪调动），运动负荷小、小强度，预估心率80~100次/分钟。

基本部分　60~75分钟（进入状态体验），运动负荷中等、中等强度，预估心率120~140次/分钟。

教学比赛暨学生羽毛球双打的裁判实习（练习时间：60～75分钟）

（一）讲解、示范

1. 简要回顾羽毛球竞赛规则。
2. 简要回顾羽毛球双打裁判法。

（二）练习方法

8人一组，4名进行双打比赛，4名裁判，1名裁判员，2名司线裁判员，1名发球裁判员。进行15分制的比赛，然后轮换练习。

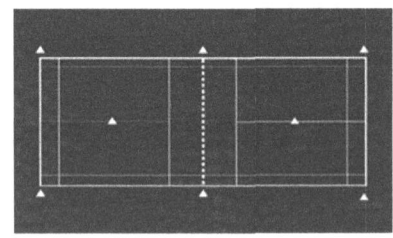

（三）要求

1. 裁判员对运动员的场上位置和比分掌握正确。
2. 发球线裁判员注意发球方和接发球方的脚误、发球过腰、发球过手、提前移动。
3. 司线员注意发球时球是否超过第二发球线。

结束部分　同第一次课。运动负荷小、小强度，预估心率80~100次/分钟。

第五十次课

理论课

第五十一次课

教学内容：教学比赛暨学生羽毛球双打的裁判实习。

学习目标：1. 认知目标：通过探究学习、实践操作、趣味练习等，学生能够正确认识和理解技术运用的合理性和规范性，提高认知水平。2. 技能目标：要求学生在进行判罚的时候口令清晰准确，要对自己的判罚有自信。对抗的学生需要尊重裁判的判罚，形成正确的规则意识。3. 身心发展目标：提高自主学习能力，培养创新思维能力，提高身体协调性、灵敏性及团结协作精神。

教学内容与组织教法

准备部分　同第二次课。

时间分配：15~20分钟（导入情绪调动），运动负荷小、小强度，预估心率80~100次/分钟。

基本部分　60~75分钟（进入状态体验），运动负荷中等、中等强度，预估心率120~140次/分钟。

教学比赛暨学生羽毛球双打的裁判实习（练习时间：60~75分钟）

（一）讲解、示范

1. 简要回顾羽毛球竞赛规则。
2. 简要回顾羽毛球双打裁判法。

（二）练习方法

8人一组，4名进行双打比赛，4名裁判，1名裁判员，2名司线裁判员，1名发球裁判员。进行15分制的比赛，然后轮换练习。

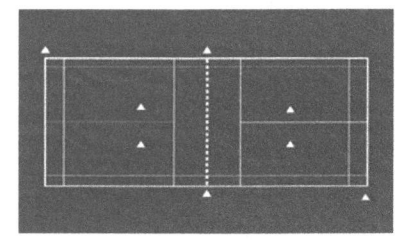

（三）要求

1. 裁判员对运动员的场上位置和比分掌握正确。
2. 发球线裁判员注意发球方和接发球方的脚误、发球过腰、发球过手、提前移动。
3. 司线员注意发球时球是否超过第二发球线。

结束部分　同第一次课。运动负荷小、小强度，预估心率80~100次/分钟。

场地器材：羽毛球场4片、自备羽毛球拍与羽毛球。

教学反思与评价：同第一次课。

第五十二次课

教学内容：综合复习。

学习目标：1. 认知目标：通过探究学习、实践操作、趣味练习等，学生能够正确认识和理解技术运用的合理性和规范性，提高认知水平。2. 技能目标：要求学生能够扎实掌握各种基本技术并且能够在实际对抗中灵活运用技术和所学战术。3. 身心发展目标：提高自主学习能力，培养创新思维能力，提高身体协调性、灵敏性及团结协作精神。

教学内容与组织教法

准备部分　同第二次课。

时间分配：15~20分钟（导入情绪调动），运动负荷小、小强度，预估心率80~100次/分钟。

基本部分　60~75分钟（进入状态体验），运动负荷中等、中等强度，预估心率120~140次/分钟。

综合复习（练习时间：60~75分钟）

（一）教学目的

1. 检查学生一学期的学习情况及技术动作的掌握情况。
2. 通过本节课的学习过程，使学生的出球意识、移动意识等得到提升，提高自身的运动智能，努力提升自身的综合能力水平。

3. 要求学生学习态度端正、精神饱满、注意力集中以及善于发现自身存在的问题，积极地自主查漏补缺。要求教师授课认真严肃、及时纠正学生练习过程中出现的问题。

（二）讲解、示范

教师讲解、示范、回顾本学期所有内容。

（三）练习方法

两人一组，全场综合练习。

（四）要求

体现出所学习的球路。

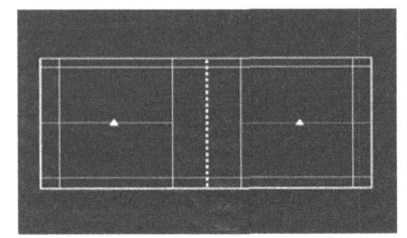

结束部分　同第一次课。运动负荷小、小强度，预估心率80~100次/分钟。

第五十三、五十四次课

教学内容：技术测试。

学习目标：1. 认知目标：通过探究学习、实践操作、趣味练习等，学生能够正确认识和理解技术运用的合理性和规范性，提高认知水平。2. 技能目标：通过测试找出自身在技术上的短板，争取在下学期之前补齐自己的短板并要求学生制订针对技术短板的学习与训练计划。3. 身心发展目标：提高自主学习能力，培养创新思维能力，提高身体协调性、灵敏性及团结协作精神。

教学内容与组织教法
准备部分　同第二次课。 时间分配：15~20分钟（导入情绪调动），运动负荷小、小强度，预估心率80~100次/分钟。 **基本部分**　60~75分钟（进入状态体验），运动负荷中等、中等强度，预估心率120~140次/分钟。 **技术测试（练习时间：60~75分钟）** （一）**教学要求** 1. 以抽签对抗的形式综合检验学生一学期的学习情况。 2. 通过本节课的学习过程，使学生的出球意识、移动意识等得到提升，提高自身的运动智能，努力提升自身的综合能力水平。 3. 要求学生学习态度端正、精神饱满、注意力集中及善于发现自身存在的问题，积极地自主查漏补缺。要求教师授课认真严肃、及时纠正学生练习过程中出现的问题。 （二）**检验方法** 男女分组，按单循环赛制进行男子、女子单打比赛。

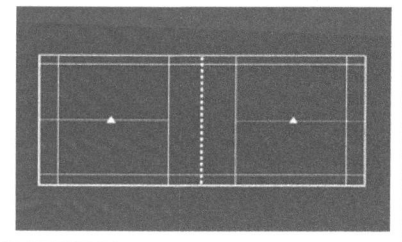

（三）要求

1. 全班男女分组，按照单循环赛制进行男子单打、女子单打比赛。

2. 最终排名成绩纳入期末总成绩中。

结束部分 同第一次课。运动负荷小、小强度，预估心率80~100次/分钟。